AF384034

LE
TRAVAIL COLLECTIF
EN FRANCE

SES INTÉRÊTS — SES BESOINS

NOTES ET CONFÉRENCES

DE

TH. VILLARD

ANCIEN MEMBRE DU CONSEIL MUNICIPAL DE PARIS
ET DU CONSEIL GÉNÉRAL DE LA SEINE,
PRÉSIDENT DE LA SOCIÉTÉ CENTRALE DU TRAVAIL PROFESSIONNEL,
MEMBRE DU CONSEIL SUPÉRIEUR DU TRAVAIL.

PARIS

TYPOGRAPHIE GASTON NÉE

1, RUE CASSETTE, 1

1891

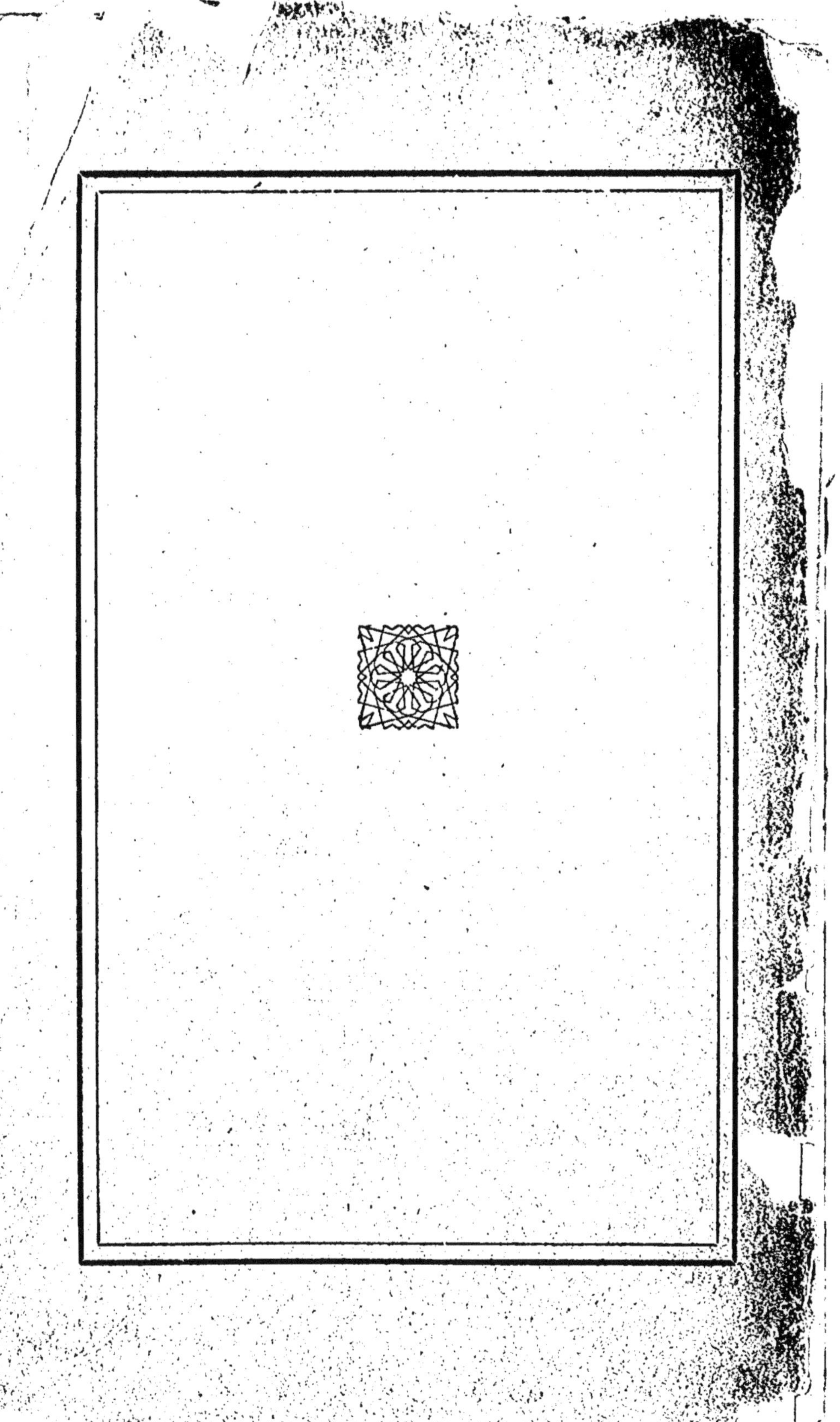

LE
TRAVAIL COLLECTIF
EN FRANCE

LE
TRAVAIL COLLECTIF
EN FRANCE

SES INTÉRÊTS — SES BESOINS

NOTES ET CONFÉRENCES

DE

TH. VILLARD

ANCIEN MEMBRE DU CONSEIL MUNICIPAL DE PARIS
ET DU CONSEIL GÉNÉRAL DE LA SEINE,
PRÉSIDENT DE LA SOCIÉTÉ CENTRALE DU TRAVAIL PROFESSIONNEL,
MEMBRE DU CONSEIL SUPÉRIEUR DU TRAVAIL.

PARIS
TYPOGRAPHIE GASTON NÉE
1, RUE CASSETTE, 1

1891

TABLE DES MATIÈRES

AVANT-PROPOS

Les notes et conférences reproduites ci-après n'étaient pas destinées à être réunies. Elles le sont sous ce volume à la demande d'amis et de personnes qui ont estimé que certains chiffres et certains renseignements qui s'y rencontrent se pourraient ainsi consulter plus facilement et utilement.

Ainsi s'expliquent quelques répétitions, et certaines corrections que le lecteur devra apporter à diverses données statistiques ou autres qui se sont modifiées au cours des huit années écoulées entre la première des conférences ci-après reproduites, faite à Levallois-Perret, lors de la fondation de la Société des Prévoyants de l'Avenir en 1882 et la dernière à Paris, à l'École des Hautes-Études commerciales, en 1890.

Au cours de ces huit années, en effet, quelques-uns des desiderata formulés entre temps au nom des intérêts du travail collectif ont reçu un commencement de satisfaction ; de ce nombre sont le développement et les encouragements donnés à l'enseignement professionnel, aux Sociétés coopératives de consommation et de production, et la création, par le ministre actuel de l'Industrie et du Commerce, M. Jules Roche, d'un Conseil supérieur du travail.

Dans le même temps, bon nombre d'institutions invo-

quées ou citées au cours des notes et conférences ci-après ont conquis une part tout au moins de l'importance qu'on leur présageait. Des syndicats professionnels se sont créés de toutes parts. Les écoles, les cours de travail manuel ont été organisés en nombre toujours croissant et diverses associations afférentes aux intérêts du travail collectif ont pris un développement considérable. De ce nombre sont la Société des Prévoyants de l'Avenir, qui ne comptant que quelques membres en 1882, représente aujourd'hui un effectif de plus de 140,000 adhérents disposant d'un capital de près de 6 millions de francs, et encore l'Association fraternelle des employés et ouvriers des chemins de fer français, qui débutant en 1882 avec quelques centaines de membres, en compte aujourd'hui près de 70,000 répartis dans toute la France et disposant d'un capital de près de 10 millions de francs.

La constatation de ce progrès est la meilleure justification des efforts précédemment faits, en même temps qu'elle est le plus efficace des encouragements pour les efforts qui sont encore à faire.

C'est à ceux qui veulent s'associer à ces efforts que s'adresse la présente publication, avec le désir de mettre à leur disposition certains renseignements le plus souvent fort disséminés et quelques observations puisées dans les milieux mêmes du travail, s'inspirant de la nécessité qui s'impose aujourd'hui d'aborder non pas seulement l'étude, mais les solutions successives du problème si souvent énoncé de l'amélioration des conditions du travail collectif en France (1).

---

(1) On a fait des dénominations diverses de ce qui touche l'organisation sociale du travail, des usages si multiples, si diversement interprétés que c'est sous ce titre, Le travail collectif en France, que la présente

A travers l'indifférence relative, pour ne pas dire trop souvent absolue de la plupart de ceux qu'elles n'intéressent pas directement, les revendications des intérêts du travail gagnent chaque jour du terrain, et le moment semble venu de reconnaître que faute de s'appliquer à les examiner avec le désir persévérant de les satisfaire, les droits nouveaux du travail s'imposeront.

Le premier effort à tenter doit certainement être d'éveiller l'attention de ceux qui, à un degré plus ou moins grand, tirent une large part de leur bien-être des profits du travail collectif sans y participer aussi étroitement et péniblement que les ouvriers. A ceux-ci il convient de montrer, d'une part, la convenance et l'équité de certaines réformes et de l'autre, le danger pour eux-mêmes, comme pour notre société tout entière, de se désintéresser du mouvement social qui caractérise la fin du XIXᵉ siècle.

Un autre effort à poursuivre parallèlement, doit être, en s'adressant aux travailleurs ouvriers, de les initier par tous moyens, par tous renseignements et même par toute initiatives, au gouvernement par eux-mêmes de leurs intérêts particuliers ou collectifs. Un des premiers soucis à prendre dans cet ordre d'idées est de les mettre en garde contre les écueils que ne pourrait manquer de rencontrer l'organisation nouvelle qu'ils souhaitent, par défaut d'ordre, de méthode ou de discipline, sans lesquels leurs efforts risqueraient de rester stériles, compliqués comme ils le sont surtout par la multiplicité des éléments qui doivent concourir aux résultats qu'ils en attendent.

Hier encore on pouvait dire que la majorité des travail-

---

publication est faite. C'est bien en effet du travail collectif qu'il s'agit, puisque c'est sous cette forme que nous voyons aujourd'hui le travail produire ses revendications.

leurs qui vivent au jour le jour et entre les mains desquels le suffrage universel a placé nos destinées se satisfait plus manifestement des promesses qui leur sont faites que de leur réalisation.

Il est douteux qu'on en puisse dire autant demain. En tous cas, à travers les influences de convictions méritant respect, il importe que les promoteurs et partisans des progrès accomplis en ces dernières années se préoccupent de la réalisation des promesses qu'ils ont pu faire. Ainsi seulement ils s'assureront dans l'avenir le crédit dont ils ont besoin pour poursuivre l'œuvre commencée de la réorganisation de notre société française sur de nouvelles bases.

Les résultats des efforts à faire dans cette voie peuvent être encore lointains, le chemin qui doit y conduire est hérissé de difficultés; le but à se proposer est de tenter de prévoir les difficultés avant de les aborder.

C'est par la connaissance précise (aujourd'hui plus facile) des faits largement divulguée, et non plus par le sentiment seul que cette route doit être éclairée, comme celle de la science dont les progrès sont là pour prouver que l'obscurité d'hier ne doit pas faire douter de la lumière de demain.

Si précaire que puisse être dans cet ordre d'idées le profit à retirer de la publication des notes et conférences ci-après, il sera suffisant pour la justifier et atténuer le regret de leur auteur de n'avoir pu, faute de temps, la mieux coordonner, résumer et compléter, comme il se propose de le faire dans un travail en cours de préparation.

LE
TRAVAIL COLLECTIF
EN FRANCE

L'ORGANISATION DU TRAVAIL

EN FRANCE [1]

Sous ce titre général de l'*Organisation du travail en France*, nous n'avons pas la prétention de présenter une étude complète de la question du travail. Nous n'ignorons pas que les problèmes qu'elle comporte sont très complexes et que la recherche de leur solution exigerait des volumes.

Mais nous pensons que, dans une pareille recherche, les efforts même isolés ne sont pas inutiles, et alors que les nôtres n'auraient d'autre effet que d'en provoquer de nouveaux et d'appeler l'attention des pouvoirs publics sur une des plus graves questions du moment, ils ne nous paraîtraient pas perdus.

A vrai dire, nous espérons davantage : en groupant diverses études inspirées par les faits dont nous avons été témoins pendant ces dernières années, nous avons voulu

(1) Série de Notes publiées à la fin de 1886.

essayer de donner un corps aux idées générales que nous avons entendu défendre dans les réunions publiques et dans la presse.

Les crises répétées que traverse notre société moderne indiquent que les conditions du travail sont en voie de transformation. Doit-on laisser cette transformation s'opérer d'elle-même ou doit-on au contraire la diriger?

La réponse n'est pas douteuse.

Mais il reste à rechercher dans quel sens cette direction doit s'opérer, et c'est alors que les difficultés surgissent.

Sans nous dissimuler leur importance, nous avons voulu les aborder, et si les projets qui suivent présentent des lacunes, ils constituent tout au moins une base de discussion précise qui a manqué jusqu'ici.

C'est donc comme une sorte d'introduction à la recherche des satisfactions à donner aux vœux exprimés par les travailleurs que doivent être considérées ces études.

Les travailleurs ne s'y tromperont pas ; on leur a promis beaucoup, notamment en sollicitant leurs suffrages. La réalisation de ces promesses se fait si longtemps attendre qu'il ne faudrait pas s'étonner de voir un jour prochain la majorité se tourner vers ceux qui, préférablement à toute amélioration dans l'organisation du travail, professent la théorie du bouleversement comme pouvant seule déblayer le terrain et asseoir sur une base nouvelle la réforme nécessaire.

L'état de crise du monde ouvrier, dans la société moderne, désormais régie par le suffrage universel, ne saurait être nié par personne.

Cet état existe aux États-Unis, en Angleterre, en France, en Allemagne même, malgré le prestige éphémère d'un gouvernement militaire ; et partout on se préoccupe de chercher la solution de ces questions sociales.

Suivant les circonstances et les régions, cette crise est effective ou morale.

Dans le premier cas, elle est intermittente et subordonnée à des conditions économiques générales que les efforts des gouvernements peuvent atténuer; mais la crise morale subsistera et grandira dans ses effets, tant que les législateurs n'inscriront pas en tête du programme de leurs travaux toutes les mesures et toutes les libertés propres à assurer, au profit des travailleurs, une amélioration des conditions du travail.

Les uns nieront l'efficacité de ces mesures, beaucoup reculeront devant les difficultés de leur mise en pratique; mais un souci persistant et éclairé de ces questions serait déjà un progrès réel, presque suffisant pour donner à la grande majorité des travailleurs, plus sensée qu'on ne la représente souvent, le calme et la confiance dans les progrès du lendemain.

Le goût de notre race l'a portée vers l'association et a orienté dans cette direction ses efforts vers le progrès.

Le but semblerait ainsi déterminé, mais les moyens d'y parvenir ne le sont pas encore; ceux-ci, en effet, ne sauraient participer d'une simple mesure à prendre; seule, une éducation persévérante pourra développer chez les individus l'instinct du profit commun et sa prédominance sur les intérêts personnels.

Notre caractère national ne peut manquer d'exercer son influence sur la solution, en France, du dilemme posé par les philosophes contemporains, de savoir quelle sera, de l'association ou du salariat, l'orientation qui devra prévaloir dans l'organisation démocratique future de la grande famille française.

Au surplus, il y a place en France et ailleurs pour les deux solutions et même pour les solutions mixtes, comme la participation, qui offre des exemples intéressants à suivre et qu'il convient de perfectionner; rien n'empêche de les étudier toutes et de les poursuivre simultanément.

Les philosophes, en posant ce dilemme (1), admettent comme acquise la substitution de l'état industriel à l'état militaire, et considèrent que le travail de toute nature, par opposition à la guerre, constitue la véritable et unique destination sociale.

Notre société européenne n'en est pas encore arrivée à ce *desideratum* de l'avenir et le problème reste plus complexe.

L'Allemagne penche vers la prépondérance du salariat, avec ses conséquences d'organisation sociale.

L'Angleterre, sous le coup d'une crise imminente, se débat dans un milieu si différent du nôtre, que nous n'y pouvons puiser que des enseignements très incomplets.

En France, c'est vers l'association qu'on a vu, depuis plusieurs années, se développer les efforts individuels des travailleurs.

L'indication semble utile à suivre; aussi, est-ce dans ce sens que sont dirigées les études résumées ci-après, sans préjudicier d'ailleurs aux progrès des institutions sociales de prévoyance que comportent le salariat, la participation, etc., institutions qui ne manqueront en France ni de partisans ni de défenseurs.

Un article publié dans le journal *le Globe*, par M. Burdeau, député du Rhône, sur la crise morale du monde ouvrier, a donné la première idée de la publication de ces études; il est reproduit ci-après comme résumé philosophique de l'état de la question en 1886.

Il est précédé :

1° Du projet, avec exposé des motifs, présenté en 1882 à la Chambre des députés, par MM. Th. Villard, Cusset et le docteur Thulié, conseillers municipaux de Paris, pour la création de chambres de travail ;

____

(1) *Les idées modernes*, par Léopold Bresson.

2° D'extraits du rapport fait sur cette proposition en 1882, par M. Cayrade, à cette époque député de l'Aveyron, maire de Decazeville ;

3° Des conclusions d'un rapport du Cercle du travail de Nancy sur le projet de création des chambres de travail ;

4° Des fragments d'une étude sur le même sujet, publiée par M. Amédée Trimm, rédacteur au *Petit Républicain de l'Est.*

LES CHAMBRES DE TRAVAIL

[Sous ce titre, MM. Th. Villard, J. Cusset et Dr Thulié, ont adressé, au mois de janvier 1882, à la Chambre des députés, la pétition suivante, qui fut déposée sur le bureau par M. de Heredia, et rapportée par M. Cayrade, maire de Decazeville, alors député de l'Aveyron.]

Objet de la pétition.

Lacune de la législation. Absence d'organes destinés à représenter les intérêts du travail. — Notre législation présente une lacune chaque jour plus frappante à mesure que les questions relatives au salariat prennent une plus large place dans les préoccupations des pouvoirs publics.

Cette lacune, que le projet de loi aurait pour effet de combler, la voici : — Presque tous les intérêts similaires, en France, sont groupés et représentés, sauf ceux du travail. La plus petite commune a un conseil municipal pour exprimer ses vœux ; — huit millions de travailleurs n'ont pas le moyen de faire entendre les leurs.

Ce n'est pas que les avocats d'office leur manquent :

conseils généraux, municipaux, Chambres de commerce, Chambres consultatives des arts et manufactures, et autres assemblées électives, tout le monde chez nous peut se croire autorisé à parler au nom de l'industrie et du travail, excepté toutefois l'immense population des ateliers. Le législateur, en multipliant les organes destinés à traduire les besoins du négoce et de la grande fabrication, a peut-être cru de bonne foi fournir un porte-voix aux ouvriers, mais il a oublié de le mettre entre leurs mains. Or, il arrive qu'au milieu des intérêts complexes dont ils ont la gestion, ces représentants légaux représentent fort mal (quand ils ne les trahissent pas ouvertement) des clients, de qui ils ne tiennent aucun mandat direct.

Insuffisance des Chambres de commerce, des arts et manufactures, etc. — Les Chambres de commerce ne s'occupent du travail que pour rechercher le meilleur moyen d'en utiliser le résultat.

Les Chambres consultatives des arts et manufactures n'ont été créées que pour contribuer à l'accroissement et à la prospérité de l'industrie nationale, en lui imprimant une direction éclairée. Hautes et respectables missions, mais d'une portée essentiellement générale.

Les Chambres consultatives d'agriculture et les comices agricoles, composés de propriétaires petits ou grands, représentent la propriété plus que le travail, et sont étrangères en tout cas au travail industriel.

Les Conseils de prud'hommes, la seule de ces institutions où les ouvriers soient directement appelés à siéger, bien que la prépondérance reste aux patrons, n'ont qu'une juridiction purement contentieuse et des attributions restreintes.

Quant aux Chambres syndicales elles-mêmes, auxquelles une loi en ce moment soumise au Sénat va conférer l'existence légale (1), en les relevant des prohibitions qui pesaient, depuis la loi du 17 juin 1791, sur toutes les associations professionnelles, elles ne sont appelées, par la nature même des choses, à exercer qu'un pouvoir pour ainsi dire domestique sur leurs seuls adhérents, et leur action ne s'étend qu'à l'organisation intérieure de la profession. Quelles que soient donc les espérances que l'on peut fonder sur leur développement ultérieur pour accélérer le mouvement ascensionnel de la classe laborieuse, elles ne constituent que des groupes de forces et non des instruments de relation. Elles administrent ou surveillent des intérêts collectifs; elles ne représentent pas les intérêts généraux de la profession ou de la classe. Elles ont l'action et n'ont pas la parole.

Insuffisance des candidatures ouvrières et des congrès d'ouvriers. — Quand ces intérêts ont voulu se faire entendre jusqu'ici (et il importe à tout le monde de les connaître), ils n'ont trouvé, pour parvenir jusqu'au public et jusqu'au législateur, que deux issues également imparfaites. L'une, la candidature ouvrière, n'a jamais abouti qu'à une constatation d'impuissance, tantôt du candidat devant des électeurs dont les plus défiants sont ses propres camarades, tantôt de l'élu devant des collègues indifférents. L'autre est celle des congrès ouvriers, qui embrassent trop pour rien étreindre, où toutes les idées se croisent sans avoir le temps de se contrôler et de se classer, et qui se séparent le plus souvent sans laisser derrière eux autre chose qu'un programme chimérique dont l'exécution n'est confiée à personne.

Nécessité d'une représentation ouvrière. — Ce qui manque à la population de travailleurs agglomérée dans

---

(1) Cette loi a été promulguée le 21 mars 1884. Voir aux *Annexes* de la présente brochure, p. 297.

les grands centres, c'est une représentation régulière légale et permanente, accréditée auprès des pouvoirs publics, c'est un corps délibérant et doué d'initiative. autorisé par ses origines *essentiellement électives et ouvrières* à parler au nom des ouvriers, et investi, par la loi même de son institution, d'un mandat officiel nettement déterminé auprès du législateur et de l'autorité administrative.

Le projet de loi ci-après a pour but de suppléer à cette insuffisance de la loi.

Ce que sont les Chambres de commerce pour les commerçants, ce que sont les Chambres consultatives d'arts et manufactures pour les fabricants, les Chambres de travail le seront pour les ouvriers.

Leur organisation et leur recrutement devront être fixés de manière que leur indépendance de l'État soit absolument assurée, et qu'ainsi elles ne cessent de refléter fidèlement et librement les tendances et les besoins des travailleurs.

Consultées obligatoirement sur certaines questions vitales pour la population laborieuse, facultativement sur toutes les autres, elles mettront en communication directe le monde du travail et les sphères officielles. Grâce à ce contact, on apprendra de part et d'autre à se mieux connaître et à s'entendre plus facilement.

Ramenées à une expression pratique et à une formule définie, les légitimes revendications des artisans se dégageront des utopies.

D'un autre côté, la vigilance et la bonne volonté du législateur ne pourront ni s'endormir ni s'égarer, en présence d'assemblées toujours ponctuelles à lui rappeler ses engagements et à lui montrer le but de leurs efforts communs.

Bases du projet de loi.

Sans entrer ici dans les détails d'organisation, pour lesquels il suffit de renvoyer à la lecture des articles, on indiquera sommairement les traits essentiels du projet.

Recrutement. — La première question qui se pose dans une institution de ce genre est le mode de recrutement. Il va de soi qu'on ne peut songer qu'à l'élection par les intéressés; mais comment doit être composé le corps électoral? Pour les Chambres de commerce, rien n'était plus simple. Tous les électeurs étant commerçants et tous les commerçants étant patentés, c'est l'administration des contributions directes qui fournit en quelque sorte les listes électorales. Mais les électeurs ouvriers ne sont pas patentés; ils sont très souvent astreints par les exigences du métier à une vie nomade. Comment les saisir et comment dresser des listes? N'est-il pas possible de s'appuyer sur des groupements déjà faits?

1° *Suffrage des syndicats professionnels d'ouvriers.* — C'est ici qu'il nous a semblé utile de faire intervenir en première ligne les syndicats professionnels d'ouvriers, associations spontanées, formées en dehors de toute ingérence administrative, sous l'empire de besoins et d'intérêts communs à tous leurs membres.

Chaque syndicat peut conférer aux candidats, qu'il aura désignés par une délibération intérieure prise à la majorité absolue, autant de suffrages qu'il compte d'adhérents. On va voir que les syndicats ne sont pas seuls à voter : il est incontestable toutefois que ce mode de suffrage *en bloc* leur donne une consistance électorale toute particulière, puisque les membres absents le jour du vote ou n'ayant qu'une résidence trop courte pour se faire inscrire sur une liste électorale se trouveront ainsi représentés, grâce au seul fait de leur adhésion au syndicat. Cet avantage nous semble justifié par la solidité que présente un groupe volontairement uni et par la clairvoyance que l'on est en droit d'espérer dans les choix d'une association disciplinée, où l'on s'est vu réciproquement à l'œuvre.

2° *Suffrage des ouvriers libres.* — A côté des Chambres syndicales ouvrières, les ouvriers libres conservent leur vote individuel et prennent part à un scrutin auquel les adhérents des syndicats ne sont pas admis. Seulement, il faut, pour figurer sur la liste électorale de cette catégorie, des conditions de résidence et d'exercice analogues à celles qui sont exigées des électeurs aux Conseils de prud'hommes : c'est une garantie nécessaire pour empêcher l'immixtion d'éléments étrangers dans le corps électoral, qui doit rester exclusivement composé d'artisans.

Du vote des syndicats, rapproché du résultat du scrutin libre, sort une majorité qui peut être considérée comme représentant le corps électoral d'une manière aussi adéquate que possible.

Rapports avec l'administration. — Les Chambres de travail perdraient rapidement leur prestige et leur utilité, élus et électeurs s'en désintéresseraient bien vite si elles devaient descendre au rang d'un simple rouage administratif. Leur situation officielle les met en relations nécessaires avec l'autorité administrative. Mais cette autorité n'intervient jamais dans les travaux intérieurs et son rôle se borne à recevoir et à transmettre des vœux, à poser des questions, à y répondre et à fournir dans une certaine limite les ressources du budget.

Budget. — Enfin il faut aviser à la création de certaines ressources pour faire face aux dépenses indispensables. Procédant par analogie avec les lois de divers pays sur les Chambres de commerce, nous n'hésitons pas à les demander aux patentables des premières classes qui, presque sans exception, emploient de nombreux ouvriers et qui tous vivent de l'industrie, s'ils ne l'exercent pas. Mais nous avons pensé qu'il fallait limiter au strict nécessaire ce concours étranger et qu'il importait à la dignité même des ouvriers, représentés par les Chambres de travail, de subvenir aux dépenses facultatives comme le font les commerçants pour les Chambres de commerce.

DISPOSITIONS

*proposées pour servir de base à un projet de loi
sur les chambres de travail*

SECTION I

FORMATION DES CHAMBRES DE TRAVAIL

Article premier. — Les Chambres de travail sont créées par décrets du président de la République rendus dans la forme des règlements d'administration publique, sur le rapport du ministre du commerce.

Analogie avec les Chambres de commerce.

Art. 2. — Le décret d'institution détermine la circonscription de la Chambre et le nombre de ses membres, qui ne peut être inférieur à neuf ni dépasser vingt et un.

Ce sont les nombres adoptés pour les Chambres de commerce. Il faut des assemblées assez nombreuses pour qu'il soit possible d'y faire entrer quelques hommes de mérite, et pas assez pour devenir tumultueuses.

ART. 3. — Le Conseil général du département où la Chambre projetée doit avoir son siège, les Conseils d'arrondissement et les Conseils municipaux devant être compris dans sa circonscription, ainsi que les Chambres et tribunaux de commerce et les Chambres de travail du département, sont appelés à donner leur avis sur le projet de création.

Analogie avec les Chambres de commerce.

SECTION II

COMPOSITION

ART. 4. — Les membres de la Chambre seront élus, suivant le mode ci-après fixé par les articles 9 à 16, par le corps électoral composé tant des syndicats professionnels qui auront rempli les conditions prescrites par l'article 5 de la loi du 21 mars 1884 (1), que des ouvriers exerçant les mêmes industries qui n'auraient pas adhéré auxdits syndicats.

ART. 5. — Ils pourront être choisis en dehors des syndicats.

ART. 6. — Nul ne peut faire partie d'une Chambre de travail s'il n'est Français, âgé de vingt-cinq ans au moins, et s'il n'a exercé pendant cinq ans au moins l'une des professions représentées par la Chambre, ou s'il a encouru l'une des condamnations énumérées dans l'article 15 du décret du 2 février 1852.

----

(1) Voir cette loi aux *Annexes*, p. 297.

Mêmes conditions que pour les Chambres de commerce, sauf en ce qui concerne l'indignité résultant de condamnations. La loi de 1883 sur les élections consulaires exige des conditions de probité plus strictes. Il a semblé ici que les condamnations qui n'entraînent pas l'indignité politique ne doivent pas entraîner non plus, pour un ouvrier, l'incapacité de représenter ses concitoyens.

Art. 7. — Les membres de la Chambre seront renouvelés par tiers tous les ans.

Les membres sortants pourront être réélus.

Pendant les deux premières années qui suivront la formation de la Chambre, les membres sortants seront désignés par le sort.

Ceux des Chambres de commerce ne sont renouvelés que tous les deux ans. Chaque tiers reste six ans en fonctions. Un terme plus court semble plus approprié aux besoins d'un corps électoral un peu nomade, et fait peser sur les élus une moins lourde charge.

SECTION III

ÉLECTIONS

Art. 8. — L'époque de la première élection qui suivra la formation d'une Chambre de travail sera fixée par arrêté préfectoral.

Art. 9. — Les élections annuelles auront lieu, au scrutin de liste, dans la quinzaine qui précédera l'expiration des pouvoirs des membres sortants, au jour fixé par arrêté préfectoral et suivant le mode expliqué ci-après.

Art. 10. — Chaque syndicat ouvrier ayant rempli les conditions prescrites par l'article 5 de la loi du 21 mars 1884 sur les *syndicats professionnels*, procédera, suivant le mode d'élection déterminé à cet effet par ses statuts particuliers, à la désignation d'un nombre de candidats égal à celui des membres à élire, d'après le décret de convocation prévu par l'article précédent.

A défaut d'une disposition spéciale des statuts, la nomination aura lieu au scrutin secret et à la majorité absolue.

Dans le cas où un premier scrutin ne donnerait pas de majorité absolue, il sera procédé séance tenante à de nouveaux scrutins, jusqu'à ce qu'une liste ait pu réunir une majorité absolue.

Le procès-verbal des opérations électorales contenant la liste ainsi arrêtée sera dressé séance tenante, signé par le bureau et transmis par le président dans les vingt-quatre heures au préfet.

ART. 11. — Plusieurs syndicats pourront se grouper pour arrêter de concert, soit directement par le vote de leurs adhérents, soit par l'organe de leurs bureaux réunis sous la présidence du doyen des présidents, la liste des candidats de leur choix.

A défaut d'une disposition expresse et commune des statuts, on procédera, dans ce cas, comme il est dit aux paragraphes 2 et 3 de l'article 10, et le procès-verbal sera transmis par le doyen des présidents au préfet.

ART. 12. — Ceux des chefs d'atelier, contremaîtres et ouvriers, exerçant l'une des industries représentées par la Chambre de travail, qui ne seraient pas adhérents de l'un des syndicats désignés dans les articles ci-dessus, et qui rempliraient les conditions exigées par l'article 4, paragraphe 2 de .a loi du 1er juin 1853 (1), nommeront

---

(1) ART. 4.   Sont électeurs :

1° . . . .

2° Les chefs d'atelier, contremaîtres et ouvriers, âgés de vingt-cinq ans au moins et domiciliés depuis trois ans dans la circonscription du conseil.

au scrutin de liste le nombre de membres fixé par le décret de convocation.

L'article 4 de la loi du 1er juin 1853 exige cinq ans d'exercice et trois ans de domicile. En adoptant cette règle, on aurait l'avantage d'avoir une liste toute faite; il suffirait de prendre celle des électeurs pour les prud'hommes. Mais ces conditions peuvent passer pour rigoureuses. On pourrait fixer DEUX ANS D'EXERCICE ET UN AN DE DOMICILE, *et faire de nouvelles listes.*

ART. 13. — Il sera, à cet effet, procédé à la confection des listes électorales et à l'élection conformément aux articles 7, 8 et 9 (paragraphes 2 et 3) de la loi du 1er juin 1853 (1).

D'après cette loi, la liste est dressée par le maire, arrêtée par le préfet. Les réclamations sont jugées comme en matière d'élections municipales.

Les électeurs ouvriers se réunissent pour nommer leurs délégués.

Il faudra prendre des précautions pour que les adhérents des syndicats ne puissent se faire inscrire sur ces listes et voter ainsi deux fois. Les camarades non adhérents seront les meilleurs surveillants.

ART. 14. — Après le dépouillement de chaque scrutin,

---

(1) ART. 7. — Dans chaque commune de la circonscription, le maire, assisté de deux assesseurs, qu'il choisit, *l'un parmi les électeurs patrons (a), l'autre* parmi les électeurs ouvriers, inscrit les électeurs sur un tableau qu'il adresse au préfet.

La liste électorale est dressée et arrêtée par le préfet.

ART. 8. — En cas de réclamation, le recours est ouvert devant le Conseil de préfecture ou devant les tribunaux civils, suivant les distinctions établies par la loi sur les élections municipales.

ART. 9. — . . . . . . Les contremaîtres, chefs d'atelier et les ouvriers réunis en assemblées particulières, nomment les prud'hommes ouvriers *en nombre égal à celui des patrons.*

Au premier tour de scrutin, la majorité absolue des suffrages est nécessaire; la majorité relative suffit au second tour.

(a) Dispositions non applicables aux Chambres de travail, à supprimer.

le procès-verbal de l'élection est transmis par le président de chaque bureau au préfet.

Le lendemain de l'élection, un fonctionnaire de la préfecture, désigné à cet effet et assisté d'un délégué de chaque bureau et d'un délégué de chaque syndicat, procède au recensement général des votes et arrête la liste définitive des membres de la Chambre, en attribuant aux candidats élus par chaque syndicat autant de suffrages que le candidat compte d'adhérents.

Ce mode de supputation des suffrages assure aux syndicats une prépondérance qui doit être le juste prix des efforts faits par leurs adhérents pour s'associer en groupes compacts et se discipliner.

ART. 15. — En cas de ballottage, il est procédé, huit jours après, à un second tour de scrutin pour lequel la majorité relative suffira.

ART. 16. — Dans les cinq jours de l'élection, tout électeur aura le droit d'élever des réclamations sur la régularité de l'élection.

Ces réclamations seront adressées par écrit au secrétariat général de la préfecture, communiquées aux citoyens dont l'élection est contestée, lesquels auront le droit d'intervenir dans les cinq jours.

Elles seront jugées en dernier ressort, sommairement et sans frais, dans la quinzaine, par le tribunal civil du lieu où siège la Chambre. L'opposition ne sera pas recevable contre le jugement rendu par défaut.

Le pourvoi en cassation sera recevable et jugé dans les formes prescrites par le paragraphe 9 de l'article 11 de la loi du 8 décembre 1883 sur les élections consulaires.

Emprunté à la loi sur les élections consulaires, sauf une simplification, qui consiste à renvoyer les contestations au tribunal et non à la cour d'appel.

SECTION IV

ORGANISATION

Art. 17. — Les Chambres de travail nomment tous les ans dans leur sein, un président, un secrétaire et un secrétaire-trésorier.

Elles peuvent s'adjoindre, jusqu'à concurrence du tiers de leur nombre, des membres correspondants français pris en dehors des industries qu'elles représentent et leur donner voix délibérative, ou voix simplement consultative dans leurs discussions.

Elles peuvent conférer le titre de membre honoraire à ceux qui rempliront les conditions exigées à cet effet par les règlements particuliers de chaque Chambre.

Les articles 17 à 22 de cette section ne sont qu'une reproduction des règles observées en ce qui concerne les Chambres de commerce.

Les Chambres de travail peuvent nommer par exemple des ingénieurs, des jurisconsultes, des voyageurs destinés à les éclairer sur certaines questions spéciales.

Art. 18. — Les fonctions des membres durent trois ans. Elles sont honorifiques; elles peuvent toutefois comporter une attribution à titre d'indemnité sous forme de jetons de présence.

Le secrétaire et les autres employés (s'il y a lieu) recevront un traitement fixe.

L'importance de ces indemnités et de ces traitements sera déterminée par la Chambre, sauf l'approbation prévue par l'article 29 ci-après.

Art. 19. — Les membres décédés ou démissionnaires sont remplacés à la première élection, mais seulement pour le temps que leurs fonctions avaient encore à courir.

Art. 20. — Dans les cas où, par suite de décès ou démission, le nombre des membres d'une Chambre se trouverait réduit d'un tiers, il est procédé à une élection.

Art. 21. — Tout membre qui, sans motif légitime, aura manqué à trois convocations successives, sera considéré comme démissionnaire.

Il faut une absence de trois mois consécutifs pour que cette déchéance soit encourue par un membre d'une Chambre de commerce. Mais les réunions des Chambres de travail seront plus rares. On peut donc exiger une exactitude plus rigoureuse.

Art. 22. — Les Chambres de travail instituées conformément à la présente loi sont reconnues comme établissements d'utilité publique et peuvent en cette qualité acquérir, recevoir, posséder et aliéner, après y avoir été dûment autorisées.

La loi sur les syndicats professionnels interdit à ceux-ci de posséder des immeubles pour d'autres fins que la tenue de leurs séances ou le logement de leurs écoles.

Cette interdiction, qui n'existe nulle part pour les Chambres de commerce, n'a pas paru utile à reproduire ici. La crainte de voir se former, entre les mains des Chambres de travail, un vaste domaine de main-morte, peut passer pour chimérique.

SECTION V

ATTRIBUTIONS

Art. 23. — Les Chambres de travail correspondent directement avec le ministre du commerce.

Elles lui donnent communication de tous les avis qu'elles adressent à d'autres ministres et de tous les documents qu'elles publient.

Il est (théoriquement) interdit aux Chambres de commerce de rien publier sans l'autorisation du ministre. Mais aucun ministre n'oserait se prévaloir aujourd'hui de cette prohibition surannée et d'ailleurs dépourvue de sanction. Il a donc paru inutile de la reproduire.

Art. 24. — Les Chambres de travail présentent au gouvernement leurs vues sur les moyens d'améliorer le sort des travailleurs et d'accroître la prospérité des industries qu'elles représentent.

Art. 25. — Elles peuvent être consultées par le gouvernement sur toutes les questions économiques qui intéressent l'industrie et le travail.

Art. 26. — Leur avis doit être demandé sur tous les projets de loi et de décret concernant : la création, dans la même région industrielle, des nouvelles Chambres de travail, — des conseils de prud'hommes, — des écoles professionnelles, — des écoles d'arts et métiers ; — les modifications à introduire dans la législation sur le travail dans les manufactures, — les livrets d'ouvriers, — le tissage et le bobinage, — les octrois, — les règlements locaux en matière d'industrie, — les coalitions, — les mines, — les expositions.

C'est à l'expérience à montrer quels sont les articles à ajouter à cette énumération pour la rendre complète.

Art. 27. — Elles peuvent être appelées à administrer les établissements créés dans l'intérêt du travail.

Établissements tels que : écoles professionnelles, caisses d'épargne, etc.

SECTION VI

BUDGET

Art. 28. — Les départements seront tenus de fournir, à leurs frais, un local convenable pour la tenue des séances des Chambres de travail, dans les villes où elles auront leur siège.

Cette dépense, ainsi que celle à laquelle pourront donner lieu la formation des listes électorales et les opérations du scrutin, seront comprises dans les dépenses obligatoires des départements prévues et réglées par l'article 61 de la loi du 10 août 1871 (1).

§ 1. C'est ce qui a existé déjà pour les Chambres consultatives d'agriculture (art. 8 du décret du 25 mars 1852) (2). Il faut mettre cette dépense à la charge du département et non de la commune, parce que la Chambre de travail, par l'étendue de sa circonscription, sera une institution d'intérêt départemental, et dépassera les limites territoriales des autres divisions administratives.

ART. 29. — Il est pourvu aux dépenses de service, frais de bureau et traitement du secrétaire, qui ne seraient pas couvertes par les cotisations volontaires des électeurs et les revenus, au moyen d'une contribution additionnelle au droit fixe de patente, dont le montant sera réparti entre les patentables de la circonscription désignés à l'article 38 de la loi du 15 juillet 1880 (3).

---

(1) ART. 61. — Si un conseil général omet d'inscrire au budget un crédit suffisant pour l'acquittement des dépenses énoncées aux nᵒˢ 1, 2, 3 et 4 de l'article précédent, il y est pourvu au moyen d'une contribution spéciale, portant sur les quatre contributions directes et établie par un décret...

(2) ART. 8. — Les préfets et sous-préfets fournissent au chef-lieu du département ou de l'arrondissement un local convenable pour la tenue des séances.

Le budget des Chambres consultatives d'agriculture est visé par le préfet et présenté au conseil général. Il fait partie des dépenses départementales....

(3) ART. 38. — Les contributions spéciales destinées à subvenir aux dépenses des Bourses et Chambres de commerce, et dont la perception est autorisée par l'article 11 de la loi du 23 juillet 1820, seront réparties sur les patentables des trois premières classes du tableau A annexé à la présente loi et sur ceux désignés, dans les

L'article visé de la loi de 1880 soumet à cette charge les patentables des premières classes. Plusieurs motifs peuvent être invoqués pour leur faire payer la dépense des Chambres de travail :

1° C'est ainsi qu'on a procédé pour les Bourses de commerce, par suite de la difficulté d'asseoir et de percevoir la contribution sur de petits patentables ;

2° Les premières classes sont celles qui emploient les ouvriers ou qui profitent le plus de leur présence dans un grand centre industriel ;

3° En Italie, on n'a pas hésité à frapper d'une taxe, au profit des Chambres de commerce, le revenu des particuliers qui ne se livrent à aucun commerce (1).

L'ouvrier lui-même échappe à la taxe par la modicité de ses ressources et par la difficulté du contrôle.

---

tableaux B et C, comme passibles d'un droit fixe égal ou supérieur à celui desdites classes.

N. B. — Le tableau A comprend dans ses trois premières classes les marchands en gros et demi-gros et entrepreneurs.

Le tableau B comprend les professions imposées, eu égard à la population d'après un tarif exceptionnel.

Le tableau C comprend, entre autres : armateurs, fournisseurs de l'armée, fabricants de produits alimentaires, chimiques, métallurgiques, cuir, verreries, étoffes, carrières, etc...

(1) Les ressources des Chambres de commerce en Italie sont les suivantes :

1° Revenus patrimoniaux ; 2° droits sur les actes qu'elles délivrent ; 3° taxe sur les artisans et commerçants ; 4° taxe traditionnelle sur l'impôt qui frappe la richesse mobilière ; 5° taxe sur les polices de chargements, nolisements et assurances.

Quelques Chambres touchent aussi des droits :

A. — Sur le conditionnement des soies.

B. — Sur les ventes à l'encan.

Ces diverses sources de revenus donnent lieu aux observations suivantes :

1° Toutes les Chambres n'en ont pas.

2° Produit insignifiant, 70 francs par Chambre en moyenne.

3° La taxe sur les commerçants a produit pour Florence, en 1876, 24,209 francs.

Elle se perçoit d'après un tableau divisant la population commerçante en classes. Elle varie, suivant les classes et sui-

Art. 30. — A cet effet, les Chambres de travail adresseront au préfet, dans les trois premiers mois de chaque année, le compte des recettes et des dépenses de l'année précédente et le projet de budget des recettes et des dépenses de l'année suivante.

Le préfet les transmettra, avec son avis, au ministre du commerce, qui réglera le budget définitivement.

La perception de la contribution indiquée dans l'article précédent sera autorisée chaque année par un décret spécial.

Analogie avec les Chambres de commerce.

Art. 31. — Les Chambres ne sont autorisées à com-

---

vant l'importance et les besoins de la Chambre, de 2 francs à 200 francs.

4° Le produit a été pour Foligno, en 1876, de 17,954 francs.

Cette taxe est la plus remarquable en ce qu'elle frappe, au profit du commerce, des particuliers qui ne se livrent à aucun commerce.

Les Chambres sont autorisées à percevoir cette taxe par le décret royal qui les institue. A cet effet, elles se font délivrer des extraits des rôles des contributions sur la richesse mobilière de leur district, et établissent, proportionnellement au revenu imposable de chaque contribuable et suivant les besoins de leur budget, la taxe qui leur est due. Le recouvrement se fait en même temps que celui du principal de la contribution.

On voit que la taxe n° 3 est un impôt de quotité comme les patentes chez nous, et que la taxe n° 4 est un impôt de répartition.

Les Chambres ne sont généralement autorisées à percevoir que l'une ou l'autre de ces deux taxes.

5° La taxe sur les chargements, nolisements, etc., a produit :

Pour Bari.................. .... en 1871 14.000 en 1877 70.940
Pour Civita-Vecchia......... — 24.000 en 1875 7.907

Quinze Chambres seulement sont autorisées à percevoir cette taxe qui, en 1874, a produit un total de 422,556 francs pour toute l'Italie.

Elle a soulevé des protestations unanimes du commerce, dont elle entrave les transactions.

prendre dans leur budget officiel que les dépenses annuelles énoncées dans l'article 29.

Si elles veulent faire d'autres dépenses : missions, délégations, publications, etc., il faudra recourir aux cotisations volontaires des électeurs. La loi n'assure que les ressources nécessaires pour vivre. Donner aux Chambres le droit de frapper des taxes sur les ouvriers (comme les Chambres de commerce italiennes sur les commerçants), ce serait exposer la population ouvrière à supporter de lourdes charges, par suite de l'entraînement de ses mandataires.

Art. 32. — Les Chambres qui auront la gestion d'établissements spéciaux présenteront à l'approbation du ministre un budget particulier pour chacun de ces établissements.

EXTRAIT

du rapport de M. Cayrade, député de l'Aveyron, chargé de rapporter la pétition de MM. Th. Villard, Cusset et Thulié.

Ainsi que nous l'avons dit précédemment, M. Cayrade, député de l'Aveyron, fut chargé par la commission compétente de faire un rapport favorable sur la pétition reproduite plus haut.

Ce rapport commence par une analyse minutieuse et complète du projet de MM. Th. Villard, Thulié et Cusset. Il termine par une intéressante critique de deux des dispositions proposées :

Ainsi, les auteurs du projet établissent deux modes distincts de scrutin pour une même élection, l'un, auquel prendront part seulement les ouvriers syndiqués, dans leur *salle de réunion* sans *aucun contrôle* et dont le résultat sera *directement* envoyé au préfet,

— l'autre aura lieu à la mairie pour les ouvriers non syndiqués. De plus, ils établissent une sorte de prépotence au profit des Chambres syndicales, puisque le seul fait d'en être membre confère le titre d'électeur, tandis que les ouvriers non syndiqués sont astreints à des conditions de domicile et doivent justifier d'un certain temps d'exercice professionnel.

Cette dualité d'électorat n'est nullement conforme aux idées démocratiques de notre société. Nous estimons qu'elle serait de nature, en créant un privilège aussi exorbitant au profit des Chambres syndicales, à amener de fâcheuses divisions entre les ouvriers.

Quant au vote en bloc, il est encore moins acceptable. Dans notre droit électoral, le vote est personnel, il ne peut pas être présumé.

Le vote en bloc des absents est inadmissible.

En instituant des scrutins séparés, sans contrôle, sans surveillance réciproque, les auteurs du projet de loi n'ont pas réfléchi que dès lors les ouvriers syndiqués seraient tenus en suspicion par leurs camarades, qu'ils ouvrent la porte à toutes les fraudes électorales et que ce mode d'élection est de nature à froisser vivement les sentiments d'égalité dont les ouvriers sont avec raison si jaloux. Ils ont évidemment voulu, en accordant ce privilège électoral aux Chambres syndicales, inviter les ouvriers à en faire partie et telle est leur excuse de cette dérogation si étrange à notre droit électoral et à nos principes démocratiques.

On ne doit, à notre avis, établir aucune distinction entre les ouvriers syndiqués et les ouvriers libres. Tous doivent relever de la même loi et, les élections faites ainsi à la mairie, gagneront en moralité et en indépendance. Il nous paraîtrait dangereux d'accepter la distinction qui vous est proposée et qui aurait pour résultat immédiat d'établir une aristocratie ouvrière.

Les Chambres de travail, par analogie avec les Chambres de commerce et les Chambres syndicales, jouiront de la personnalité civile, auront le droit d'acquérir dans les mêmes conditions, sous les mêmes réserves, et seront reconnues d'utilité publique.

Quant au budget, les départements seront tenus de fournir le local pour la tenue des séances des Chambres de travail dans les villes où elles auront leur siège. Cette dépense, ainsi que celle à lequelle pourraient donner lieu la formation des listes électorales et les opérations du scrutin, seront comprises dans les dépenses obligatoires des départements prévues et réglées par l'article 61 de la loi du 10 août 1871.

Mais, ajoutent les pétitionnaires :

« Il sera pourvu aux dépenses de service, frais de bureau et traitement du secrétaire, qui ne seraient pas couvertes par les cotisations volontaires des électeurs et les revenus, au moyen d'une contribution additionnelle au droit fixe de patente, dont le montant sera réparti entre les patentables de la circonscription désignés à l'article 33 de la loi du 25 août 1844 (38 de la loi du 15 juillet 1880). »

Cette clause nous a paru exorbitante. Il n'est pas équitable de faire peser tout ou partie des frais des Chambres de travail sur des patentables qui ne concourent en rien à leur organisation, et ne profitent en aucune manière de leurs avantages.

Il nous semble qu'il doit y avoir, au point de vue budgétaire, égalité parfaite entre les Chambres de travail et les Chambres des arts et manufactures ; qu'elles ne doivent bénéficier que des dispositions de l'article 8 du décret du 25 mars 1852.

Tels sont les points principaux sur lesquels il nous a paru indispensable d'attirer votre attention.

Il s'est produit autour de cette proposition un certain mouvement d'opinion. Les Chambres syndicales consultées en ont fait l'objet de leurs délibérations et ont adhéré au principe de la création de Chambres de travail ; la presse lui a fait aussi un accueil sympathique.

Sous le bénéfice des précédentes observations au sujet des élections et du budget, il nous paraît que le projet doit être pris en considération. Il semble constituer un véritable progrès. En conséquence, la troisième commission a l'honneur de vous proposer de renvoyer à M. le ministre de l'intérieur la pétition de MM. Villard, Cusset et Thulié, en la recommandant à sa bienveillante attention. (*Renvoi au ministre de l'intérieur.*)

CONCLUSIONS

du rapport du Cercle de travail de Nancy sur le projet de création des Chambres de travail.

Dans son assemblée générale du 7 juin 1882, le *Cercle du travail* de Nancy a approuvé, à l'unanimité des membres présents, le rapport présenté en son nom et au nom de trois de ses collègues, tous quatre membres de la commission d'études, par M. Alexis Schneider, rapporteur, sur la pétition de MM. Villard, Cusset et Thulié, conseillers municipaux de Paris, relative à la création de Chambres de travail en France.

Voici les conclusions de ce rapport :

I. Adoption, en principe, de l'ensemble du projet de loi qui, lorsqu'il sortira de la période de la théorie pour entrer dans la période d'application et de mise en pratique, deviendra un des remèdes efficaces à la solution de la question sociale.

II. Addition au mode de recrutement et d'élection proposé par les auteurs. Ceux-ci proposent que le corps électoral reste *exclusivement composé d'artisans*. Cet ostracisme est inacceptable, car la question sociale comporte plus de largeur et implique un nombre infini de *travailleurs de toutes conditions*. Parmi ceux-ci figure la nombreuse catégorie des employés du commerce, de l'industrie, des arts, des manufactures et des administrations, en un mot, tous les travailleurs de l'intelligence, les employés de la plume, ainsi vulgairement appelés. Cette immense catégorie, comme celle des travailleurs manuels proprement dits, doit également avoir des représentants à la Chambre de travail, qui aurait pour mission de soutenir et de défendre ses intérêts.

III. Rejet des articles de la proposition de MM. Villard, Cusset et Thulié, concernant le budget et la représentation.

Les auteurs proposent deux moyens également impraticables : 1° faire supporter par les patentables de 1re classe, au moyen d'une contribution additionnelle au droit fixe de patente, les dépenses « indispensables » des Chambres de travail. — 2° sous prétexte qu'il importe à la dignité même des travailleurs, représentés par les Chambres de travail, de subvenir aux dépenses « facultatives », mettre ces dépenses à leur charge, comme on fait pour les commerçants en ce qui regarde les dépenses facultatives des Chambres de commerce.

Le premier moyen est inacceptable, parce que les patentables de 1re classe ne consentiraient pas à supporter cet impôt prélevé sur eux, contre leur gré, et qu'au contraire ils se refuseraient à le payer, puisque souvent il pourrait aller à l'encontre de leurs propres intérêts.

Le second est impraticable, d'abord parce que : il faut compter avec le désintéressement ou plutôt l'inertie, nous ne dirons pas de tous, mais du grand nombre, et ensuite parce que les travailleurs ne peuvent subvenir aux dépenses de leurs mandataires comme le font les commerçants, attendu qu'ils ne possèdent pas d'égales ressources.

En principe, l'opinion de ces messieurs paraît toute naturelle, mais en pratique elle est défectueuse, car si le parti ouvrier était représenté en grand nombre dans ces Chambres de travail, ce serait pour les électeurs (les travailleurs) un impôt trop onéreux pour leur maigre bourse et ils refuseraient une pareille subvention.

D'ailleurs, ceci est essentiel, le caractère même des Chambres de travail comporte une importance, une action, une utilité de caractère général.

Quant à la représentation, MM. Villard, Cusset et Thulié disent : Les fonctions de membres durent trois ans, elles sont *honorifiques*. Le mot honorifique est ici mal placé et partant inacceptable.

Il écarte les candidats ayant peu ou point de ressources personnelles.

L'argent ne doit plus, en cette matière, étouffer la voix des orateurs et priver les Chambres de travail des lumières d'un citoyen capable, expérimenté, dévoué.

Il faut, au contraire, que l'entrée en soit accessible à *tous*, riches comme pauvres, pauvres comme riches.

D'ailleurs, comme dans l'esprit des pétitionnaires il est admis que les Chambres de travail *sont reconnues comme établissements d'utilité publique*, il est évident que la combinaison proposée par eux n'est pas logique.

En pareille matière on ne peut partir que de ce principe : Toute fonction élective doit être rétribuée sur les fonds de la collectivité organisée, appelée l'État.

Autrement le mot terrible prononcé par Lamennais, en 1850 : « Silence aux pauvres », pourrait s'appliquer aux défenseurs des intérêts des travailleurs. Il faut que dans les Chambres de travail la parole puisse être donnée aux pauvres.

FRAGMENT

d'une étude de *M. Amédée Trimm*, rédacteur au
« *Petit Républicain de l'Est* », à Nancy.

Le rapport de M. Cayrade et celui du *Cercle du travail* ont inspiré à M. Trimm, auteur d'une *Étude sur les Chambres de travail*, les réflexions suivantes, par lesquelles il termine cet intéressant écrit :

Nous adhérons franchement au vœu émis par les pétitionnaires, sous quelques réserves toutefois.

Nous aussi, nous croyons, avec le Cercle du travail de Nancy, que le jour où cette idée démocratique sortira de la période de la théorie pour entrer dans la période de l'application, elle formera « l'un des remèdes efficaces à la solution de la question sociale », parce que nous estimons :

Qu'il faut donner à la population des travailleurs agglomérée dans les grands centres « une représentation légale et permanente accréditée auprès des pouvoirs publics » ;

Qu'il faut établir « un corps délibérant et doué d'initiative, pris dans les rangs des travailleurs *de toutes conditions*, qui, investi par la loi même de son institution d'un mandat officiel nettement déterminé auprès du législateur et de l'autorité administrative, sera le *porte-voix de la classe laborieuse* TOUT ENTIÈRE ».

Ainsi constituées, les Chambres de travail serviront « à mettre en communication directe le monde du travail et les sphères officielles. Au moyen de ce contact, on apprendra de part et d'autre à se mieux connaître et les légitimes revendications des travailleurs se dégageront des utopies ».

Nous ne partageons ni l'opinion du Cercle du travail ni celle de MM. Villard, Cusset et Thulié, sur le budget. Ceux-ci proposent d'abord de faire supporter par les patentables de première classe, au moyen d'une contribution additionnelle au droit fixe de patente, les charges dont le montant doit faire face aux dépenses des Chambres de travail. — Le Cercle ouvrier de Nancy a rejeté ce moyen, et demandé que les frais soient couverts par le budget de l'État.

Tout différent est notre avis. Nous combattons ce dernier moyen et nous n'acceptons qu'en partie celui des initiateurs de la création des Chambres de travail.

Le rapporteur de la 3e commission croit qu'il n'est pas équitable de faire peser tout ou partie des frais des Chambres de travail sur des patentables qui ne concourent en rien à leur organisation, et ne profitent en aucune manière de leurs avantages. Cette objection de M. Cayrade est spécieuse, et il est à prévoir qu'elle rencontrera beaucoup de crédit parmi les députés, lors de la discussion du projet de loi.

Aussi, combien à tout cela préférons-nous le second moyen mis en avant par les pétitionnaires ; nous y attachons d'autant plus de valeur, qu'il nous paraît le seul juste et pratique. Il importe, disent-ils, à la dignité même des ouvriers représentés par les Chambres de travail, de subvenir aux dépenses facultatives, comme le font les commerçants pour les Chambres de commerce.

Toute ingérence de l'État dans les travaux des Chambres de travail entraverait leur action et en diminuerait la portée. D'ailleurs, l'État ne s'immisce en rien dans les faits et gestes des Chambre·

de commerce. A ce point de vue, il doit y avoir égalité parfaite entre les unes et les autres.

Quoi qu'on en ait dit, nous sommes persuadé que le jour où le travailleur, comme le patron, aura un mandataire né auprès de l'administration dans des établissements d'intérêts collectifs, il sera ce jour-là heureux d'offrir sa quote-part pour la rétribution de ce même mandataire! On a bien objecté qu'il ne pourra le faire comme le commerçant parce qu'il n'a pas d'égales ressources. Mais il faut admettre que les travailleurs dépassent de beaucoup en nombre les commerçants; la quote-part ne serait donc point aussi lourde.

Il nous semble cependant que M. Cayrade va trop loin, lorsqu'il dit que les commerçants ne profiteraient en aucune manière des avantages des Chambres de travail. Le contraire nous est prouvé par lui-même dans les conclusions de son rapport, où il dit « que les mandataires des ouvriers, dégagés de toute préoccupation locale, de toute excitation étrangère, arrêteront souvent dans leur germe les causes de conflit qui, sans leur intervention, auraient peut-être abouti à une grève ».

Du moment que les Chambres de travail sont appelées à prévenir les grèves et les chômages de travail qui en sont les conséquences, à étouffer des crises, onéreuses pour le patron comme pour l'ouvrier, puisqu'il y a parité d'avantages, pourquoi n'y aurait-il pas aussi partage de dépenses? Autrement dit, les patrons et les ouvriers devraient contribuer, les uns et les autres, au paiement des frais des Chambres de travail.

Ces déductions nous amènent à déclarer que, pas plus que le Cercle du travail de Nancy, nous ne sommes partisan des fonctions honorifiques pour les membres des Chambres de travail. Ce système nous paraît nuisible à leur fonctionnement régulier. Pour qu'elles ne soient pas un *leurre*, rétribuons les délégués que nous y enverrons, ouvrons-en la porte aux déshérités de la fortune, prenons dans nos rangs « des citoyens capables, expérimentés, dévoués », pour nous y représenter.

Ayons confiance en nous-mêmes, fions-nous à nos propres forces, car nous avons payé et nous payons encore pour savoir combien l'électeur a été trahi, et les dures leçons du passé doivent être pour nous un enseignement profond à méditer. Il faut évincer impitoyablement les candidats aux beaux discours, aux paroles creuses, aux belles promesses. Il faut être soucieux de nos intérêts, veiller avec un soin jaloux à l'exercice de nos droits, et conserver toute notre liberté d'action.

A. TRIMM.

LA CRISE MORALE DU MONDE OUVRIER (1)

On croit avoir tout fait, dans la presse modérée, quand on a dénoncé le caractère criminel des excès commis au nom de la question sociale, soit à Decazeville, soit en Belgique, et qu'on a fait appel aux rigueurs de la justice contre les incendiaires de la verrerie Baudoux, et contre leurs chefs, les commis-voyageurs de l'émeute. Bien entendu, nous aussi, nous réclamons une intervention vigoureuse des autorités en faveur des existences et des propriétés menacées par les grévistes ; on peut même, dès à présent, le gouvernement ayant eu le temps de prendre ses mesures, le rendre responsable des désordres qui éclateraient à Decazeville, et déclarer que si un sang innocent y est versé de nouveau, ce sang retombera en grande partie sur sa tête. Nous accordons tout cela ; mais après ? Quand on aura empêché les grèves actuelles d'aboutir à des attentats, aura-t-on écarté les grèves de demain et les menaces de crime qu'elles traîneront, elles aussi, à leur suite ? L'indignation des bons citoyens et les actes de vigueur de la gendarmerie, sont-ce là des remèdes suffisants à la crise sociale ?

Voilà ce que je n'arrive pas à me persaduer. Certainement, les émeutiers qui inquiètent actuellement le monde civilisé, qu'ils prennent pour théâtre de leurs exploits Londres, Decazeville, Fort-Worth ou Charleroi ne méritent aucune sympathie. Eussent-ils été poussés par la misère, la misère n'excuse ni le pillage, ni l'incendie, ni le meurtre. Mais ce n'est pas la faim qui a mené les roughs de Londres à l'assaut des boutiques de West-End : ce sont quelques messieurs bien mis et bien nourris qui s'intitulent socialistes. Ce n'est pas la faim qui a armé les meurtriers de Watrin, leurs salaires étaient réguliers, supérieurs en somme à ce que reçoivent les trois quarts des mineurs de France et d'Angleterre. Enfin ce n'est pas la faim qui a fait brûler la verrerie Baudoux en Belgique : les reporters de tous les journaux sont d'accord pour dire que les vrais affamés, les familles dont le salaire est tombé à 10 ou 12 francs par semaine, sont muettes et résignées ; que si les hommes se sont joints parfois aux bandes qui terrorisaient le pays, c'est par peur, par imitation : les véritables forces de l'émeute belge ont été fournies par des verriers-souffleurs, par des maîtres porions, par des « étrangers » dont les poches ne paraissaient pas dégarnies.

Ce n'est pas à l'insurrection de la misère que nous assistons. Sans des interventions regrettables, les grèves le plus souvent

---

(1) Article inséré dans *le Globe*.

ne seraient ni sanglantes, ni impossibles à terminer par une entente amiable. Tout cela est vrai; mais tout cela peut-il nous faire oublier combien les mouvements ouvriers sont généraux, avec quelle facilité ils éclatent sur tous les points du globe civilisé, avec quelle soudaineté chacun d'eux s'étend et se propage? Admettons même que, sans les meneurs, aucun d'eux n'eût éclaté, ce qui est bien exagéré; toujours est-il que les meneurs ont trouvé à leur premier appel un écho formidable; contre leur cri de haine aux patrons, aucune protestation ne s'est élevée; leur théorie de destruction du capital n'a éveillé ni indignation ni sentiment de solidarité entre l'ouvrier et le capitaliste. Les consciences ni les intelligences des travailleurs n'ont rien trouvé à répondre à des prédicateurs de meurtre et d'appauvrissement universel. De sorte que, si cet état d'esprit se généralisait parmi les ouvriers, nous pourrions assister à ce spectacle : la bourgeoisie, les détenteurs de la propriété, seuls aux prises avec une poignée de sophistes et de gredins intelligents, résolus à prendre la place par tous les moyens, sous les yeux des masses ouvrières indifférentes, et plutôt disposées à prêter main-forte aux voleurs, sans qu'il s'élevât parmi elles une voix pour leur rappeler que le capital, c'est leur outillage, leur gagne-pain, et qu'en travaillant à le faire passer, au risque d'un déchet formidable, en de nouvelles mains, elles vont consommer leur propre ruine.

Voilà le péril. Et ce n'est pas avec des baïonnettes qu'on le fera disparaître. La force armée n'est efficace que si elle agit par coups soudains, et si elle vient subitement rétablir les droits de la justice, et rendre la prépondérance aux éléments d'ordre, aux sentiments honnêtes, aux forces morales enfin, qui normalement dirigent la société.

Mais là se borne sa puissance. La force peut rétablir l'ordre, elle ne peut pas à elle seule le maintenir. Déjà, en Belgique, le général Van der Smissen en est réduit à faire faire à ses soldats des conférences pour les défendre contre la propagande anarchiste; s'ils restaient deux mois de plus dans les pays de grève, la discipline perdrait ses droits. En France même, à Decazeville, à Firminy, nous voyons déjà se produire des déplacements de troupes: on évite les contacts trop prolongés avec les habitants; et de temps en temps le général Boulanger juge nécessaire d'inviter ses soldats à porter ailleurs la gamelle qu'il leur a pourtant conseillé lui-même de partager avec les grévistes.

Le moment est venu de regarder le mal en face, de ne compter pour le guérir que sur la vérité et sur la justice, et de se résigner aux réformes, aux sacrifices qu'il faudra pour en finir avec lui. Le mal, c'est cette idée, profondément écrite dans l'esprit de la plupart des travailleurs : que la répartition des richesses n'est pas faite selon l'équité; que les capitalistes ont plus que leur juste part, et les ouvriers moins. Il ne servirait de rien de leur protester que c'est là une erreur : entre eux et ceux qui protesteraient, il y a méfiance profonde. En vain même la Société de Decazeville expose-t-elle, avec preuves à l'appui, qu'elle ne réalise plus de bénéfices, bien loin de s'enrichir aux dépens de ses ouvriers; en vain M. Beernaert, au nom du gouvernement belge, prouve-t-il, bilans en mains, qu'en face des 92 millions de dividendes réalisés par certaines compagnies houillères, il faut placer 79 millions de pertes subies par les autres; que les bénéfices réels, répartis entre tous les mineurs, ne leur donneraient pas trois sous par jour à chacun, et que ces trois sous sont un bien faible loyer pour les machines, les travaux, l'outillage dont on les fournit. Toutes ces déclarations, — bien que sincères, je le crois, — sont en pure perte. Elles viennent trop tard, au milieu d'une lutte trop engagée, en présence d'esprits trop irrités ou trop peu éclairés pour les vérifier, pour en saisir le sens.

Et cependant, de ce côté est peut-être le remède. De deux choses l'une : ou bien l'opinion des ouvriers, sur l'iniquité de la répartition des richesses, est fondée, ou elle est fausse. Dans le premier cas, il faut y donner satisfaction; il faut le dire de bon cœur et vite, sans quoi ceux qui bénéficient de l'injustice périront dans quelque explosion formidable, et l'histoire dira que leur châtiment n'était pas immérité. Dans le second cas, il faut dissiper cette erreur. Mais dans un cas comme dans l'autre, il faut que la société rende ses comptes aux ouvriers; il faut qu'elle leur ouvre ses livres, qu'elle les fasse y voir clair, qu'elle les convainque ou qu'elle leur cède.

Sous cette forme générale, l'idée peut paraître chimérique. Elle l'est si peu que déjà la participation aux bénéfices nous en montre une application en petit. Un conseiller municipal de Paris, que sa profession a mis à même de remuer de grandes masses de travailleurs, qui a vécu avec eux et souvent de la même vie, qui les connaît enfin et qui les aime, M. Th. Villard, a fait voir par un ensemble de projets qu'on trouvera réunis dans cette brochure que notre idée n'est pas impossible à réaliser pleinement et en grand. Que faut-il donner aux travailleurs? dit M. Villard. Le moyen de vérifier par eux-mêmes comment s'opère la répartition des richesses dans la société. Pour qu'ils sachent si leurs salaires représentent bien ce à quoi ils ont droit, il est besoin de leur montrer si ces salaires sont le maximum de ce qu'ils peuvent obtenir; si, en les portant plus haut, on découragerait la formation de l'épargne ou l'emploi du capital dans l'industrie, ou si on écarterait la clientèle, attirée ailleurs par une offre de produits à prix plus modérés.

Pour que les lois relatives à leurs intérêts, par exemple, à la durée de la journée de travail, à la responsabilité des accidents, aux retraites pour la vieillesse et les invalides du travail, aux sociétés coopératives, etc., leur paraissent équitables, il faut qu'ils les aient comprises et directement consenties. Bref, il faut que pas une des questions économiques où le sort des travailleurs est directement engagé ne soit jamais réglée sans leur assistance, et autant que possible sans leur participation.

C'est à ce programme que répondait l'idée d'organiser les Chambres départementales de travail, constituées par les délégués des Chambres syndicales, et jouant à l'égard des intérêts communs des ouvriers le rôle que jouent à l'égard des commerçants les Chambres de commerce. Au sommet aurait pu s'élever un conseil supérieur du travail, constitué d'abord par le ministre du commerce et de l'industrie, en attendant qu'il pût être élu par les intéressés.

Si ce Conseil supérieur était recruté, non parmi les orateurs de réunion — si pittoresquement nommés les sans-travaillistes — mais parmi les ouvriers sérieux qui peinent et qui savent, parmi les présidents de syndicats, par exemple; — s'il était obligatoirement consulté par le ministre pour tous les problèmes qui intéressent les rapports du travail et du capital; s'il siégeait assez fréquemment et d'une façon assez suivie pour pouvoir couler à fond les questions qui lui seront soumises; — s'il joignait aux connaissances en matière ouvrière, qu'il tirerait de son fonds, les lumières de jurisconsultes et de parlementaires versés dans le droit spécial; si, grâce à cette réunion de savoirs divers, il arrivait à se faire une autorité dont le ministre aimera à se couvrir et que les Chambres aimeront à écouter : alors le Conseil supérieur du travail constituerait une enquête permanente et régulière sur la situation et les espérances des ouvriers en France; il serait le plus puissant instrument que nous ayons encore pour la pacification sociale et pour la résolution des questions ouvrières.

Nous demandons qu'on en fasse l'expérience; nous demandons qu'un ministère, libéral et généreux par prévoyance, s'empare des projets de M. Villard, se les assimile en les modifiant à sa guise, et propose enfin au Parlement d'organiser une consultation régulière du monde ouvrier. C'est de cette pensée qu'est né le présent écrit.

A. BURDEAU.

Député du Rhône.

LA

QUESTION DES LOYERS

I

CONFÉRENCE A LEVALLOIS-PERRET (1)

. . . .

Au nombre des questions que doivent examiner et connaître les Prévoyants de l'Avenir figure en ligne sinon première tout au moins fort importante, la question de l'habitation, et par conséquent celle des loyers dont je me suis proposé de vous entretenir.

Cette question est à l'ordre du jour et, permettez-moi de vous le dire, parfois singulièrement traitée.

Par une bizarre aberration d'analyse, on est tenté de faire encore à notre époque une classe spéciale des propriétaires de terrains ou d'immeubles, comme si la propriété du sol, de l'habitation construite, représentait autre chose qu'une des formes sous laquelle se présente le travail capitalisé, l'épargne, et cela au même titre qu'on

---

(1) Conférence faite par M. Villard, à Levallois-Perret, le 18 mars 1882, dans une réunion des « Prévoyants de l'Avenir », sous la présidence de M. de Heredia, député de la Seine, assisté de MM. Villeneuve, député ; Moïse, conseiller d'arrondissement ; Trébois, maire de Levallois-Perret ; Gallot, maire de Clichy.

la rencontre sous forme de marchandises, d'établissements industriels ou commerciaux, pour conclure à
ceci : que le logement se vend, s'achète ou se loue au
même titre que le vêtement ou la matière de consommation.

Mais je ne veux pas traiter ici la question de la propriété; elle sortirait de notre sujet et m'entraînerait trop
loin.

Je me suis proposé de vous exposer la question des
loyers, et des loyers parisiens, de rechercher les causes
de la crise actuelle qui pèse sur cette fonction si importante de notre vie parisienne, et d'exposer librement ici
devant vous, parmi les remèdes à apporter à cette crise,
ceux qui me paraissent les plus compatibles avec la raison et la prévoyance de l'avenir.

Laissez-moi tout d'abord vous citer quelques chiffres
relatifs à la population parisienne.

Paris compte aujourd'hui 2,300,000 habitants dans la
partie comprise à l'intérieur de l'enceinte fortifiée.

Pour loger ces 2,300,000 habitants, Paris compte
76,000 maisons qui comportent 1,038,000 locaux, dont
388,000 sont consacrés à l'industrie et environ 700,000 à
l'habitation (1).

Sur ces 700,000 logements :

472,000 environ seulement correspondent à un loyer
inférieur à 300 francs ;

130,000 environ à un loyer supérieur à 300 francs et
inférieur à 1,000 francs ;

56,000 environ à un loyer supérieur à 1,000 francs et
inférieur à 6,000 francs.

Au-dessus de 6,000 francs de loyer, Paris compte
5,500 logements environ.

---

(1) Voy. des chiffres plus récents à la note de la page 245.

La statistique municipale ne fonctionne malheureusement que depuis deux années, si bien qu'il nous est impossible de savoir quelles modifications ont subies les proportions de ces logements pendant ces sept dernières années durant lesquelles la population de Paris s'est accrue de près de 300,000 habitants, soit en dernier lieu de 50,000 habitants par année.

La statistique nous fait également défaut pour apprécier comment se peut décomposer cet accroissement de population; mais il nous est facile de constater que la population ouvrière, celle qui recherche les logements d'un prix inférieur à 300 francs, s'est accrue dans une proportion formidable, et que, d'autre part, l'accroissement des habitations a porté principalement sur les appartements de luxe inabordables aux budgets modestes.

Je n'en veux pour preuve que celle qui m'est fournie par la statistique des garnis, refuge ordinaire de l'ouvrier isolé et même du ménage qui ne trouve pas à se loger convenablement et à bon compte. En 1875, Paris comptait 9,227 garnis, contenant 113,987 Français et 18,656 étrangers, en tout 132,643 locataires; en 1882, le nombre des garnis est de 10,788, contenant 43,659 étrangers et 181,282 Français, en tout 224,941 locataires. Le nombre des garnis ne s'est augmenté dans cette période que de 1,491, et le nombre des locataires s'est accru de 92,298.

Ainsi, en même temps que la population de Paris s'accroissait en sept années de plus de 300,000 habitants, soit de 15 p. 100, on constatait dans la population des garnis une augmentation de près de 80 p. 100, alors que le nombre des garnis ne s'accroissait que de 20 p. 100.

A défaut de statistique directe, nous avons là, la preuve bien évidente de l'insuffisance du développement des logements à bon marché.

Nous avons une autre conséquence à en tirer, et celle-là

très lamentable : c'est que cet accroissement de la population dans les garnis ne s'est obtenue que par une diminution de la surface louée à chacun, au détriment de l'hygiène et du confortable de ces modestes logis.

De là ces caves, ces taudis dans lesquels est entassée ou plutôt enfouie toute une population d'ouvriers, de femmes et d'enfants; de là cette mortalité, ces épidémies qui ont éprouvé la ville de Paris et l'éprouveront encore, tant qu'on n'aura pas remédié à ce misérable état de choses.

De là enfin cette augmentation formidable du budget de l'Assistance publique, toujours insuffisant, malgré ses accroissements.

La crise, la voilà, exposée sur des données sinon absolues, tout au moins très vraisemblables et approximatives, évidentes et palpables.

Je veux essayer d'en rechercher les causes, en laissant de côté, si importantes qu'elles soient, les causes industrielles et commerciales, dont l'étude nous entraînerait trop loin, mais en me bornant à la question de l'augmentation de la population et de l'insuffisance des petits logements.

Tout d'abord, le premier élément de cette question est nécessairement l'accroissement inouï de la population parisienne.

Chaque année, c'est la population d'une ville comme Tours, Angers, Metz, Nancy ou Besançon qui vient se superposer à la population parisienne.

Est-ce au plus grand profit de notre grande cité et de la France ? Il est à craindre que non, dans les conditions où cet accroissement se produit.

L'attraction de la grande ville, de la capitale des sciences, des lettres, des arts, s'exerce à coup sûr aussi bien sur les étrangers que sur les habitants des autres contrées de la France.

Mais combien sont vaines et souvent sujettes à déception les espérances de ceux de nos travailleurs français qui viennent à Paris pour y chercher l'ouvrage qui manque souvent par trop de concurrence, et quelquefois, il faut bien le dire, une assistance qui, si large qu'elle soit, est toujours insuffisante !

En faisant appel à mes souvenirs pendant l'exercice de mes fonctions à la mairie du XVII° arrondissement, c'était par dizaines que je comptais chaque jour les malheureux, venant chercher aide et secours, que ne pouvait leur donner à tous l'Assistance publique. Je les interrogeais : presque tous étaient débarqués de province d'assez fraîche date, venus à Paris pour y chercher du travail sur la foi de racontars venus de loin, sur la foi aussi des soi-disant prix de journée minima, que la détestable prolongation de la série officielle des prix de la ville de Paris fait luire aux yeux comme un mirage trompeur.

Nous nous efforcions de les secourir : mais quels secours ! Ils n'osaient ni ne pouvaient revenir, et s'en allaient grossir l'armée des ouvriers sans ouvrage.

A la plupart d'entre eux, je conseillais de retourner dans leur pays. Mais la vie aussi y était difficile, le champ d'activité moins grand, et puis, comme me disaient certains d'entre eux, à Paris on ne meurt pas de faim.

Heureusement pour notre cher pays, on n'y meurt pas de faim ; et cela, je le dis aussi bien à la gloire de notre sol riche et fertile qu'à la gloire de notre organisation sociale, dont nous avons malgré tout le droit d'être fiers, quand nous la comparons à celle de nos voisins. Les journaux de la riche et puissante Angleterre ne nous racontaient-ils pas, il y a deux ans à peine, la famine de l'Irlande et les tortures des désespérés mourant d'inanition par centaines, par milliers, à quelques heures de wagon ou de bateau d'une cité plus grande encore et plus opulente que la nôtre.

Il en est de même si nous regardons du côté de l'Est, du côté de cette grande puissance militaire de Prusse, où dix ans ne se passent presque jamais sans qu'une année de disette et de famine ne vienne décimer la population de toute une province. J'ai vu, en 1861, la Poméranie prussienne subir une de ces famines, dans un pays où toute l'alimentation repose presque exclusivement sur la pomme de terre. La récolte avait manqué, et les paysans mouraient d'inanition par milliers, et cela à huit ou dix heures de chemin de fer de Berlin, à trente heures de Paris.

Permettéz-moi, en passant, d'insister sur cet exemple pour bien faire comprendre à tous qu'en dehors des caprices des hommes ou de la politique, c'est là, à l'Est, dans ces populations affamées, avides de notre sol et de notre prospérité, que repose le vrai danger de l'avenir.

C'est là, j'imagine, que devrait se développer le sentiment de la suppression des armées, de la République universelle. Mais les habitants des landes prussiennes sont tout prêts à exercer la fraternité internationale à coups de fusil, pour venir chercher chez nous la vie qui leur manque là-bas. C'est la loi de l'histoire. Pensons-y toujours pour nous et pour nos enfants.

Ce serait déjà fait si, chaque année, nos grands transports maritimes, ceux d'Angleterre et ceux d'Allemagne, n'emmenaient l'exubérance formidable de ces populations, pour créer au delà de l'Océan un nouveau monde et fonder une autre patrie.

Et puisque je me laisse entraîner à parler des étrangers, je m'y arrête encore un instant en revenant à la question de notre population parisienne.

Je vous citais tout à l'heure l'accroissement, dans nos garnis, des ouvriers étrangers, dont le nombre a doublé en quelques années à Paris.

Il y a à cet égard des observations bien curieuses.

Savez-vous quels sont nos balayeurs parisiens? Plus de la moitié, je crois, sont, hommes et femmes, des Saxons, des Allemands chassés par la misère, qui viennent gagner à Paris un salaire modeste, et qui à force d'épargne sur ces salaires que nos ouvriers parisiens trouvent insuffisants dans leurs cités de Charonne ou de Bercy, ne quittent parfois Paris que lorsqu'ils ont économisé le prix de leur passage en Amérique sur ces grands paquebots dont je parlais tout à l'heure, pour faire place à d'autres travailleurs de même origine et poursuivant le même but.

Dans une commission relative à l'organisation du travail à Paris, un représentant des ouvriers tailleurs évaluait à *13,000* sur 30,000 le nombre des Allemands occupés à Paris dans cette profession.

On pourrait en dire autant des Italiens, des Suisses, etc.; c'est à plus de 100,000 qu'il faut évaluer, je crois, la population ouvrière des étrangers à Paris (1).

Je m'empresse d'ajouter que ce que ces ouvriers étrangers absorbent de salaires à Paris, leurs compatriotes et autres riches voyageurs, amateurs de nos produits, nous le rendent au double, au triple ou plus. Exclure les étrangers de nos travaux parisiens, comme le réclament certains esprits peu prévoyants, serait l'effet d'un bien mauvais calcul.

Il ne faut pas oublier, d'autre part, que la France compte par milliers ses travailleurs de toute profession chez nos voisins d'Angleterre, d'Allemagne, de Russie, d'Italie, d'Espagne, etc.

Quoi qu'il en soit, et bien qu'il y ait lieu pour nous de douter des dispositions fraternelles de certains d'entre nos

____

(1) D'après les résultats du recensement de 1886, sur les 180,000 étrangers présents à cette date à Paris, il y en avait 16,735 qui vivaient de leurs rentes ou des rentes d'un autre (membres de la famille ou domestiques).

4

voisins, ce ne sera jamais de chez nous que partira l'ostracisme anti-fraternel, que l'on prêche trop souvent, en dépit de notre tradition française généreuse et libérale qui, seule, comme une étoile lumineuse, permet aux esprits généreux, confiants dans les destinées de l'humanité, d'envisager un avenir de fraternité universelle.

Mais je veux rentrer plus étroitement dans notre sujet. Je vous ai dit la cause de la crise qui pèse sur les loyers à Paris : l'agglomération exagérée de la population ouvrière parisienne et la disproportion des nouveaux logements à bon marché.

A coup sûr, il y a manque de prévoyance de la part de la communauté des propriétaires du sol. De toutes parts on fait disparaître les vieux quartiers où chaque habitation, comme dans certaines de nos rues encore existantes, comportait pour ainsi dire un assortiment de logements très modestes et d'appartements plus chers, pour y substituer des immeubles luxueux, chèrement édifiés sur un terrain coûteux, dans lesquels il n'y a plus de place pour le locataire ouvrier, travailleur que la nécessité oblige à chercher beaucoup plus loin une habitation en rapport avec ses ressources.

C'est à ces imprévoyances que le conseil municipal de Paris, sur la proposition de plusieurs conseillers, cherche à pourvoir en ce moment.

Mais là se présente une double difficulté : la question de principe et la question d'application.

Au point de vue du principe, on est fondé à se demander jusqu'où doit aller l'action de la collectivité et où elle doit s'arrêter.

Quand la collectivité a pourvu aux besoins d'intérêt commun réel, quand elle a créé des routes, des canaux, des chemins de fer, des postes, des télégraphes, des écoles primaires, secondaires, professionnelles, des caisses de retraite, etc., etc., doit-elle aller plus loin ?

Il n'importe pas seulement, en effet, que le travailleur soit mis à même de vivre convenablement des produits de son travail, il est au moins aussi nécessaire qu'il se rende un compte exact du fonctionnement de ces deux éléments des rouages sociaux et qu'il sache bien que le capital ne se trouve ni ne se donne, qu'il se loue moyennant une rente et qu'il ne s'acquiert qu'à force de peine et d'épargne.

L'indépendance d'une part et l'alliance nécessaire, de l'autre, de ces deux coefficients de l'activité sociale, sont une connaissance indispensable à toute société soucieuse de progrès et de développement.

A travers ces principes toujours utiles à rappeler, il faut admettre les cas d'exception comme celui que nous traversons peut-être, et toute exception se justifie dans la meilleure mesure possible quand on doit et veut l'appliquer au nom du principe supérieur de la garantie de l'hygiène sociale et physique invoqué aujourd'hui.

Voilà pour le principe. L'urgence me semble telle, quant à moi, que non seulement la municipalité à Paris, mais l'État lui-même, a le droit et le devoir d'intervenir.

En ce qui est de l'application, une autre difficulté se présente.

Comme vous le savez, le prix de l'habitation se décompose en deux parties, le prix du sol et le prix du bâtiment.

Pour le prix du bâtiment, le problème est assez facilement soluble. Une maison saine, convenablement aménagée, aérée, s'obtient à des prix fort différents suivant le luxe de construction et l'espace réservé à chacun.

J'espère arriver à prouver que, même là où le mètre carré de terrain se cote 100 francs, il est parfaitement possible d'établir des maisons à étages avec des logements d'un prix inférieur à 200 ou 300 francs, et cela dans des conditions d'hygiène parfaites, réservant de 40 à 50 mètres cubes d'air par habitant, avec des escaliers spacieux, des postes d'eau, du gaz, et avec un tiers des surfaces en cours d'aération et d'éclairage.

Aussi peut-on bien admettre la possibilité d'édifier des habitations à prix suffisamment réduits pour en permettre l'accès très convenable aux budgets les plus modestes.

Mais il n'en est plus de même du terrain, dont le prix, en matière de sol d'habitation, repose exclusivement sur la concurrence, c'est-à-dire sur l'exercice d'une liberté qu'on ne peut ni ne doit enchaîner.

Comment expliqueriez-vous autrement, d'ailleurs, que dans nos communes suburbaines le prix du mètre carré de sol se vende 10 francs par exemple, alors qu'à moins de 2,000 mètres de là, dans un de nos arrondissements du centre de Paris, la même surface de terrain se vend 1,800 francs.

Évidemment, là, le problème est insoluble. Supposez une surface nécessaire de 15 à 20 mètres par habitant, vous arriverez à une valeur de sol de 36,000 francs, qui, en admettant même quatre, cinq étages, constitue un droit d'occupation du sol se payant, par habitant, 3, 4, ou 500 francs par an, sans compter le loyer du bâtiment.

Paris n'est pas la seule ville à présenter ces résultats de la concurrence en matière de terrains. On me citait dernièrement à Londres certains quartiers voisins de Saint-Paul où le mètre carré se vend jusqu'à 20,000 francs.

Là, vraiment, le problème des logements à bon marché est insoluble, même quand, comme à Londres, on cherche à tourner la difficulté en élevant des maisons à onze et douze étages desservis par des ascenseurs.

Une des solutions obligatoires et naturelles de la question des loyers à bon marché est donc de les exclure ou à peu près de certains quartiers où la concurrence donne à la surface du sol la valeur d'une plaque d'argent de l'épaisseur d'une pièce de cinq francs.

Tous nos quartiers de Paris n'en sont pas encore là, à la vérité, et je ne doute pas qu'il ne sorte des travaux de la commission dont j'ai l'honneur de faire partie une solution qui permettra d'assurer, dans des quartiers très voisins des centres de travail, la création rapide et économiquement justifiée de logements bien aménagés, aérés, dotés d'eau et de gaz, dont le prix sera à la portée des ressources les plus modestes. Ainsi seulement cessera cette anomalie flagrante d'où il ressort qu'à Paris, sur 76,000 maisons, il y en a 60,000 où le gaz ne pénètre pas, et vraisemblablement une proportion formidable qui ne jouit pas des bénéfices de notre service des eaux (1).

J'ajoute que je croirais contraire au maintien d'un équilibre social toujours désirable le projet préconisé par certaines propositions de créer des quartiers ou des cités d'ouvriers.

Il convient absolument, suivant moi, d'entretenir les idées de solidarité entre les diverses positions sociales, quelle que soit leur qualification de bourgeois ou d'ouvriers, et cela en raison même des diversités inévitables des capacités.

Les droits et les devoirs peuvent et doivent être communs, quelles que soient les différences de position.

C'est sur ce sentiment de solidarité que repose la base de la paix sociale.

La construction de maisons ouvrières groupées par quartiers tendrait à faire disparaître cette solidarité.

Quelles que soient les réformes apportées à notre organisation sociale, et dans l'état actuel de l'industrie et du commerce, on doit être très près de la vérité en évaluant, sans parler des rentiers, des fonctionnaires retraités, etc., à 5 p. 100 du nombre des ouvriers celui des employés industriels de tous grades. C'est par le commerce continu

____

(1) Voir plus loin, p. 215, des chiffres plus récents.

de ces divers éléments de la constitution sociale, par le contact étroit des gens plus instruits, plus studieux, que les ouvriers progresseront dans la connaissance des choses de la vie, et c'est par le même contact que les employés, les chefs industriels ou commerçants, les rentiers apprendront à mieux connaître les besoins, les aspirations de la grande majorité des travailleurs, et les devoirs que leur impose le privilège d'être plus instruits, mieux doués ou plus favorisés que leurs voisins.

On parle aussi beaucoup de maisons à très bon marché avec petits jardins pour une famille de travailleurs en pouvant devenir propriétaire au bout d'un certain nombre d'années; l'essai en peut être fait; si le problème est économiquement soluble, aux environs de Paris, dans une certaine mesure, l'exemple ne tardera pas à être imité, mais il ne faut pas oublier que l'ouvrier parisien est nomade; pour le fixer, il faudrait lui assurer, comme dans certains centres spéciaux d'industrie, la continuité de son travail et de son salaire.

Il ne faut pas oublier non plus que l'intérêt de la solution à intervenir, sa réussite, dépendent aussi du choix judicieusement fait des quartiers, des emplacements sur lesquels devront s'édifier les habitations à bon marché; il est encore aujourd'hui bon nombre de quartiers de Paris où la concession même gratuite du terrain serait un attrait insuffisant pour y assurer la construction d'immeubles de rapport certain, tant il serait douteux qu'on pût y attirer des locataires, même à très bas prix de loyer.

J'ai pour ma part confiance dans la possibilité de résoudre ce problème à l'intérieur de Paris et j'y travaillerai de mon mieux; mais cela ne devra pas détourner nos efforts et nos vues d'une solution bien plus fertile encore en bons résultats, je veux parler du développement indispensable de nos moyens économiques de communication entre Paris et les communes environnantes.

Le vrai, le seul moyen d'éteindre ou du moins d'amoindrir les effets de la concurrence qui se porte sur les terrains, c'est d'augmenter indéfiniment la surface appropriable aux mêmes besoins, et, pour ce faire, de rapprocher les distances par tous les moyens possibles, omnibus, tramways, chemins de fer.

Considérez le développement inouï de cette commune de Levallois-Perret (1) et voyez si la force naturelle et économique des choses n'a pas indiqué déjà cette solution du problème que nous examinons, et cela malgré l'insuffisance des moyens de transport.

J'en pourrai dire autant de bon nombre de nos communes suburbaines, mais il faut bien reconnaître que votre région profite exceptionnellement de l'orientation, si bizarrement commune à toutes les villes du monde, du développement vers l'Ouest.

C'est donc de ce côté, en particulier, qu'en prévision de l'avenir il convient de développer les habitations ouvrières; les autres y viendront sans aide, attirées qu'elles sont par le voisinage des coteaux si séduisants de la Seine.

Si la ville de Paris doit donner l'élan à ce mouvement de construction, comme elle doit à nos besoins généraux le développement des moyens de transport à bon marché, elle le peut faire sans grands sacrifices, et l'élan une fois donné sera suivi, j'en suis certain.

J'aurais là une occasion bien naturelle de vous parler du chemin de fer métropolitain, de la suppression de l'enceinte fortifiée qui est proposée au Conseil municipal et qui intéresse en particulier la région où nous nous trouvons.

Mais cela nous entraînerait trop loin. C'est aussi là une solution partielle de la question des loyers qui mérite une sérieuse étude........

(1) Créée en 1866, la commune de Levallois-Perret, qui avait à cette époque 15,763 habitants, en comptait, en 1886, 34,384.

II

RAPPORT AU CONSEIL MUNICIPAL
DE PARIS (1)

Messieurs,

Vous avez renvoyé à l'examen de votre première commission une proposition présentée par notre honorable collègue, M. Manier, dans les termes ci-après :

Le Conseil,

Considérant que les conditions économiques à Paris sont telles actuellement, que la propriété foncière y constitue un véritable privilège à perpétuité, au profit de ses détenteurs actuels, et que tout privilège est antidémocratique et antisocial,

Délibère,

Le sol compris dans l'enceinte fortifiée sera exproprié au profit de la ville de Paris pour cause d'utilité publique.

Les propriétaires expropriés seront indemnisés au moyen d'*obligations communales hypothécaires amortissables*.

Cette expropriation pourra être faite sur la base suivante ou sur toute autre base analogue :

Le montant de la valeur du sol serait versé aux propriétaires en obligations rapportant un intérêt à déterminer, 5 0/0 par exemple, amortissable en quatre-vingt-dix ans.

Pendant ces quatre-vingt-dix années, le propriétaire actuel conserverait la jouissance du sol moyennant un loyer annuel égal à l'intérêt des obligations qui le représentent et qu'il aura reçues, augmenté de 0 fr. 06 c. (0 fr. 0625) 0/0 *pour amortissement*, étant

---

(1) Rapport présenté par M. Villard, au nom de la première commission, sur : 1° une proposition de M. Manier tendant à l'expropriation au profit de la ville de Paris, du sol compris dans son enceinte fortifiée; 2° diverses propositions et pétitions relatives aux mesures à prendre pour arriver à l'abaissement du prix des loyers. (Annexe au procès-verbal de la séance du 9 février 1883.)

bien entendu que c'est le propriétaire lui-même qui doit faire ces frais de l'amortissement.

Les immeubles recouvrant le sol suivront le cours ordinaire de la propriété individuelle : le sol seulement sera devenu une propriété communale. Les propriétaires actuels seraient de véritables locataires par emphythéose.

Les propriétaires qui voudraient voir exproprier les constructions établies sur le sol en même temps que le sol lui-même en feraient la déclaration.

Il est bien entendu que l'expropriation peut se faire progressivement et partiellement : que le taux de l'intérêt et la dotation du fonds d'amortissement peuvent varier, ce qui importe peu, pourvu que l'amortissement reste, comme il est dit plus haut, à la charge des propriétaires.

Signé : MANIER.

Votre commission, tout en rendant justice aux efforts persévérants faits par M. Manier, dans le but de provoquer une répartition plus équitable des charges publiques, et tout en reconnaissant que le moment est venu de chercher résolument la solution du problème de l'abaissement du prix des loyers, ne croit pas pouvoir donner suite à sa proposition; elle croit, toutefois, dans l'intérêt même de l'étude des questions de cette nature, devoir vous exposer en résumé et à l'appui de sa conclusion, quelques-unes des conséquences financières et économiques que l'application du principe mis en avant par M. Manier pourrait entraîner.

CONSÉQUENCES FINANCIÈRES.

Les conséquences financières d'une telle mesure seraient presque incalculables.

En effet, si nous recherchons la valeur approximative du sol bâti ou à bâtir dans l'enceinte fortifiée de la ville de Paris, nous relevons dans divers documents de notre statistique municipale de 1881 :

Que la superficie totale du sol compris dans l'enceinte fortifiée jusqu'au pied des glacis des fortifications de la ville de Paris est de . . . . 7,802 hectares.

Cette surface comporte :

Surface des rues de Paris . . .	1,532ʰ,73ᵃ,28ᶜ
Squares et jardins.	181 48 00
Cimetières	00 01 93
La Seine entre ses parapets . .	222 23 00
Canaux : Ourcq, Saint-Denis, Saint-Martin (eau).	20 60 28
Terrains pour habitations, jardins et cultures.	5,755 00 00

Soit en chiffres ronds. . . . . 7,802 hectares.

Pour arriver à déterminer la surface exacte à laquelle pourrait s'appliquer la proposition de M. Manier, c'est-à-dire la surface des terrains bâtis ou à bâtir à l'usage des particuliers, il convient encore de retrancher du chiffre ci-dessus, ci . . . . 5.755 hectares.

496 hectares des fortifications et environ 500 hectares affectés aux monuments publics de toute nature, appartenant à la Ville, à l'État, ou non susceptibles de location, soit de ces deux chefs à retrancher environ. . . . . 1,000 hectares.

Ce qui limiterait à environ. . . . . 4,755 hectares. la surface des terrains bâtis ou à bâtir proprement dits de la ville de Paris.

Ce chiffre, obtenu par un calcul d'approximation, se rapproche sensiblement de celui qui résulte du document suivant, emprunté aux travaux d'une commission spéciale du ministère des Finances et communiqué à votre rapporteur sous réserve de vérification par un complément d'enquête.

Comme on le voit, ce document évalue à 4,728 hectares 87 ares 30 centiares, la contenance des terrains bâtis ou à bâtir de la Ville de Paris, et la valeur vénale de cette surface, basée sur les ventes conclues dans la période décennale de 1869 à 1878, à 6,409,056,729 francs.

Ces évaluations font ressortir la valeur vénale moyenne du mètre carré de terrain bâti ou à bâtir de la Ville de Paris à 135 fr. 53, ce qui est évidemment très inférieur à la vérité d'aujourd'hui. Il vous sera d'ailleurs facile de vous en rendre compte par l'inspection des prix minima et maxima pour chaque arrondissement, notablement inférieurs à des résultats bien connus de tous.

La plupart d'entre vous, Messieurs, ont entre les mains l'amendement présenté au mois de mai 1880, par notre collègue, M. Yves Guyot, à propos des dégrèvements de l'octroi (1).

Dans l'exposé des motifs, notre collègue évaluait la valeur moyenne du mètre carré à 165 francs sur les données certaines de 1869 et ajoutait que bien certainement, en 1880, cette valeur avait dû s'accroître pour certains quartiers d'un tiers et pour d'autres de moitié (2). (Voir ci-après, pages 82 et 83.)

En nous reportant à ces évaluations et en nous référant à des données empruntées à certaines opérations récentes du Crédit foncier, relatées par arrondissement, sous toutes réserves, dans le tableau ci-après (page 60), nous croyons vraisemblable de conclure à une appréciation de 225 francs pour la valeur vénale approximative moyenne actuelle du mètre carré des terrains bâtis ou à bâtir de la Ville de Paris ; ce chiffre, rapproché de la surface indiquée ci-dessus, de 4,800 hectares environ, correspondrait à une valeur vénale totale du sol bâti ou à bâtir dans la ville de Paris, de $4,800 \times 2,250,000 = 10$ milliards 800 millions de francs, chiffre se rapprochant beaucoup de celui de 10,402,340,000 francs, trouvé au

____

(1) Cet amendement, qui fut adopté par le Conseil, tendait à l'établissement d'une taxe de 2 pour 1000 sur la valeur vénale des terrains bâtis ou à bâtir, dont le produit eût été employé à la suppression ou à la réduction des taxes d'octroi.

(2) Ces accroissements de la valeur vénale de la propriété n'offrent aucun caractère d'exagération quand on se reporte à quelques données statistiques rétrospectives, comme celle de la valeur totale de la propriété foncière de la France, qui était évaluée sur la base d'une capitalisation du revenu net à 4 0/0 :

En 1821, à.. .... 39,514,000,000 »
En 1851, à...................... .... 83,744,000,000 »
(Wolowski, *Revue des Deux Mondes*, 1er août 1857.)

Évaluation approximative de la valeur vénale de la superficie des terrains bâtis ou à bâtir de la ville de Paris, basée sur les ventes conclues dans la période décennale de 1869 à 1878 inclusivement.

ARRONDISSEMENTS	CONTENANCE SUPERFICIELLE			VALEUR VÉNALE DE LA SUPERFICIE BATIE OU A BATIR				
				PAR MÈTRE	TOTALE	MINIMA	MAXIMA	QUARTIERS
	h.	a.	c.	fr. c.	francs	francs	francs	
1er	62	13	27	718 708	483,832,804 »	500 »	900 »	Saint-Germain-l'Auxerrois. Palais-Royal.
2e	68	37	19	956 39	653,730,960 »	680	1.200 »	Bonne-Nouvelle. Gaillou et Vivienne.
3e	81	13	77	554 207	449,671,413 »	450 »	640 »	Archives. Arts-et-Métiers.
4e	67	92	73	297 443	202,045,280 »	150 »	550 »	Arsenal. Saint-Merri.
5e	121	03	65	101 537	122,897,638 »	63 »	165 »	Jardin-des-Plantes. Sorbonne.
6e	119	84	81	240 817	288,615,700 »	200 »	300 »	Notre-Dame-des-Champs. Dans les trois autres.
7e	161	00	84	203 542	327,719,640 »	80 »	300 »	Gros-Caillou. Saint-Thomas-d'Aquin.
8e	212	63	60	363 319	772,547,449 »	250 »	580 »	Champs-Élysées. Madeleine.
9e	141	04	93	588 460	830,020,000 »	400 »	900 »	Saint-Georges et Rochechouart. Chaussée-d'Antin.
10e	192	96	66	251 497	485,306,890 »	90 »	466 »	Hôpital-Saint-Louis. Porte-Saint-Denis.
11e	262	75	91	123 986	325,784,650 »	100 »	165 »	Sainte-Marguerite. Folie-Méricourt.
12e	294	31	09	70 312	206,938,450 »	50 »	100 »	Picpus. Quinze-Vingts.
13e	383	36	02	19 864	76,151,397 »	12 »	61 »	Gare, Maison-Blanche et Croulebarbe. Salpêtrière.
14e	262	47	57	32 387	85,009,205 »	20 »	65 »	Santé et Plaisance. Montparnasse.
15e	430	35	09	19 265	82,906,759 »	12 »	25 »	Saint-Lambert. Necker et Grenelle.
16e	446	70	04	56 287	251,436,824 »	22 »	160 »	Auteuil. Bassins.
17e	293	12	38	98 153	287,710,640 »	50 »	130 »	Épinettes. Monceau.
18e	367	89	82	52 055	191,510,155 »	45 »	60 »	Grandes-Carrières. Goutte-d'Or et La Chapelle.
19e	395	39	45	39 608	156,609,165 »	32 »	55 »	Pont-de-Flandre. La Villette et Combat.
20e	364	38	48	35 295	128,611,710 »	55 »	60 »	Saint-Fargeau et Charonne. Belleville.
TOTAUX et MOYENNES.	4.728	87	30	135 53	6,409,056,729 »			Le prix moyen par quartier des terrains bâtis ou à bâtir varie de 12 fr. à 1,200 fr. le mètre superficiel dans tout Paris. Le prix moyen du mètre est de 385 fr. 95 c. dans les quartiers de la rive droite; de 183 fr. 93 c. dans ceux de la rive gauche, et de 45 fr. 30 c. dans les quartiers excentriques.

moyen d'un calcul différent par M. Yves Guyot en 1880 (1).

On voit par les chiffres qui précèdent à quelles conséquences formidables aboutirait la proposition de M. Manier, mettant immédiatement à la charge de la Ville de Paris une dette comme n'en a jamais eu aucun Etat du globe, alors que pour y faire face, la Ville n'aurait à compter que sur la rentrée problématique des loyers annuels.

Il y aurait d'ailleurs une manière de simplifier la proposition de M. Manier : ce serait de prendre le sol sans offrir aucune compensation aux propriétaires ! En effet, celle que leur offre M. Manier est bien illusoire ; quelques chiffres vont le montrer.

Soit un terrain valant 100,000 francs. L'expropriation a lieu. La Ville délivre au propriétaire cent obligations de 1,000 francs, portant intérêt à 5 pour cent. En même temps, elle loue le terrain à ce propriétaire moyennant 5,000 francs, plus la somme nécessaire pour amortir en quatre-vingt-dix-neuf ans, intérêts et capital, une somme de 100,000 francs. Au bout de quatre-vingt-dix-neuf ans, le propriétaire n'aura plus rien ; ses obligations auront été remboursées par le jeu de l'amortissement et son terrain appartiendra, sans aucune charge à acquitter, à la Ville de Paris. C'est le propriétaire qui aura fourni à la Ville l'argent nécessaire pour le rembourser.

Ne serait-il pas plus simple de prendre le sol sans indemnité et d'inviter les propriétaires à économiser sur les revenus, de manière à se reconstituer en quatre-vingt dix-neuf ans un capital égal à la valeur du terrain qu'ils seraient alors obligés de remettre à la Ville ?

Puisqu'ils doivent amortir à leurs frais, on ne voit pas pourquoi la Ville se donnerait l'embarras de leur servir de caissier.

---

(1) Une statistique dressée en 1890 par la commission des contributions directes de la ville de Paris fixe à 11,015.151,700 fr. la valeur vénale approximative des maisons et usines des vingt arrondissements.

La Ville devenue propriétaire sera redevable envers l'État de la portion de la contribution foncière afférente à la valeur du sol. Elle cessera, d'autre part, de percevoir à son profit des centimes additionnels.

On répondra qu'elle les mettra à la charge de son locataire forcé. Et s'il ne paye pas et déguerpit?

CONSÉQUENCES ÉCONOMIQUES

Le champ d'exploration des conséquences de la proposition de M. Manier est très vaste; si l'on veut en examiner quelques-unes au point de vue économique, on trouve que le projet, s'il était mis à exécution, pourrait amener des résultats singuliers, sans doute bien contraires au but que poursuit son auteur.

Le plus immédiat serait l'élévation des loyers. En effet, tout propriétaire intelligent se dira : dans quatre-vingt-dix-neuf ans, ma propriété sera anéantie : il faut que d'ici là, je la reconstitue à l'avance. Pour cela il fera payer ses loyers plus cher et capitalisera le produit de cette augmentation; et comme tous les propriétaires de Paris feront ce raisonnement à la fois, ils seront les plus forts, et les locataires, ne pouvant se mettre en grève, en passeront par là.

Voici le propriétaire d'un terrain nu dans un quartier central. Ce terrain vaut 1,000 francs le mètre. Il a 500 mètres. L'expropriation a lieu. Le propriétaire devenu locataire devra un loyer de 25,000 francs plus l'amortissement. Mais son terrain n'est pas bâti et il n'a pas les ressources nécessaires pour construire. Avec quoi paiera-t-il ce loyer?

Tel autre propriétaire attendrait pour vendre son terrain qu'il eût acquis une certaine valeur. On le lui achète vingt ans plus tôt : l'accroissement de valeur profite à la ville expropriante.

La confiscation du bien d'autrui est manifeste.

Mais le résultat le plus bizarre du projet serait d'amener un retour au régime féodal.

C'était en effet le trait caractéristique des rentes inféodées et de l'emphythéose très usitées sous l'ancien régime, de distinguer le domaine direct qui appartenait au seigneur, du domaine utile qui appartenait au tenancier. De génération en génération, on se transmettait en haut lieu le droit de percevoir la rente, en bas, le droit de la payer et de faire produire à la terre ses fruits. Dans notre hypothèse, c'est la ville de Paris qui jouerait le rôle de seigneur et ce sont les propriétaires parisiens qui deviendraient ses tenanciers, car la situation respective des parties définie par le projet de M. Manier, répond exactement à la définition du contrat connu dans l'ancien droit sous le nom d'emphythéose.

Or, ce contrat, qui suppose une prééminence du bailleur sur le preneur, qui immobilise le prix du loyer, ou plutôt de la *tenure* pour parler le langage de l'époque, a été jugé depuis longtemps un obstacle terrible au développement de la richesse publique. Il a subsisté dans quelques pays voisins (1) : en Portugal sous le nom d'*Alforamento;* en Prusse, sous le nom d'*Erbpacht;* en Hollande, sous le nom de *Beklemreght;* appliqué à la grande culture, aux défrichements, notamment aux polders de Hollande, il donne des résultats assez satisfaisants, parce qu'il permet au locataire d'engager des capitaux considérables dans une entreprise qui lui donnera des produits à une échéance assez longue.

Mais appliqué aux terrains à bâtir, il a été jugé déplorable. En effet, dans une construction, il ne s'agit pas, comme dans une exploitation agricole, d'un capital une fois enterré, comme une semence, pour produire. Le

---

(1) Voir Laveleye. — *Revue des Deux Mondes,* 1er septembre 1872.

constructeur n'entend pas consommer son capital ; il entend le transformer et pouvoir à son choix ou en retirer les fruits sous cette forme nouvelle ou le réaliser à volonté sous forme de numéraire.

L'emphythéose ou bail à long terme ne se prête pas à la combinaison du constructeur, puisque (les constructions revenant en fin de bail au propriétaire) il faut qu'elles aient en quatre-vingt-dix-neuf ans produit leur amortissement, ce qui est rarement possible. La durée normale d'une maison est beaucoup plus longue. Il faut donc, pour être avantageux, que l'emphythéose soit renouvelable. Et alors on aboutit à ces étranges contrats qui existent encore en Angleterre et particulièrement à l'île de Wight, et aussi dans la ville même de Londres, et qui constituent des locations de neuf cent quatre-vingt-dix-neuf ans.

En d'autres termes, le propriétaire ni le locataire de son côté ne sont jamais maîtres absolus de leur chose.

La Révolution avait jugé ce contrat tellement entaché de féodalité, tellement contraire aux principes démocratiques du morcellement de la propriété, qu'elle l'avait effacé de nos lois. Le Code civil n'en parle pas et c'est seulement la jurisprudence qui, après quelques hésitatations, a fini par en reconnaître la validité.

En Angleterre, où il est encore très usité, surtout à Londres, voici quarante ans que l'on travaille à dégager la propriété de cette toile d'araignée. « Ses déplorables « effets, dit à ce sujet un écrivain anglais, membre du « Cobden Club, M. Bear (1), ont été signalés par tous les « écrivains. La liberté des transactions en fait d'im- « meubles, dans son acception la plus large, est essen- « tielle au développement de la propriété. Nous avons vu « cependant que dans l'acte qui a étendu les droits des

____

(1) *Relations of landlord and Tenant*, p. 93. — Londres, 1876.

« tenanciers, on a cru encore indispensable de faire des
« réserves pour la protection des droits du propriétaire.
« Or, partout où nous rencontrons ce *vampire* de notre
« système financier, nous constatons qu'il a eu pour effet
« de soutirer toutes les richesses du sol et d'arrêter tout
« développement. Il serait impossible d'imaginer une
« forme de propriété plus dommageable à l'intérêt public
« que celle du bail à vie, qui encourage le détenteur à
« retirer le plus qu'il peut du sol en y dépensant le
« moins possible. »

CONSÉQUENCES JURIDIQUES

Parmi beaucoup de difficultés inextricables dans lesquelles on se trouverait jeté par l'opération projetée, en voici quelques-unes :

Il y a sur la plupart des immeubles de Paris des hypothèques; elles sont garanties par le sol autant que par la construction. A qui remettra-t-on, en pareil cas, les obligations négociables représentatives de la valeur du sol? Au propriétaire dépossédé? Dans ce cas, on diminue le gage des créanciers hypothécaires. A la Caisse des dépôts et consignations pour le compte des créanciers? Que devient alors la liberté que le propriétaire avait d'aliéner sa chose?

La possibilité d'hypothéquer les immeubles est, à Paris, le grand véhicule du crédit. Croit-on qu'on trouvera à emprunter sur hypothèques avantageusement, quand les constructions reposeront sur un sol appartenant à un propriétaire différent, la Ville?

Dans l'ancien contrat d'emphythéose que M. Manier semble vouloir faire revivre, on admet que tout ce qui est édifié sur le sol s'y incorpore. Autrement dit, toutes les constructions en fin de bail font retour au propriétaire (la Ville).

Le projet ne semble pas aller jusque-là.

Il est cependant difficile de reculer devant cette conséquence. Si, en effet, en fin de bail on ne s'entend pas, entre le particulier resté propriétaire des constructions et la Ville devenue propriétaire du sol, sur les conditions de la relocation, il faut que le propriétaire emporte ses constructions, ou que la Ville les reprenne à dire d'experts. Voilà pour le coup la Ville de Paris obligée d'emprunter en 1983 quelques dizaines de milliards pour acheter tous les immeubles qui lui retomberont sur les bras, ou d'exiger la démolition, ou, ce qui arriverait probablement, de subir les conditions de location des terrains à des prix peu avantageux.

Le droit du locataire emphythéotique est considéré comme un droit réel pouvant être lui-même susceptible d'hypothèque. Il peut donc se faire que les tenanciers de la Ville de Paris empruntent sur ce gage et grèvent d'hypothèques leur droit au bail de quatre-vingt-dix-neuf ans.

On frémit à la pensée des complications que ferait naître la liquidation de droits ainsi constitués sur un droit démembré lui-même de la propriété.

Pierre, exproprié, et devenu locataire emphythéotique du sol, vend sa maison à Paul. Pierre meurt laissant une douzaine d'héritiers ; Paul en laisse autant. Voilà le concours de vingt-quatre volontés nécessaire pour réunir le droit au bail et la propriété des constructions et rendre l'immeuble sujet à rentrer dans le commerce. Ce serait l'immobilité de la propriété, c'est-à-dire la chose du monde la plus anti-économique. Ce serait, par l'impossibilité des transactions, la reconstitution d'un immense domaine de mainmorte.

Qu'arrivera-t-il en cas de non paiement d'un terme de loyer par le tenancier de la Ville ?

Elle ne peut se payer sur le prix des locations qui

revient au propriétaire des constructions, distinct, par hypothèse, de celui du sol.

Fera-t-elle vendre aux enchères le droit au bail? Il peut se faire que personne ne l'achète.

Elle ne touchera donc pas de loyers.

Alors, que devient le fonctionnement de l'amortissement nécessaire pour rembourser les obligations qui depuis longtemps seront passées aux mains de tiers porteurs?

Il faut admettre qu'en tous cas la Ville ne pourra expulser son locataire en retard qu'après deux années de retard dans ses loyers. C'est le terme admis dans le projet de code rural (1). Si le paiement est suspendu pendant ces deux années, voilà tout le jeu de l'amortissement troublé.

On pourrait multiplier les objections de ce genre. Elles se résument en une seule : c'est jouer un jeu dangereux que d'intervenir de vive force dans la liberté des transactions pour y jeter des masses se chiffrant par milliards. On voudrait enrichir la ville. On arriverait peut-être à ruiner les particuliers; mais comment cela servirait-il au développement de la richesse publique? C'est ce qui n'apparaît pas.

Nous bornons là, Messieurs, l'examen de la proposition de notre collègue, de laquelle nous ne retiendrons que la préoccupation très louable et très intéressante de voir s'arrêter le renchérissement continuel des terrains et des loyers à Paris. Si nous l'avons examinée avec quelques détails, c'est que parmi les observations que suggère cette proposition il en est qui peuvent servir utilement comme règles ou principes à l'examen des diverses pétitions qui touchent plus directement à la question des loyers.

---

(1) Voir rapport au Sénat de M. Ribière, annexe n° 72. Séance du 3 décembre 1881.

Nous abordons maintenant, Messieurs, la question des loyers.

Les propositions renvoyées à l'examen de votre première commission sont les suivantes :

Proposition de M. Fiaux, relative aux mesures à prendre pour obvier à la cherté des loyers.

Pétition de M. Le Rouge, relative à la constitution d'une société pour la construction de logements à bon marché.

Pétition de M. Minder, projet de constructions de maisons ouvrières. (*Déposée par M. Manier.*)

Pétition de M. Pavillon, même objet.

Pétitions adoptées dans diverses réunions publiques, demandant une prompte solution de la question des loyers. (*Déposées par MM. Manier, Sigismond Lacroix et Michelin.*)

Pétitions tendant à la construction de logements à bon marché sur les terrains appartenant à la Ville. (*Déposées par MM. Manier, Amouroux, Joffrin et Boué.*)

A quelques divergences près sur les voies et moyens dont il sera parlé d'autre part, la proposition de notre collègue M. Fiaux résume à peu près tous les desiderata exprimés dans ces diverses pétitions qui ont pour objet d'inviter le Conseil à prendre telles mesures qu'il conviendra pour arriver à l'abaissement du prix des loyers.

On peut les diviser en trois parties : la première a trait à l'aliénation des terrains communaux à laquelle M. Fiaux et les autres pétitionnaires demandent qu'il soit mis un terme.

Ce vœu a été plusieurs fois formulé dans le Conseil. Votre première commission pense, Messieurs, comme la plupart d'entre vous, qu'il importe dans une certaine mesure que la Ville conserve une propriété foncière importante; il peut se produire telle ou telle circonstance où elle sera heureuse d'avoir des terrains à sa disposition. Vous l'avez apprécié, il y a quelques mois, lorsque vous avez décidé inopinément d'augmenter le nombre de vos écoles, et sans que ces emplois soient obligatoires, pareilles circonstances peuvent se reproduire.

Nous ne pensons pas cependant qu'on doive établir en cette matière une règle absolue. Les propriétés foncières de la Ville constituent une grande partie de sa fortune, et elle ne tarderait pas à péricliter si nous nous imposions à nous-mêmes de n'y jamais toucher sous quelque prétexe que ce soit, et de fuir de parti pris les occasions de la faire valoir; ce qu'il importe, c'est d'éviter les aliénations faites légèrement sans motif valable, et le Conseil municipal est certainement à même d'empêcher qu'il en soit ainsi.

Le tableau annexe ci-contre (1) dressé d'après les documents qui ont été transmis à votre Commission par l'Administration donne l'état *actuel* des terrains communaux dans les vingt arrondissements de Paris avec l'indication des terrains provisoirement occupés, des terrains grevés de servitudes et de certains terrains impropres à toute construction.

Leur surface totale est de 411,751 mètres carrés, mais il faut en déduire 266,956 mètres carrés, soit occupés par des constructions scolaires provisoires, soit réservés pour des constructions définitives, soit enfin grevés de servitudes.

Il reste donc disponible une surface d'environ 184,795 mètres carrés qu'il faut réduire encore de la somme des terrains d'une étendue trop restreinte pour recevoir des constructions. Cette réduction faite, on peut estimer à

---

(1) Ce tableau n'a pas été reproduit.

180,000 mètres carrés le total des terrains à bâtir appartenant à la Ville.

Ceci dit, nous ne pensons pas, comme le demandent la plupart des pétitionnaires, que la Ville doive affecter tout ou partie de ces terrains à la construction de maisons à bon marché; elle peut tout au plus faire un essai, construire une ou plusieurs maisons type comportant tout ce qu'il est possible d'exiger au point de vue de la commodité et de l'hygiène.

Les constructions entreprises par la Ville coûtent toujours fort cher; en outre, elle rencontrerait des difficultés considérables dans leur exploitation.

La Ville ne peut agir comme un propriétaire ordinaire; on peut exiger beaucoup d'elle; mais elle serait mal accueillie d'exiger beaucoup des autres; les petites économies ne lui sont pas permises, et là où tel propriétaire saura trouver le revenu de son capital, elle se trouvera en déficit.

Nous ne voulons pas, d'ailleurs, préjuger les décisions de la commission récemment instituée par M. le préfet de la Seine pour étudier cette question, et votre première commission s'associe au vœu de notre collègue, M. Fiaux, pour inviter l'Administration à n'aliéner les terrains communaux qu'à bon escient et lorsque l'intérêt de la Ville le réclame.

La seconde partie de la proposition de M. Fiaux a pour objet d'inviter l'Administration à entrer en négociations avec l'État pour la cession amiable de toute la zone militaire et des fortifications de Paris.

Le Conseil est déjà saisi d'une proposition de M. Yves Guyot et de quarante-sept d'entre nous tendant à la nomination d'une Commission spéciale de sept membres qui serait chargée des négociations avec l'État. M. Fiaux, qui est l'un des signataires de cette proposition, aura donc satisfaction.

La troisième partie, enfin, traite des conditions auxquelles la Ville pourrait intervenir pour la construction de maisons à loyers modiques.

Sur ce point, Messieurs, votre première commission estime, eu égard à l'importance de la question et à la nécessité d'une solution, qu'il y a lieu de diviser la proposition et de l'examiner à deux points de vue :

1° La Ville doit-elle intervenir?

2° Comment la Ville peut-elle et doit-elle intervenir?

Sur la première question, votre avis ne sera pas douteux. Le nombre et la qualité des pétitionnaires ne peut laisser d'hésitation sur la nécessité, sur l'urgence, de remédier à la situation actuelle des constructions parisiennes récentes, qui, à de très rares exceptions près, vont se développant d'une manière exagérée en appartements de luxe, sans se préoccuper de donner le moindre développement aux logements plus modestes des travailleurs.

La statistique de la Ville de Paris, tout en nous fournissant des renseignements précieux pour l'année 1880, dans le tableau ci-annexé (1), sur la répartition *ad valorem* des 1,038,124 logements contenus dans les 76,129 maisons édifiées dans Paris, renseignements que nous croyons intéressant de mettre spécialement sous vos yeux, ne nous donne pas d'éléments de comparaison suffisants pour apprécier avec des chiffres cette absence complète d'équilibre entre l'accroissement considérable de la population ouvrière et la très faible augmentation du nombre des logements susceptibles de l'abriter économiquement et convenablement.

En procédant par déductions générales, on en arrive à reconnaître que le développement toujours croissant des groupements de l'industrie et du commerce favorables

______

(1) Ce tableau n'a pas été reproduit.

au bon marché de la production et de la vente, a diminué dans une proportion formidable à Paris le développement normal de la petite industrie et du petit commerce dont l'importance reposait sur un équilibre assez stable entre les besoins de production et de consommation.

Cet équilibre aujourd'hui varie avec les grands mouvements du commerce et de l'échange et échappe facilement à l'analyse.

De là ces grandes concentrations du commerce et du travail, diminuant le nombre des indépendances, augmentant celui des salaires provisoires, des employés, des ouvriers, le tout pour aboutir à ce singulier résultat qu'aujourd'hui, et en proportion du nombre, il est plus difficile à un travailleur de conquérir son indépendance à Paris qu'il y a quarante ans.

De là une augmentation notable du nombre des salariés plus ou moins modestes et le besoin d'une plus grande proportion de logements à prix modérés.

A cet état nouveau répondent des besoins différents dont les détenteurs de la propriété n'ont pas su tenir compte.

Un document intéressant, qui est mis sous vos yeux ci-après et qui est emprunté à la Préfecture de Police, offre à cet égard un enseignement intéressant. (Voy. p. 74.)

C'est la statistique du nombre des garnis et des locataires existant dans ces garnis au premier jour de chaque année depuis 1875, jusqu'au 1er janvier 1883.

A ne prendre que les dates extrêmes, on trouve qu'en 1875, 9,297 garnis contenaient 113,987 Français et 18,656 étrangers, en tout, 132,643 locataires. En 1883, le nombre des garnis est de 11,753, contenant 43,935 étrangers et 196,229 Français : en tout, 240,164 locataires. Le nombre des garnis ne s'est augmenté dans cette période que de 2,456 et le nombre des locataires s'est accru de 107,521.

Ainsi, en même temps que la population de Paris s'accroissait en sept années de plus de 300,000 habitants et passait de 2,000,000 à 2,300,000 habitants, en augmentant de 15 p. 100, la population des garnis augmentait de plus de 80 p. 100 et ceci alors que le nombre des garnis ne s'accroissait que de 20 p. 100.

A coup sûr, il y a des garnis plus grands dans le nombre, mais dans la plupart des cas, c'est par une diminution de la surface louée dans chaque garni que cet accroissement a pu être obtenu, en réduisant, dans une proportion effroyable, l'air, l'espace, le confortable déjà très restreints réservés à la population forcée de recourir aux garnis.

De là ces caves, ces taudis dans lesquels est entassée ou plutôt enfouie toute une population d'ouvriers, de femmes, d'enfants; de là cette mortalité, ces épidémies qui ont éprouvé et éprouveront encore la ville de Paris dans une proportion inouïe, tant qu'on n'aura pas remédié à ce misérable état des choses.

Nombre des garnis et des locataires existant dans ces garnis au premier jour de chaque année, dans la ville de Paris, depuis 1875.

ANNÉES	GARNIS	LOCATAIRES		
		FRANÇAIS	ÉTRANGERS	TOTAL
1875.............	9,297	113,087	18,656	132,643
1876.............	9,136	121,183	20,276	141,459
1877.............	9,144	131,307	22,559	153,956
1878.............	9,469	110,316	20,391	139,707
1879.............	10,189	139,934	40,721	180,655
1880.............	10,018	140,421	29,588	170,009
1881.............	10,180	166,692	36,313	203,005
1882.............	10,788	181,282	43,650	224,944
1883.............	11,753	196,229	43,935	240,164

De là enfin cette augmentation formidable de votre budget de l'Assistance publique, toujours insuffisant malgré ses accroissements.

Aussi, Messieurs, et sans qu'on puisse même le discuter, à la question de savoir si la Ville doit intervenir dans la création d'immeubles susceptibles d'offrir des logements sains et à bon marché aux travailleurs, votre première Commission vous propose de répondre : *Oui*, la Ville doit intervenir, promptement, énergiquement, et son intervention répond à une nécessité de premier ordre.

Le rapporteur de votre première Commission va même plus loin, tant est urgent l'intérêt de l'hygiène sociale et physique; il vous propose de décider, en même temps que cette question de principe, la fixation du nombre des logements dont il convient d'assurer la création immédiate pour une population déterminée de locataires.

Il vous propose de faire porter l'ensemble des mesures à prendre de suite à cet égard sur une population de 30,000 personnes, dont 10,000 à loger avant la fin de l'année 1884 et le surplus avant la fin de 1885, et de donner la priorité à celle des propositions qui vous seront faites pouvant assurer ce résultat.

La seconde question que s'est posée votre première Commission : *Comment la Ville doit-elle et peut-elle intervenir ?* est d'une résolution plus difficile.

Ici, en effet, l'on aborde les problèmes sociaux les plus discutés.

Où doit s'arrêter l'action de la collectivité?

Quand la collectivité a consacré ses efforts, son épargne, à la création et au développement de tout ce qui est intérêt commun, routes, chemins de fer, ports, écoles de tous degrés, organisation du crédit, postes, télégraphes, caisses de retraite, de prévoyance, etc., n'a-t-elle pas accompli le rôle naturel de la communauté envers le travail individuel?

Doit-elle aller plus loin?

Il n'importe pas seulement que le travailleur soit mis à même de vivre convenablement des produits de son travail, il importe encore qu'il se pénètre de la pensée que le capital ne se trouve ni ne se donne, qu'il se loue moyennant une rente et se gagne à force de peine et d'épargne.

L'existence du capital est solidaire de l'exercice du travail et réciproquement. Tous deux ne s'affranchissent que par une alliance intelligente et libre de l'un et de l'autre, c'est la condition mutuelle de leur existence et de leur développement et le progrès n'est possible qu'avec la connaissance et l'observation de ces devoirs réciproques.

La théorie parle haut et sagement, mais dans le cas qui nous occupe, l'utilité publique, la nécessité de l'hygiène sociale et physique commandent de passer outre en s'écartant le moins possible des principes généraux qu'il importe de garder pour guides.

Plusieurs pétitionnaires proposent que la ville construise elle-même des maisons à bon marché, soit sur les terrains lui appartenant dans Paris, soit sur ceux à provenir de la cession qui lui serait faite du sol des fortifications.

Nous avons dit précédemment ce que nous pensions de cette opération en tant qu'elle serait faite directement par la Ville. Les objections sont multiples.

Où s'arrêterait la municipalité de Paris dans une entreprise de ce genre, dont il est impossible de prévoir le terme?

A quelle catégorie de citoyens les constructions de la Ville seraient-elles affectées?

Quelles conditions d'admission devrait-elle exiger ?

A ces questions, on reconnaîtra qu'il est difficile de répondre et l'on peut se demander à quels graves embarras pourrait conduire une affectation aussi spéciale des fonds publics.

Le nombre des constructions est impossible à prévoir.

La population laborieuse et peu aisée attirée à Paris par la perspective d'un gain plus élevé que partout ailleurs et par le mirage si regrettable de la série officielle des prix est déjà considérable. Ne le deviendrait-elle pas bien davantage, lorsqu'il se répandrait que la municipalité parisienne met à sa disposition des logements d'un bon marché exceptionnel ?

Les pétitionnaires ont-ils songé, d'autre part, à l'importance des capitaux dont devrait disposer la Ville pour que son intervention directe ait une influence appréciable sur l'abaissement du prix des loyers ?

Pour provoquer la concurrence, il faudrait engager des capitaux énormes dans cette opération et construire un grand nombre de maisons dans tous les quartiers de Paris ; ou sinon la Ville n'entraînera personne par son exemple, et ses efforts, tout en lui coûtant très cher, n'auront d'autres résultats que de rendre service à un très petit nombre d'individus.

Ce n'est certes pas là le but des pétitionnaires.

Ce qu'il importe, c'est de favoriser la création, dans les quartiers de Paris les plus voisins ou les mieux reliés avec les centres de travail, de logements d'un prix abordable aux budgets d'ouvriers.

Nous croyons que la Ville peut efficacement aider à la réalisation de cette œuvre sans compromettre non seulement ses intérêts, qui sont ceux de toute la population, mais la responsabilité du succès et favoriser par un moyen quelconque les capitaux d'initiative qui seront consacrés à élever des maisons avec logements à bon marché.

La Commune peut, en intervenant ainsi, rester dans les limites de son droit vis-à-vis de la collectivité comme vis-à-vis des particuliers.

Elle ne crée pas de monopole ; elle ouvre, au contraire, le champ libre à la concurrence de tous ceux qui voudront participer à l'œuvre qu'elle poursuit et son concours appartiendra à ceux qui offriront les plus grands avantages.

Les pétitions qui nous ont été transmises sont déjà une preuve des initiatives qui ne manqueront pas de se produire à la seule nouvelle de votre délibération.

Parmi ces pétitions, nous trouvons celles de MM. Le Rouge et Ollivier, tendant à constituer des sociétés ayant pour but la construction de maisons à bon marché ;

Une autre de M. Pavillon, proposant de construire des cités ouvrières dans la banlieue ;

Une autre enfin, de M. Minder, qui se fait remarquer par un exposé très étudié des moyens pratiques déjà mis en œuvre par lui, pour résoudre le problème de la réduction du prix des loyers.

Les propositions de ce genre afflueront, nous n'en doutons pas. Le principe une fois posé, on n'aura que l'embarras du choix.

Toutes ces initiatives s'inspireront des besoins nouveaux, des conditions économiques dans lesquelles ont été résolus les mêmes problèmes dans d'autres grandes villes ; les exemples ne manquent pas. A Londres, pour remédier à la cherté du prix du terrain, dans certains quartiers du centre, on a construit des maisons à onze et douze étages avec ascenseurs.

Tous les progrès de la science et de l'art du constructeur se prêteront à la satisfaction des besoins signalés pour faire mieux et à meilleur marché que nos devanciers.

Quel sera le principe de l'intervention de la Ville? Votre première Commission, Messieurs, était prête à l'étudier; mais elle vous eût demandé pour le faire avec tous les éléments nécessaires, le concours de l'Administration, quand M. le Préfet de la Seine a pris l'initiative de nommer une Commission spéciale, aux travaux de laquelle vous participez, pour l'étude complète et rapide de cette question.

Les avantages à assurer aux constructeurs des nouveaux immeubles peuvent-ils être utilement et légitimement des concessions de terrains, des dégrèvements d'impôts de diverses natures?

Il semble difficile *à priori* de donner à l'intervention de la Ville ce caractère d'assistance difficile à répartir d'une manière équitable et de nature à paralyser les initiatives libres devant certainement se produire, quand l'expérience aura démontré que les constructions projetées peuvent être rémunératrices et assurer la sécurité des revenus pour les capitaux qui y seront consacrés.

Le principe à adopter comportera-t-il, comme l'indiquent certaines propositions de nos collègues, la faculté pour les ouvriers de devenir propriétaires, soit de l'étage d'une maison, comme en Italie, soit de leurs maisons, là où le prix du terrain permettra de créer des immeubles séparés assez modestes pour être accessibles à un budget ouvrier?

Il est difficile de prévoir une telle solution autrement que très limitée, car un des caractères de la population ouvrière de Paris, c'est la facilité de déplacement qui, pour une raison ou pour l'autre, l'amène à se transporter d'un quartier à l'autre de Paris, suivant les besoins, les circonstances ou le goût de chacun, pour, dans bien des cas, retourner en province au bout de quelques années.

Votre première Commission, Messieurs, avait réuni pour l'étude et la présentation de ces questions des documents d'expérience assez importants, mais dont l'examen pourra être fait plus utilement par la Commission administrative récemment nommée. Cette Commission a, en effet, par le concours de l'Administration, des moyens d'information plus rapides sur tous les points qui peuvent intéresser la solution à intervenir.

Dans certaines villes, comme à Lille, par exemple, la municipalité est intervenue par une garantie d'intérêt, et l'œuvre créée par la municipalité a eu de très heureux résultats.

Est-ce la solution qui prévaudra pour la Ville de Paris? Cela est à examiner, en ce sens surtout que ce serait déjà une partie de la solution du problème que la possibilité qui en résulterait pour les constructeurs de trouver des capitaux à très bon marché, et que d'autre part, avec des aménagements, des choix d'emplacement bien entendus, des cahiers des charges bien étudiés, la garantie pourrait n'être que nominale et le résultat s'obtenir sans charges pour la Ville.

Mais comme nous l'avons dit plus haut, votre première Commission ne croit pas pouvoir préjuger aujourd'hui les solutions qui seront proposées par la Commission spéciale, après un examen d'autant plus complet qu'elle pourra tenir compte du développement si nécessaire des moyens de transport à bon marché.

N'oublions pas, en effet, que les questions d'omnibus et de tramways, que celle du chemin de fer métropolitain restent encore à résoudre par le Conseil municipal de Paris et le Conseil général de la Seine et qu'elles sont une des bases de la solution du problème des logements à bon marché (1).

Votre première Commission, toutefois, Messieurs, croit

---

(1) A Vienne (Autriche), qui ne compte pas un million d'habitants, le réseau métropolitain vient d'être décrété ces jours derniers.

entrer dans l'esprit des propositions de nos collègues et des pétitionnaires en vous proposant, dès maintenant, d'inviter l'Administration à présenter, à bref délai, au Conseil un projet dont le résultat sera d'assurer des logements économiques et convenables à une population de 10,000 personnes pour l'année 1884, et de 20,000 personnes pour 1885.

De cette façon, vous donnerez une base ferme et définie aux travaux de la Commission administrative.

Il pourra sembler que c'est une grosse prétention, Messieurs, que de vouloir créer en moins de trois années des logements correspondant à une population de 30,000 habitants, mais l'instrument dont vous disposez est en rapport avec un tel résultat.

Vous pouvez l'envisager avec d'autant plus de logique qu'en moins de cinq ans la population de Paris vient de s'accroître de 235,000 habitants, ce qui correspond à près de 50,000 par an, et que la proposition qui vous est faite par votre première Commission ne s'étend qu'aux logements correspondant à 30,000 personnes, à créer en trois années, c'est-à-dire à environ un cinquième de l'accroissement normal annuel.

Il suffit, d'ailleurs, de se reporter au tableau mis plus haut sous vos yeux, sur les garnis de Paris, pour apprécier le bien fondé et la réserve de ces prévisions.

Si, passant de cette donnée générale à l'hypothèse d'une solution analogue, par exemple, à celle qui a prévalu à Lille d'une garantie d'intérêt, et si l'on évalue par approximation à 3,000 francs par individu à l'intérieur de Paris, la dépense correspondant à la création des logements demandés, votre résolution équivaudrait à encourager et assurer l'emploi en constructions d'un capital de 30 millions d'ici à 1884 et de 60 millions jusqu'en 1885. Ce sont là des chiffres qui ne sont pas

Valeur du

(Extrait de l'Annuaire de la Propriété
de 1866 à 1869

(Rapport de M. Yves

ARRONDISSEMENTS	PRIX le PLUS ÉLEVÉ pour 1 mètre carré.	LIEU	PRIX le MOINS ÉLEVÉ pour 1 mètre carré.		LIEU
	francs		fr.	c.	
1	1,200	Rue Pierre-Lescot.......	463	»	Rue Mauconseil.........
2	1,800	Place de la Bourse.......	600	»	Rue Neuve-St-Augustin..
3	900	Boulevard Saint-Martin..	494	»	Rue du Temple........ .
4	465	Rue Saint-Antoine.......	130	»	Quai Henri-IV........ ...
5	316	Rue d'Enfer...	28	50	Rue de l'Hôpital........
6	675	Rue du Four...........	105	82	Boulevard Montparnasse.
7	520	Rue Velpeau	60	»	Boulevard des Invalides..
8	900	Rue de Rome........ ..	80	»	Avenue Montaigne.......
9	975	Boulevard Haussmann...	43	»	Rue Frochot...........
10	450	Rue de Maubeuge	100	,	Rue du Faub.-du-Temple.
11	300	Boulevard Henri-IV	20	,	Ruelle du Bureau ....
12	250	Rue de Lyon	4	,	Rue du Rendez-Vous. ..
13	119	Boulevard Arago	10	,	Rue de la Providence....
14	115	Rue Daguerre...... ...	6	,	Sentier des Mariniers....
15	102	Rue Malakoff...........	7	,	Rue Saint-Louis........
16	287	Avenue d'Eylau.........	13	,	Lieu dit les Fontis.......
17	200	Boulevard de Courcelles	3	,	Lieu dit les Epinettes....
18	152	Boulevard Ornano......	7	,	Rue Saint-Vincent.......
19	130	Rue d'Allemagne........	6	,	Rue de Crimée.........
20	111	Rue de Paris...........	4	,	Passage des Envierges...

sol de Paris.

foncière, *de M. Maurice Maucorps),*
inclusivement.

Guyot, n° 54. — 1880.)

NOMBRE DES PRIX de vente qui ont servi à établir le prix moyen.	PRIX MOYEN		SUPERFICIE de l'arrondissement.		RÉDUCTION proportionnelle du terrain livré au public.		SUPERFICIE du terrain bâti ou à bâtir.		VALEUR du SOL BÂTI ou à bâtir.	VALEUR de LA SUPERFICIE totale.
	fr.	c.	hect.	a.	hect.	a.	hect.	a.	francs	francs
6	719	»	190	»	32	»	158	»	1,136,020,000	1,366,100,000
9	900	»	97	50	13	»	84	50	760,500,000	877,500,000
3	550	»	116	»	18	»	98	»	539,000,000	638,000,000
7	300	»	156	50	28	»	128	50	385,500,000	469,500,000
90	147	»	249	»	40	»	209	»	307.230,000	366,030,000
22	391	»	211	»	35	»	176	»	688,160,000	825,010,000
25	340	»	403	»	75	»	328	»	1,115,200,000	1,370,200,000
146	278	»	381	»	72	»	309	»	859,020,000	1,059,180,000
45	415	»	213	»	41	»	172	»	713,800,000	883,950,000
43	268	»	286	»	52	»	234	»	632,480,000	766,480,000
64	122	»	361	»	65	»	296	»	361,120,000	410,420,000
49	95	»	568	»	111	»	457	»	434,150,000	539,600,000
52	63	»	625	»	122	»	503	»	316,890,000	393,750,000
43	54	»	464	»	92	»	372	»	200,880,000	250,560,000
58	46	»	721	»	142	»	579	»	266,340,000	331,660,000
95	88	»	709	»	141	»	568	»	499,840,000	629,920,000
119	110	»	445	»	88	»	357	»	392,700,000	489,500,000
55	82	»	519	»	101	»	418	»	342,760,000	425,580,000
50	57	»	566	»	141	»	425	»	212,250,000	322,620,000
41	50	»	521	»	104	»	417	»	208,500,000	260,500,000
Totaux			7,802	»	1,513	»	6,289	»	10,402,340,000	12,706,060,000

hors de proportion avec l'importance des ressources de Paris et qu'on peut envisager sans crainte.

Si, dans cette hypothèse, on admet un mécompte bien peu probable de 1 p. 100 pour une ou deux années, comme fonctionnement de garantie, cela correspondrait pendant ce laps de temps à une charge moindre des quatre millièmes du budget de la Ville; cette dépense serait, à coup sûr, une des mieux justifiées, et on peut bien ajouter qu'elle ne serait pas sans profit pour le dégrèvement du budget de l'Assistance publique.

D'ici à deux ou trois années, nous l'espérons, votre chemin Métropolitain sera en cours d'exécution et vos moyens de transport très développés; une partie tout au moins de vos fortifications sera devenue disponible et l'initiative privée, suivant l'exemple donné et secondée par la Ville, complètera l'œuvre que nous vous proposons de commencer.

En conséquence, Messieurs, votre première commission vous propose la délibération ci-après :

Le Conseil,

Considérant l'urgence de remédier immédiatement à l'insuffisance actuelle de logements à bon marché mis à la disposition des travailleurs;

Faisant droit aux propositions et pétitions qui lui ont été adressées à cet égard;

Délibère :

Le Conseil municipal de Paris invite l'administration à lui présenter à bref délai un projet concluant à l'édification immédiate d'immeubles convenables et à bon marché pour 30,000 personnes, de façon à en permettre la mise à la disposition des travailleurs et de leur famille, à raison de 10,000 personnes avant la fin de l'année 1884 et de 20,000 personnes avant la fin de l'année 1885.

Valeur moyenne du terrain et des constructions des propriétés privées au 1ᵉʳ janvier 1883, d'après certaines opérations récentes effectuées par le Crédit foncier.

		TERRAINS	CONSTRUCTIONS
		le mètre	le mètre
1ᵉʳ arrondissement................		1,500 »	1,000 »
2ᵉ —		1,800 »	1,000 »
3ᵉ —		500 »	600 »
4ᵉ —		600 »	800 »
5ᵉ —		300 »	600 »
6ᵉ —		400 »	500 »
7ᵉ —		200 »	500 »
8ᵉ —		500 »	600 »
9ᵉ —		500 »	600 »
10ᵉ —		300 »	500 »
11ᵉ —		100 »	300 »
12ᵉ —		50 »	200 »
13ᵉ —		60 »	250 »
14ᵉ —		40 »	150 »
15ᵉ —		30 »	100 »
16ᵉ —		200 »	300 »
17ᵉ —		250 »	200 »
18ᵉ —		100 »	200 »
19ᵉ —		50 »	100 »
20ᵉ —		40 »	100 »

LES ASSOCIATIONS OUVRIÈRES

ET LES

QUESTIONS SOCIALES[1]

Avant d'aborder ce sujet de notre entretien, je veux rappeler ici combien j'ai été frappé, lors de la réunion du Congrès de 1882, de la méthode suivie, de l'ordre observé, en un mot, des conditions toutes spéciales de succès que présentaient dans cette région les associations ouvrières et leurs efforts vers une amélioration nécessaire, urgente, des conditions du travail.

Je me suis trouvé, en plusieurs circonstances, le témoin d'efforts analogues faits sur d'autres points de notre territoire français, et j'ai été amené à reconnaître que les travailleurs de la région du Nord, par les traditions d'un passé laborieux, par l'exemple de pays voisins, que les événements ont rendus plus rapidement accessibles aux institutions démocratiques, étaient mieux préparés et plus aptes que tous autres à ouvrir les vôies à cette

---

(1) Conférence faite à Lille, le dimanche 27 juillet 1884, à la suite de la distribution solennelle des prix aux élèves des cours professionnels de métallurgie, organisés par l'Union des Chambres syndicales ouvrières de la métallurgie de France.

amélioration des conditions du travail et des travailleurs, qui sera, si vous le voulez bien, l'objet de notre entretien.

S'il est un progrès qui s'impose aujourd'hui, c'est, à coup sûr, celui qui tend à améliorer les conditions du travail collectif et des travailleurs : il ne s'impose pas seulement par le besoin qu'à toute époque les esprits éclairés ont ressenti, d'employer leurs efforts à compenser, à l'aide de l'organisation sociale, les inégalités qu'impliquent la naissance, le tempérament et certaines qualités naturelles différemment réparties ; il ressort surtout de la nécessité d'approprier rapidement notre organisation sociale à la nouvelle organisation politique et républicaine que la France s'est donnée il y a quatorze ans, et que nous travaillons tous, je ne dis pas à consolider, on ne consolide que ce qui peut être menacé, mais à perfectionner chaque jour.

S'il est un perfectionnement avéré, obtenu pendant ces quatorze années, c'est certainement le progrès réalisé dans l'instruction publique de nos enfants. Quelles que soient les éventualités de l'avenir, l'histoire enregistrera au crédit des quinze premières années de notre jeune République le développement incontestable et incontesté de l'instruction.

Mais ce n'est pas tout que de construire et de lancer sur la mer souvent agitée de la vie sociale tous ces navires aptes à flotter. Encore faut-il les armer, les équiper, les organiser, pour éviter que, par des chocs inattendus, ils ne viennent à se nuire au lieu de s'entr'aider.

Qu'adviendra-t-il, en effet, à brève échéance, de tous ces jeunes hommes, de ces jeunes filles, qui vont entrer dans la vie dotés du bienfait de l'instruction dont nos pères, nos frères ont pu être privés, si nous ne leur préparons pas une organisation sociale qui leur permette d'utiliser ces dons nouveaux, ces qualités de l'instruction qui, hier encore, étaient l'apanage d'un petit nombre de privilégiés.

Le problème est difficile à résoudre. L'instruction publique obligatoire se décrète, se pratique pour ainsi dire d'un coup de baguette, grâce à l'élasticité du budget de la France. Mais la réorganisation sociale est œuvre de plus longue durée. Elle ne se peut obtenir que par la collectivité des efforts individuels toujours plus lents à se produire. Un décret suffit à aliéner, pour mieux la fortifier, la liberté des enfants. Un travail long, patient et persistant, pourra seul donner aux hommes faits un usage réfléchi et pondéré de la liberté individuelle en matière de perfectionnement social.

Cette absence d'équilibre entre les deux parties du problème ainsi posé doit-elle nous décourager? En aucune façon. Rien n'est mathématique dans la science sociale. Louis Blanc, dans une des admirables pages de son *Introduction à l'histoire de Dix ans*, écrivait en traitant cette même question politique et sociale en 1830 :

« Que savons-nous, après tout? Pour que le progrès se réalise, peut-être est-il nécessaire que toutes les chances mauvaises soient épuisées. Or la vie de l'humanité est bien longue et le nombre des solutions possibles bien borné. » Et il ajoute : « Toute révolution est utile, en ce sens du moins qu'elle absorbe une éventualité funeste. »

Si l'on rapproche cette citation de ce que je disais tout à l'heure de la difficulté de résoudre le problème, on sera tenté de conclure à la probabilité d'une révolution ; à coup sûr elle est possible, et si par ce moyen seulement on pouvait arriver à un résultat certain, je ne la redouterais pas ; mais ce résultat est plus que douteux. Dans la marche progressive de notre démocratie, une révolution ne pourrait guère servir qu'un parti plus turbulent que prévoyant et conscient de son but. D'ailleurs le temps a marché depuis l'époque où Louis Blanc écrivait. La lumière s'est faite dans les esprits, les moyens ne peuvent et ne doivent plus être les mêmes; le terrain social, mieux préparé, n'exige pas de bouleversement aussi profond, risquant de compromettre ou de retarder le résultat attendu.

Les sociétés ont leurs évolutions comme l'esprit humain, comme la science, comme la morale même.

Ces évolutions resteront incomplètes tant que la violence, condamnée actuellement dans les relations individuelles, continuera d'être honorée sous le nom de guerre dans les relations internationales.

Mais sur le terrain du travail et de l'organisation sociale, l'effort peut et doit être pacifique, laborieux et persévérant, pour atteindre sûrement son but.

Ce progrès, messieurs, c'est, comme je le disais tout à l'heure, l'amélioration des conditions du travail et une plus équitable répartition de ses produits au profit des travailleurs.

Ici deux routes s'ouvrent devant nous, ou, pour parler sans image, deux moyens s'offrent à notre examen :

Le premier, l'association, c'est-à-dire la réunion libre des efforts individuels, tendant vers les résultats toujours supérieurs que donne l'exercice de la liberté en toute occurrence;

Le second, le concours de l'État, c'est-à-dire l'intervention de la collectivité dans la solution de certains problèmes qui semblent surpasser la puissance des initiatives individuelles.

Le premier de ces moyens, l'association, est en France, au point de vue des intérêts, l'œuvre des cinquante dernières années.

Œuvre féconde entre toutes; c'est l'association des intérêts, de l'épargne individuelle qui a permis cet admirable essor industriel et commercial du dix-neuvième siècle; c'est à l'association des intérêts que nous devons la création des chemins de fer, des services maritimes, le développement, enfin de toutes ces institutions modernes qui ont plus fait en un demi-siècle pour le progrès social que les vingt siècles précédents.

Mais ce n'était et ce n'est là qu'une première étape.

L'association des capitaux et du travail intellectuel n'est pour ainsi dire que la préface de la réorganisation de la société moderne : sans méconnaître les avantages de bien-être qui en sont résultés pour tous, il est bien certain que les promoteurs de ce mouvement industriel et commercial ont usé de la liberté beaucoup à leur profit et ont laissé au second plan le problème nécessaire d'une répartition équitable des bénéfices de la production au profit des travailleurs.

Il appartenait à la République d'accomplir cette évolution nouvelle.

Les résultats acquis sont déjà considérables, mais ils ne sont rien par rapport à ce qu'ils doivent être.

Pour vous donner une idée du développement des associations démocratiques en France dans ces dernières années, je vous citerai des chiffres.

Aux premières années de la République, il n'y avait pour ainsi dire en France ni chambre syndicale ni association coopérative.

Il y a quatre ans, les syndicats de province étaient, pour les ouvriers, au nombre d'environ 206 ; pour les patrons, d'environ 60.

Aujourd'hui, en l'année 1884, les chambres syndicales sont pour les ouvriers, au nombre de 600, et les syndicats des patrons au nombre de 150.

Ainsi, les chambres syndicales de province ont triplé en nombre et en importance depuis quatre ans. N'est-ce pas là le meilleur des encouragements ?

Marseille, Lyon, Lille, Bordeaux, Le Havre, Rouen, sont les principaux centres de ces syndicats.

La chambre syndicale des tisseurs de Lyon compte 18,000 adhérents.

A Paris, il y a 140 chambres syndicales de patrons et 200 syndicats ouvriers. Je ne traiterai pas ici la question de Paris, elle est tout à fait particulière, par suite peut-être des variations spéciales de la population parisienne et de l'élément politique que parfois certaines personnalités, le plus souvent étrangères au travail, cherchent à y introduire, aussi l'accord y est-il rendu plus difficile; pour dissidents que soient certains efforts, comme ceux des syndicats qui gravitent autour des cercles d'études sociales, lesquels aspirent à l'appropriation collective du sol, ils ne sont pas tous stériles, mais ils sortent souvent du domaine de la pratique.

La loi sur les syndicats professionnels atténuera, je le crois, certaines dissidences et rapprochera bon nombre de Sociétés, même à Paris.

Cette même loi activera dans une proportion considérable le mouvement des associations et des syndicats ouvriers et professionnels dans toutes les régions de la France où les doctrines collectivistes n'ont pas et ne peuvent avoir de racines profondes.

Ce mouvement s'étendra à l'agriculture, au grand profit de cette fonction si importante de notre activité nationale, et alors on verra quel avantage considérable est pour la France, d'avoir acquis de longue date déjà la division de la propriété, alors que chez nos voisins la propriété foncière est encore placée sous le régime de l'ancienne féodalité.

Aussi, malgré la crise que traverse en ce moment l'industrie agricole de notre pays, ai-je confiance que cette crise n'est que momentanée, qu'elle procède de causes provisoires, et que l'industrie agricole française organisée et éclairée, reprendra en Europe la place importante que doivent lui assurer, et la fécondité de notre sol, et l'intelligence active et laborieuse de notre nation.

Mais l'examen des diverses branches de l'activité sociale dans notre pays m'entraînerait en dehors de notre sujet. Si je parle en passant de l'agriculture, c'est que je sais combien cette question est importante dans la région que vous habitez, et c'est aussi parce que l'agriculture représente dans notre pays une proportion énorme de travailleurs.

Des statistiques les plus récentes, il résulte en effet qu'en France :

La grande industrie occupe 3,230,000 personnes;

La petite industrie, 6,000,000;

L'agriculture, 5,000,000;

Les forêts, 500,000 personnes.

Les autres, sans parler des enfants, vieillards, etc., sont rentiers ou employés de l'État (1).

Cette statistique me ramène à la question des associations ouvrières, ce facteur le plus grand entre tous du progrès dont nous nous occupons.

Ces associations sont de diverses sortes.

Les chambres syndicales, dont je citais tout à l'heure le développement, sont des groupements où l'on vient s'initier mutuellement à la connaissance des intérêts et des individualités. Dans l'état actuel embryonnaire de notre réorganisation sociale, les chambres syndicales ne sont que le moyen d'arriver à une organisation meilleure du travail ; la défense des intérêts du travail leur incombe, et, à ce titre, leur fonctionnement constitue et perpétuera leur autorité dans les différentes professions.

Mais c'est par les chambres syndicales et avec leur concours que le véritable but doit être recherché et atteint, celui de la production et de la consommation à bon marché.

---

(1) Voir une statistique plus récente et plus exacte aux *Annexes* de la présente brochure, p. 304 et suivantes.

Vous connaissez tous cette grave question de la concurrence étrangère qui pèse aujourd'hui si lourdement sur l'industrie française. Cette concurrence, basée sur le bon marché des produits, doit sa force redoutable, dit-on, à l'élévation de la main-d'œuvre en France.

Le remède ne saurait être l'abaissement du prix de la main-d'œuvre ; nous savons tous où conduirait une pareille mesure. En pareille matière, la liberté, réglée par les nécessités naturelles de la production, me paraît être la seule loi, et les prétendus défenseurs du travail qui essaient de se faire une popularité regrettable sur la base d'une augmentation irréfléchie et factice de salaire, font, suivant moi, œuvre aussi fâcheuse que celui qui prétendrait trouver remède à notre crise industrielle dans l'abaissement des salaires.

Dans bien des circonstances, ces revendications contre les grandes féodalités industrielles ont été des avertissements légitimes. Mais à coup sûr la solution du problème n'est pas là. Le travail doit rester libre. A mesure qu'il s'organisera en associations syndicales, sa voix ne peut manquer d'être entendue.

Combien sont et seront plus productifs les efforts faits en vue du bon marché de la production et de la consommation ! L'étranger nous fournit à cet égard des enseignements précieux que nous ne suivons encore que de très loin.

L'Angleterre, l'Italie, l'Allemagne, la Suède et d'autres encore nous ont montré le chemin.

De toutes parts, dans ces divers pays, se créent et se développent des sociétés de production et de consommation.

Et partout, l'économie résultant de ces associations se traduit par des diminutions variant de 10 à 20 p. 100 sur la dépense, sans parler de la qualité des produits contrôlée par une surveillance solidaire.

N'est-ce point là une augmentation plus vraie et plus

intelligente du salaire, une garantie d'équilibre plus stable entre l'offre et la demande?

En France, ce progrès ne s'est effectué que dans une mesure très restreinte et sur des bases très différentes.

Vous voyez partout, à Paris, dans nos grandes villes, le petit commerce, la petite industrie absorbés par ces grands établissements qui, vendant beaucoup, ayant une clientèle assurée, vendent à meilleur compte.

Mais ce que fait à cet égard l'initiative industrielle de quelques capitalistes intéressés, les Associations ouvrières le peuvent faire à leur grand profit.

Paris compte 70 associations ouvrières de production, ne comprenant que 2,000 associés, et environ 40 sociétés de consommation. Le chiffre de leurs affaires ne s'élève qu'à 10 millions par an; elles progressent sans cesse, c'est là un des objectifs que je vous signale à poursuivre, à réaliser dans nos grands centres industriels.

Dans certaines villes de l'étranger, comme Stockholm par exemple, en Suède, toute la cité est organisée en rings ou cercles ouvriers, qui ont installé partout des sociétés de production et de consommation; il en résulte pour les travailleurs une économie et un bien-être incomparables, qui, sans augmentation de salaire et partant sans augmentation du prix de production, leur assurent une continuité et une prospérité de travail contre lesquels nous ne pouvons pas lutter.

A vrai dire, là-bas, les associations, malgré le régime monarchique, jouissent d'une liberté absolue d'action que nous ne connaissons guère en France, mais à laquelle nous devons arriver. La nouvelle loi sur les syndicats professionnels est un progrès sensible vers ce but.

A côté des sociétés de production et de consommation, qui correspondent aux besoins et au bien-être, se placent, au point de vue industriel et commercial, les sociétés coopératives.

Ici encore l'étranger nous a précédés. Je me souviens d'avoir été, il y a plus de vingt ans, en présence de groupes d'ouvriers italiens syndiqués en association pour aller exercer leur profession hors de leur pays : ils n'avaient d'autre charte qu'une convention verbale, d'autre sanction que la bonne foi de chacun, accompagnée de quelque crainte du voisin en cas d'empiètement ou d'irrégularité.

Mais, outre que ces groupements ne sont compatibles qu'avec certaines professions, bon nombre d'industries exigent une mise de fonds souvent difficile à réaliser. Aussitôt naissent les défiances, les suspicions et enfin cet antagonisme, si difficile à éviter, entre l'intérêt personnel et l'ensemble des intérêts communs.

Malgré ces difficultés, les sociétés coopératives industrielles ou commerciales s'organisent et iront en se développant, à la condition de créer simultanément et à leurs côtés des institutions populaires de crédit qui leur puissent fournir les éléments nécessaires de fonctionnement, faisant pour elles ce que font, pour la grande industrie, les établissements financiers de crédit et d'escompte.

Ces banques populaires fonctionnent aujourd'hui chez nos voisins d'Angleterre et d'Allemagne. En Italie, où les mœurs sont singulièrement plus comparables aux nôtres, les banques populaires ont pris un développement considérable qui ne contribue pas peu au réveil agricole, industriel et commercial de ce pays et qui justifie l'enquête faite dernièrement si à propos par M. Léon Say.

Ce sont toutes ces institutions, procédant d'initiatives particulières, qu'il faut créer, développer et favoriser par tous les moyens, par tous les efforts.

Les sociétés de secours mutuels, les caisses de retraites, bien que répondant à un ordre d'idées différent sur lequel nous reviendrons tout à l'heure, méritent aussi toute votre attention. Elles sont en France de date un peu plus ancienne, mais leur développement est aussi très significatif pendant ces dernières années.

En 1882, il y avait en France 7,011 sociétés de secours mutuels; leur avoir s'élevait à près de 100 millions de francs. Le nouveau projet de loi sur les Sociétés de secours mutuels fera de cette institution un similaire des chambres syndicales, différent seulement en ce qu'il réunit des éléments divers par leurs professions.

Sur ce terrain de l'association et de l'amélioration des conditions du travail, tous se doivent unir, patrons et ouvriers, dans une pensée commune : la prospérité du pays. Les sociétés coopératives n'excluent pas, à côté d'elles, les participations des ouvriers aux bénéfices des patrons dans certaines industries, plus réfractaires à l'association coopérative des ouvriers.

Ce principe de la participation doit prévaloir partout, même comme obligatoire en certains cas; s'il exige plus de soin, plus de calcul, plus de travail et certains sacrifices, le but et le résultat sont à la hauteur des efforts à faire, des droits à revendiquer.

Je poursuis, quant à moi, ce but avec confiance et obstination. Lors de la discussion au Conseil municipal de Paris du cahier des charges du futur chemin de fer métropolitain (1), j'ai fait inscrire et prévaloir le principe de la participation des employés et ouvriers au profit de la l'exploitation ; c'est non seulement justice, mais œuvre d'économie bien entendue. La solidarité donne le sentiment des responsabilités et multiplie les efforts de chacun au profit de l'œuvre commune.

Appelé par des fonctions spéciales à délibérer sur l'organisation d'une de nos Compagnies de chemin de fer en Algérie, j'ai fait également inscrire et adopter ce même principe dans le règlement.

(1) Séance du 4 juin 1883.

On s'effraye assez volontiers de ces innovations; l'avenir démontrera qu'elles sont le gage de notre prospérité commerciale et industrielle et de notre réorganisation sociale.

Dans un banquet qui réunissait des députés, des sénateurs, des ministres, des conseillers municipaux, le 13 juillet dernier, on a fêté la nouvelle loi depuis si longtemps attendue sur les syndicats professionnels. Les représentants autorisés du travail ont profité de cette occasion pour établir le cahier des revendications nécessaires. Je veux vous les redire ici, elles sont bonnes à retenir et à répéter.

Ils demandent :

1° Que le gouvernement fasse respecter la loi sur les syndicats professionnels par les patrons récalcitrants qui usent de rigueur envers ceux de leurs ouvriers qui se placent sous son égide;

2° L'extension de la pratique de la participation dans les bénéfices de l'entreprise, pratique dont les exemples sont très encourageants pour les employeurs qui voudraient les imiter;

3° L'abolition des entraves qui barrent aux associations ouvrières les adjudications ou concessions des travaux de l'État ou des municipalités. Sur ce point, nous faisons des vœux pour que l'enquête extra-parlementaire des associations ouvrières, instituée par M. le ministre de l'intérieur, puisse nous donner des conclusions le plus tôt possible;

4° Que la législation des prud'hommes soit étendue aux professions industrielles qui n'en bénéficient pas encore, et aux ouvriers de l'agriculture qui vont sans doute constituer des syndicats, conformément aux dispositions de la loi du 21 mars 1884. Il est à désirer, en outre, que les attributions des conseils de prud'hommes soient reculées jusqu'aux limites que l'opinion publique reconnaît utiles;

5° Que les enfants mineurs occupés dans les ateliers à un titre quelconque soient efficacement protégés contre les surcharges et les travaux au-dessus de leur âge, par l'application rigoureuse des lois de 1874 et subséquentes, et que la question de l'apprentissage soit résolue selon les exigences du progrès industriel;

6° Que par une organisation sociale moins vicieuse, la femme ouvrière, surtout la mère de famille, soit mieux rétribuée et puisse être davantage au foyer domestique, parce que l'avilissement des salaires des femmes est la principale cause de la corruption des mœurs et de l'amollissement des caractères;

7° Que l'ouvrier ne soit pas forcé, comme cela existe dans certaines industries et dans certaines contrées, de travailler plus longtemps chaque jour que ses forces ne le lui permettent;

8° Que les ouvriers victimes d'accidents résultant du travail soient assurés contre les conséquences de ces malheurs qui atteignent en même temps leurs familles;

9° Que les syndicats et les sociétés professionnelles régulièrement constituées soient seuls autorisés à servir d'intermédiaires entre l'offre et la demande, pour le placement des ouvriers;

10° Que l'organisation des Sociétés de secours mutuels soit modifiée par une loi largement libérale;

11° Que les ouvriers devenus vieux ou infirmes soient assurés d'une retraite qui mette leurs jours à l'abri de la misère et de l'hôpital;

12° Que les logements des ouvriers dans les grandes cités soient construits d'une manière plus hygiénique et moins onéreuse aux locataires.

C'est sur l'énoncé de ces revendications que les con-

vives se sont séparés en promettant de travailler à les
réaliser.

Cette fête peut être considérée comme la célébration
d'une victoire du travail, et en même temps comme un
démenti donné à ceux qui estiment que c'est par les
moyens violents et par l'antagonisme des intérêts que le
but peut s'atteindre.

L'association française est à ses débuts, on a mis
longtemps à la délivrer des entraves du passé, mais libre,
elle regagnera le temps perdu. Le génie du travail et le
sentiment de la solidarité compléteront cette œuvre qui
doit et devra compter comme une des conquêtes de la
République.

Pour terminer cet examen des moyens à employer
pour l'amélioration des conditions du travail et des travailleurs, il me reste à parler de l'intervention de l'État
ou de la collectivité dans toutes les mesures qui intéressent notre activité sociale.

Sur ce point, les théoriciens se divisent. Il y a les
partisans de la liberté, du laissez faire, et les partisans
de la tutelle de l'État.

Les premiers signalent avec raison les abus de la
liberté, confisquant les bénéfices du travail au profit
d'une aristocratie financière prépondérante : à cela ils ne
voient d'autre remède que l'intervention de l'État.

Ils préconisent au même titre les assurances ouvrières
gérées par l'État, les caisses de retraites rattachées au
budget de la nation.

C'est le fonctionnarisme étendu à toutes ces institutions : l'Allemagne en fait sa loi dans un but facile à
comprendre, au profit d'une dynastie impériale, que les
aspirations libérales arriveront, plus vite qu'on ne croit,
à détruire, au plus grand avantage de la paix et de la
prospérité européennes.

L'Angleterre tend aussi à marcher dans cette voie

contradictoire aux principes de sa grande école économique; mais en Angleterre aussi le but est facile à comprendre. Bon nombre des institutions sociales anglaises reposent sur un tout autre principe que celui de l'égalité, et malgré la supériorité industrielle et commerciale actuelle de nos voisins d'outre-Manche, nous n'avons, je crois, sur ce terrain, ni à les envier, ni à les imiter.

Nos races sont d'ailleurs trop différentes pour que nous puisions sans réserve d'utiles enseignements dans leurs réformes sociales, si productives qu'elles puissent paraître.

Le socialisme d'État, la tutelle administrative ne sont pas compatibles avec le génie social de la France. Nous avons subi et nous subissons depuis trop longtemps les abus de cette ingérence excessive et peu tutélaire jusqu'ici de l'État en France, pour ne pas diriger nos aspirations vers un objectif tout différent.

C'est vers la liberté que nous devons marcher avec cette foi et cette résolution qui sont un des apanages de la nation française; et si le gouvernement doit intervenir, que ce soit seulement pour la protection de la liberté des citoyens.

Est-ce à dire que son action se doit limiter dès aujourd'hui sous cette seule réserve au laissez faire? Telle n'est pas ma conclusion.

L'État est intervenu et il intervient, comme je le disais tout à l'heure, dans l'instruction de tous les citoyens.

Cette réforme s'imposait impérieuse, comme mesure d'hygiène, comme garantie du bon usage à faire de la liberté. L'État seul pouvait opérer cette transformation nécessaire; il l'a fait largement, presqu'avec excès, sans se préoccuper des écueils qui en résultaient pour le budget. L'instruction est obligatoire, gratuite; c'est le droit à la lumière toujours proclamé et si tardivement appliqué.

Mais pour moi, j'estime que, le moment venu de ré-colter tous les bienfaits de cette disposition, cette même intervention de l'État dans l'instruction, que nous tra-vaillons à accroître, nos petits-neveux la réduiront, la simplifieront. L'éducation de la nation une fois faite, l'instruction elle-même gagnera à un retour relatif vers la liberté.

En matière d'institutions locales comme en toutes autres questions, il ne suffit pas de discerner le but, de l'indiquer, encore faut-il envisager le moyen d'y arriver. Par exemple, si l'ingérence de l'État se justifie dans l'ins-truction des enfants, si elle est la transition nécessaire pour revenir plus tard à une liberté relative, de même aussi l'on doit rechercher, préconiser même, l'interven-tion de la collectivité, gouvernement, commune ou muni-cipalité, ne fût-ce qu'à titre provisoire, dans bon nombre d'autres institutions démocratiques.

Aussi tendrai-je volontiers la main aux économistes qui prétendent que la démocratie, qui s'éveille après bien des siècles de sommeil et d'oppression, a le droit de demander à l'État d'agir en sa faveur.

C'est avec son concours seulement, dans les conditions actuelles de notre société, que nous regagnerons le temps perdu et que nous pourrons devancer les autres, puisque notre gouvernement à nous émane de nous-mêmes et se peut modifier à chaque pas.

Notre développement social ne permet pas d'établir de toutes pièces les organismes nécessaires aux caisses de retraites, qui sont la protection des travailleurs. Que l'État intervienne aujourd'hui, je n'y vois que des avan-tages. Mais, dans ces dispositions, il importera de con-server l'objectif vers lequel nous marchons, qui est celui de la liberté. Si la tutelle de l'État est le moyen, que la liberté soit le but.

L'application de ces théories présentera plus d'une

contradiction. Je ne nie pas que le problème soit ardu et difficile. Mais, pour le résoudre, c'est à l'alliance des partisans des deux systèmes que je m'adresserai, de préférence aux partisans d'un antagonisme d'autant plus stérile que la preuve de l'un ou de l'autre des systèmes impliquerait des expériences presque séculaires.

Que l'Allemagne proclame le socialisme d'État, qui implique une organisation militaire d'oppression et de conquête, que l'Angleterre passe du laissez faire à la tutelle de l'État, qu'elle croit nécessaire à la répression des abus de la liberté individuelle, c'est affaire aux citoyens de ces deux pays de peser les avantages et les inconvénients de ce système, jusqu'au jour inévitable où la liberté devra prévaloir, car elle prévaudra, fût-ce au prix d'une transformation profonde dans les rapports des nationalités entre elles.

Quant à nous, citoyens français, apôtres et promoteurs de la liberté politique en Europe, conservons le même drapeau sur le terrain économique et industriel. Si notre progrès social tend à nous apprendre à nous gouverner nous-mêmes, marchons sans précipitation et avec la réserve que nous impose la défense de notre sol, vers le but évident du progrès humain, qui est d'avoir le moins de gouvernement possible et la plus grande somme possible de liberté individuelle.

La liberté, une fois conquise, et basée sur une organisation prévoyante, est la meilleure garantie de l'égalité telle que nous la devons et pouvons concevoir.

Persuadons-nous bien que le progrès procède plutôt de la combinaison des intérêts que de leur antagonisme et, animés de ce sentiment français entre tous qui est le sentiment de fraternité et de solidarité, ne changeons rien à cette devise qui est et restera celle de notre patrie française républicaine : Liberté, Égalité, Fraternité.

LE

CONSEIL SUPÉRIEUR

DU TRAVAIL

DÉPOSITION DE M. TH. VILLARD

Conseiller municipal de Paris, président honoraire de la Chambre consultative des Associations ouvrières de production, à la Commission extra-parlementaire des Associations ouvrières (1).

M. LE PRÉSIDENT. — Nous vous prions, monsieur, de nous apporter vos renseignements sur les questions qui intéressent la commission.

M. VILLARD. — Messieurs, en vous remerciant de l'honneur que vous voulez bien me faire, je crois devoir tout d'abord déclarer que ce n'est pas au nom de la Chambre consultative des associations ouvrières de production que je viens traiter devant vous la question que je vais avoir l'honneur de vous exposer, cette question

---

(1) Séance du 28 janvier 1885. Ce qui suit est extrait du *Journal officiel*.

n'ayant point encore été soumise à ladite chambre en voie d'organisation.

MM. Gruyer et Veyssier, mes honorables collègues de la Chambre consultative, qui ont bien voulu m'assister, seraient d'ailleurs plus autorisés que moi à parler en son nom.

Si j'invoque cependant l'honneur que l'on m'a fait en me nommant président de la Chambre consultative, c'est pour m'abstenir de dire les titres, si modestes qu'ils soient, que je puis avoir à votre attention, messieurs, en traitant devant vous les questions de la réorganisation et de la représentation du travail dont je m'occupe depuis plusieurs années, et qui sont soumises à vos délibérations.

L'objet de ma déposition est la proposition de créer un conseil supérieur du travail.

Je crois qu'aucun de ceux qui se sont préoccupés des questions relatives au travail ne peut contester les lacunes de notre législation en ce qui concerne l'absence d'organes destinés à représenter le travail.

Cette lacune devient chaque jour plus frappante, à mesure que les questions relatives au salariat prennent une plus large place dans les préoccupations légitimes des pouvoirs publics.

En 1882, déjà frappé de cette lacune, j'ai, avec deux de mes collègues du Conseil municipal de Paris, MM. le docteur H. Thulié et J. Cusset, présenté à la Chambre des députés une pétition concernant la création de Chambres de travail.

Ce projet avait été fort étudié par mes collègues et par moi ; je l'avais soumis à des personnalités très autorisées dans la matière, en tenant compte de leurs avis tant au point de vue légal qu'au point de vue pratique.

Il impliquait une loi nouvelle et une organisation embrassant toute la France ; il tenait compte à ce titre des éléments divers, industriels ou commerciaux de chaque région.

Peut-être était-il trop vaste dans l'état rudimentaire de la question, mais je demeure convaincu que l'heure viendra de sa prise en considération sous la forme que nous avons présentée ou sous une autre.

M. le Président. — Je connais cette proposition; je crois qu'elle n'a pas encore fait l'objet de la nomination d'une commission spéciale chargée de l'examiner et de faire un rapport; elle est devant la commission d'initiative parlementaire qui en propose la prise en considération sur le rapport de M. Cayrade.

M. Villard. — En effet, monsieur le président, cette pétition a été déposée par M. de Heredia en 1882 et a fait l'objet d'un rapport de M. Cayrade, au nom de la deuxième commission, concluant à la prise en considération et à son renvoi au ministère de l'intérieur.

A cette époque, le ministre de l'intérieur était M. Goblet, avec lequel nous eûmes, M. le docteur Thulié, M. Cusset et moi, un long entretien à ce sujet.

M. Goblet, tout en se montrant favorable au projet, était très hésitant sur la compétence de son département en la matière; il semblait pencher vers la compétence plus spéciale du ministère du commerce.

J'avoue que le peu de temps dont je dispose ne m'a pas permis de poursuivre avec la persistance nécessaire cette question à travers ces difficultés de compétences interministérielles.

Sans l'abandonner en aucune façon (et je vous demande même, messieurs, de me permettre de déposer ici cette proposition avec le rapport de M. Cayrade), j'ai pensé qu'une loi de cette importance exigerait un enfantement un peu long; la proposition que je viens soumettre à vos appréciations est loin d'être contraire à notre projet primitif de création de Chambres de travail; j'estime même que l'adoption d'un conseil supérieur du travail composé comme je le propose, et qui se peut créer par un décret, faciliterait singulièrement l'examen et l'adoption de notre ancienne proposition.

Si vous le permettez, messieurs, je vous donnerai lecture des considérants dont j'ai cru devoir accompagner mon projet de création d'un conseil supérieur du travail. J'ai déjà soumis ce projet à M. le ministre de l'intérieur; votre opinion compétente et motivée serait à ce projet un sérieux appui.

Si je lui ai donné la forme un peu prétentieuse d'un projet de décret avec exposé des motifs à l'appui, c'est qu'il m'a paru que c'était le mode le plus pratique de résumer et de présenter ma proposition.

L'organisation du travail, de sa représentation permanente, autorisée, ne doit pas plus étonner notre époque démocratique que n'étonnaient au siècle dernier l'organisation et la représentation du commerce et de l'industrie.

De tous côtés, les représentants de la population se préoccupent de ces questions. Le Conseil municipal de Paris vient de créer une commission spéciale du travail, et de mettre à l'étude un projet de Bourse du travail.

Je ne comprends pas bien cette dernière dénomination, car le travail ne donne pas lieu aux spéculations dont le mot de bourse éveille immédiatement l'idée; mais la dénomination importe peu.

De tous côtés la question s'agite, et il n'est pas douteux qu'au milieu de tous ces projets il y a une idée pratique : c'est la création d'une représentation du travail comme nous avons la représentation du commerce, de l'industrie et de l'agriculture.

Chacune de ces branches de notre activité nationale a

une double représentation sous forme de Chambres consultatives et sous forme de Conseil supérieur; pourquoi le travail ne jouirait-il pas des mêmes avantages au plus grand profit de l'étude de nos lois nouvelles?

Il ne manque pas de gens qui s'instituent les avocats, les défenseurs du travail et qui n'en connaissent les besoins, les tendances et les aspirations que par les déclamations quelquefois vaines, souvent contradictoires, des réunions publiques, auxquelles ne prennent part active parfois que les ouvriers ou les citoyens les moins autorisés à traiter ces questions.

A l'étude des lois nouvelles ne s'arrêterait pas d'ailleurs l'action utile d'une représentation permanente et autorisée du travail; mieux que personne, messieurs, vous qui avez étudié et approfondi ces questions, vous apprécierez, j'en suis sûr, que les lois sont et seront insuffisantes, quelles qu'elles soient, pour assurer complètement une plus équitable répartition des bénéfices du travail au profit des travailleurs.

L'action libre et individuelle des associations, des groupes, des syndicats professionnels, doit s'exercer vers le même but et faire autant, sinon plus, que les lois.

Combien de fois déjà n'avons-nous pas vu bien des efforts de cette nature frappés d'improductivité par l'incompétence en certaines matières des travailleurs les plus honorables et les plus zélés à se grouper.

Les Chambres de travail et, transitoirement, un conseil supérieur du travail, sans supprimer tous les écueils, en aplaniraient beaucoup par l'étude et la consécration de certaines dispositions réglementaires, que les associations ouvrières s'approprieraient d'autant plus volontiers qu'elles le pourraient faire librement, comme procédant de personnalités jouissant légitimement de leur confiance.

J'ai, pour ma part, été bien des fois frappé de l'insuffisance des lois, si parfaites qu'on les puisse prévoir, pour répondre aux besoins si divers d'industries et de conditions si multiples du travail.

Eh bien, là où la loi serait insuffisante, tout en laissant faire, le règlement intérieur accepté librement, de commun accord, compléterait l'organisation des droits et des devoirs qu'imposent certaines associations, certains groupements.

Je suis de ceux qui estiment que l'État doit intervenir le moins possible, mais encore est-ce à la condition de laisser la liberté de faire et surtout de bien faire en dehors de lui.

Que dirai-je, par exemple, du crédit populaire, si difficile à organiser, à établir, à développer, que beaucoup d'esprits, même animés du désir du progrès, n'en admettraient pas la possibilité? Cette possibilité, qui la pourrait mieux affirmer, accréditer, que l'ordre et la méthode devant forcément résulter pour le groupement des intérêts les plus modestes d'un conseil autorisé à donner des avis propres à servir de bases à des règlements librement consentis?

J'arrive, messieurs, pour ne pas abuser du temps que vous avez bien voulu me consacrer, à la lecture de l'exposé de ma proposition et de cette proposition elle-même.

Notes à l'appui d'un projet de création d'un conseil supérieur du travail.

Pendant les années qui viennent de s'écouler, à l'occasion des crises industrielles et ouvrières qui ont éclaté dans diverses régions, les pouvoirs publics ont été sollicités à plusieurs reprises d'intervenir, afin d'apporter un remède aux souffrances qui étaient signalées ou de trancher les différends que faisaient naître les intérêts opposés du capital et du travail.

Si complexe et si délicate que soit la tâche de l'administration en cette matière, on ne saurait méconnaître que son action peut s'exercer légitimement de diverses manières, tantôt en prenant l'initiative de projets de loi soumis aux Chambres en vue de l'amélioration du sort des travailleurs, tantôt en encourageant la formation des associations coopératives ou des sociétés de prévoyance, quelquefois même en provoquant, par de grandes entreprises d'intérêt général, une demande de travail qui fait momentanément défaut.

Mais, pour remplir utilement sa mission, l'administration supérieure doit être éclairée sur les véritables besoins de la population ouvrière que ne lui révèlent parfois qu'imparfaitement les discussions de la presse, les délibérations des réunions publiques, ou les observations souvent contradictoires des délégations ouvrières improvisées.

Dans ce but, il semblerait utile d'établir, près du ministre de l'intérieur, un conseil supérieur du travail où prendraient place principalement des hommes appartenant eux-mêmes à la classe ouvrière jusqu'ici peu ou point représentée dans nos assemblées.

Un pareil conseil devra apporter au ministre des garanties précieuses de compétence et d'expérience technique en ce qui concerne les questions ouvrières; il sera consulté avec profit sur les réformes qui peuvent être réalisées immédiatement, sur celles qu'il est préférable d'ajourner; il constituera enfin l'organe à la fois le plus pacifique et le plus efficace des intérêts des travailleurs.

Il eût été conforme aux principes du régime démocratique et représentatif sous lequel nous vivons que le conseil supérieur du travail procédât de l'élection; on devait être tenté de prendre pour modèle de son organisation celle de l'ancien conseil général de l'agriculture, qui avait été institué par le décret des 20 et 25 mars 1851, ou celle du conseil général des manufactures, établi par l'ordonnance du 29 avril 1831.

Mais s'il était facile alors de confier l'élection des membres de ces deux Conseils aux Chambres d'agriculture et aux Chambres de commerce, il était impossible, dans les circonstances actuelles, de trouver dans chaque département, des associations ouvrières capables de s'entendre et de se concerter sur le choix d'un ou plusieurs délégués, et d'assurer le fonctionnement régulier d'un système électoral complet.

Dans l'avenir, lorsque les syndicats professionnels, usant de la faculté qui leur est donnée par l'article 5 de la loi du 21 mars 1884, de se concerter librement pour la défense de leurs intérêts, auront rendu possible, par l'entente, la création dans les départements de Chambres consultatives du travail, peut-être sera-t-il facile de composer par voie d'élections le Conseil supérieur.

Il n'y faudrait pas songer pour le moment si l'on ne voulait pas compromettre, dès le début, le sort de l'institution.

C'est donc au ministre qu'appartiendrait la désignation des membres du Conseil; mais son choix serait limité; il devrait les prendre, au nombre de quarante, parmi des personnes qui ont été librement investies de la confiance d'une association de travailleurs, parmi les présidents et les vice-présidents des syndicats professionnels ouvriers régulièrement constitués. Cette condition suffira pour que la classe ouvrière soit assurée d'être sérieusement représentée dans le Conseil supérieur du travail; elle y aura pour organes, des hommes possédant à la fois l'indépendance et l'autorité nécessaires pour y faire prévaloir ses véritables intérêts. En même temps, les choix dont un certain nombre de syndicats professionnels seront l'objet constitueront un stimulant efficace pour ces associations dont une loi récente a encouragé la formation.

Tout en accordant dans le Conseil la prépondérance du nombre aux représentants des syndicats ouvriers, on devrait se préoccuper d'y faire entrer des personnes qui, par l'expérience des affaires publiques, par la connaissance des lois et par la pratique des luttes oratoires, seraient capables d'imprimer aux délibérations un tour élevé et une direction sûre, et de fortifier l'autorité des avis donnés par le Conseil.

Le ministre désignerait vingt membres, choisis parmi les hommes les plus versés dans les matières économiques et sociales.

Enfin, il paraîtrait utile de donner au Conseil supé rieur la faculté de s'adjoindre, par voie d'élection, un certain nombre de membres choisis autant que possible dans les industries spéciales auxquelles les nominations faites par le ministre n'auraient pu donner des organes. Cette disposition, empruntée au décret du 20-25 mars 1851, portant organisation du Conseil général de l'agriculture, offre l'avantage de décharger en partie l'administration du soin d'assurer une représentation complète et proportionnelle aux intérêts de toute sorte qui méritent d'être consultés et d'accroître en même temps l'indépendance et l'autorité du Conseil.

Afin de n'être pas exposé à bannir tout esprit de suite des travaux du Conseil, il serait indispensable de nommer ses membres pour plus d'une année, et à un autre point de vue, il serait bon d'en renouveler la composition à des époques déterminées pour qu'il demeurât constamment d'accord avec l'opinion, et aussi pour donner à un plus grand nombre de syndicats professionnels la chance d'envoyer à leur tour des membres à cette assemblée.

La disposition assignant une durée de trois ans à la mission des membres du Conseil supérieur semble devoir répondre à ces différentes préoccupations.

Il ne saurait être question de donner au Conseil supérieur du travail des attributions plus étendues que celles des autres Conseils administratifs qui sont institués auprès de plusieurs ministres. Il serait donc utilement établi que le Conseil ne délibèrera que sur les affaires dont il sera saisi par le gouvernement; mais, d'autre part, il est inutile de limiter le champ des questions qui lui seront soumises : aussi les matières énumérées à l'article 4 du projet de décret ci-après n'ont-elles été mentionnées qu'à titre d'exemples.

La disposition qui reconnaît au Conseil le droit de procéder dans certains cas à des enquêtes avec l'autorisation du ministre a été empruntée au décret du 7 février 1853 sur l'organisation du Conseil supérieur du commerce et de l'industrie; son utilité n'a pas besoin d'être démontrée.

La présidence du Conseil supérieur appartient de droit au ministre de l'intérieur; mais pour présider les séances en son absence, il conviendrait de faire nommer par le Conseil deux vice-présidents qui dirigeront les débats avec une autorité d'autant plus grande qu'ils auront été désignés par les suffrages de leurs collègues.

Les réunions d'une assemblée composée en grande partie de personnes habitant des localités éloignées et vouées à des occupations laborieuses ne peuvent être fréquentes. Il a paru qu'une session annuelle d'un mois serait suffisante pour permettre au ministre de consulter utilement le Conseil sur toutes les questions qui auraient été soulevées dans le courant de l'année. Il est hors de doute qu'avec un mois de séances assidues, les grandes assises périodiques du travail national pourront produire tous les fruits qu'on doit en espérer. Mais il a fallu, en même temps, réserver au ministre, pour le cas où des événements graves l'engageraient à recourir aux avis du Conseil, la faculté de convoquer exceptionnellement ses membres en session extraordinaire.

Enfin, sans qu'il soit besoin d'insister sur ce point, on doit comprendre que le mode de recrutement du Conseil entraînait nécessairement l'adoption d'une mesure qui n'est pas ordinairement appliquée aux comités consultatifs établis dans les autres départements ministériels. On a dû admettre le principe d'une indemnité de frais de déplacement et de séjour allouée à ceux des membres du conseil qui n'habitent pas Paris.

Mais la fixation du chiffre de cette indemnité paraît, dès à présent, soulever des difficultés; il a paru préférable, pour ne pas retarder l'application du présent décret, de remettre à une autre décision ultérieure le soin de déterminer le taux de cette indemnité.

PROJET DE DÉCRET

ARTICLE PREMIER. — Il est établi, près du ministre de......, un conseil supérieur du travail.

ART. 2. — Le conseil supérieur du travail sera composé de 60 membres désignés par le ministre, savoir : 40 membres choisis parmi les présidents et vice-présidents des syndicats professionnels ouvriers régulièrement constitués, et 20 membres choisis parmi les hommes les plus versés dans les matières économiques. *(Disposition empruntée à l'article 21 du décret des 20-23 mars 1851 sur le conseil général d'agriculture.)*

Le conseil pourra s'adjoindre, par voie d'élection, 20 membres au plus, choisis principalement parmi les ouvriers aux industries spéciales desquels les nominations faites par le ministre n'auraient pu donner des organes.

ART. 3. — Les membres du conseil supérieur du travail sont nommés pour trois ans. *(Disposition empruntée à l'article 23 du décret des 20-23 mars 1831 sur le conseil général d'agriculture.)*

ART. 4. — Le conseil supérieur du travail donne son avis sur toutes les questions économiques et sociales que le gouvernement jugera à propos de lui renvoyer et notamment sur les projets de lois et décrets relatifs aux syndicats professionnels, à l'apprentissage, aux conseils de prud'hommes, à la police des fabriques, manufactures et ateliers, aux sociétés coopératives et aux institutions de prévoyance.

S'il y a lieu de constater certains faits, le conseil supérieur pourra entendre les personnes qu'il saura devoir l'éclairer; il pourra même, s'il en est besoin, procéder à des enquêtes avec l'autorisation du ministre. (*Disposition empruntée au décret du 2 février* 1853 *sur le conseil supérieur du commerce et de l'industrie.*)

ART. 5. — Le conseil supérieur du travail se réunit chaque année en une session qui ne peut durer plus d'un mois.

Toutefois, le ministre pourra exceptionnellement, lorsque les circonstances l'exigeront, convoquer le conseil en session extraordinaire; la durée de cette session sera fixée par l'arrêté de convocation.

ART. 6. — Le conseil supérieur du travail est placé sous la présidence du ministre et d'un vice-président nommé par lui; un deuxième vice-président et deux secrétaires sont nommés pour un an par le conseil à la majorité absolue des suffrages.

ART. 7. — Les ministres auront entrée au conseil supérieur et pourront y déléguer des commissaires pour y exposer les questions sur lesquelles le conseil sera appelé à délibérer, fournir des explications de détail et les documents jugés nécessaires.

ART. 8. — Une indemnité pour frais de déplacements et de séjour sera allouée aux membres qui n'habiteront pas Paris.

Le chiffre de cette indemnité sera fixé par un décret ultérieur.

Voilà, messieurs, avec les explications succinctes qui l'ont précédé, le projet que j'ai l'honneur de soumettre à votre examen et à votre appréciation.

Il y a là, à coup sûr, un problème intéressant à résoudre, et je crois qu'en lui donnant une solution, on satisfera bien des intérêts sérieux et légitimes.

J'ai suivi depuis plusieurs années le mouvement qui s'est produit à Paris et en province autour de ces questions du travail.

Je me suis rendu à deux reprises au milieu des associations ouvrières du Nord, au congrès de 1882 et en 1884.

J'ai échangé des correspondances avec les représentants du travail de nos grandes cités françaises où ces intérêts ont été discutés : Bordeaux, Marseille, Toulouse, Nancy, etc.

Partout les travailleurs ont le sentiment du besoin d'une organisation sérieuse à constituer pour la défense de leurs intérêts ; il faut les aider à obtenir satisfaction : déjà les travailleurs comprennent qu'on s'occupe d'eux, la réunion et la composition de votre Commission en sont la preuve ; ils ont l'éveil, c'est déjà quelque chose, mais ce n'est pas assez.

Quant à moi, qui me suis mêlé par goût et par conviction depuis dix ans aux associations de travailleurs, je suis depuis longtemps pénétré de l'idée que l'on ne peut arriver à des résultats sérieux qu'en appelant directement les travailleurs à discuter leurs intérêts.

Je vous demande la permission de vous en donner une preuve entre autres ; je fais partie, comme membre honoraire, depuis cinq ans, d'une association qui a fait peu de bruit malgré son importance ; je veux parler de l'Association fraternelle des employés de chemins de fer, fondée en 1881.

Cette association compte aujourd'hui plus de quarante mille membres ; son capital déposé à la Banque de France s'élève à plus de 3 millions de francs (1). Elle a traversé beaucoup d'écueils, rencontré beaucoup d'entraves, dont les moindres n'ont pas été certains groupements dissidents s'inspirant d'un programme de lutte intempestive.

J'ai suivi et encouragé de mon mieux les promoteurs et les organisateurs de cette association, et chaque fois que j'ai assisté aux séances de leur conseil, à leurs réunions générales, j'en suis sorti pénétré de la conviction que la participation directe des ouvriers à la discus-

---

(1) Elle compte, en 1890, près de 70,000 membres, disposant d'un capital de près de dix millions de francs.

sion de leurs intérêts est un progrès qu'il ne faut pas craindre, mais au contraire encourager, comme un des meilleurs éléments de réalisation du progrès social général vers lequel nous tendons tous et dont vous, messieurs, vous vous occupez si utilement.

M. LE PRÉSIDENT. — Nous vous remercions, monsieur, des explications intéressantes que vous nous avez apportées.

CONFÉRENCES

L'ORGANISATION DU TRAVAIL EN FRANCE [1]

Ce qui m'a décidé, messieurs, à vous parler ce soir de l'organisation du travail en France, c'est à la fois l'intérêt profond que cette question m'inspire et la conviction non moins profonde que tout ce qui touche à notre organisation sociale emprunte une gravité exceptionnelle à la crise de transformation que traverse notre société moderne.

C'est cette gravité même que j'invoque pour me mériter votre indulgence et l'excuse d'avoir trop osé en essayant de traiter une question aussi grave et importante, digne d'être abordée par des conférenciers plus autorisés que moi.

Je n'ai d'autre prétention que d'apporter à la question de l'organisation du travail le contingent d'expérience d'années déjà longues passées au contact direct du monde des travailleurs.

Ce contact, messieurs, m'a laissé un sentiment très

---

[1] Conférence faite le 14 décembre 1887, dans le grand amphithéâtre de l'École des hautes études commerciales.

profond et sincère d'attraction vers ces sphères modestes qui constituent l'imposante majorité du nombre à laquelle notre société moderne confie dans une si large mesure le soin de ses destinées.

Il m'a laissé aussi la préoccupation du lendemain de cette éclosion rapide, presque instantanée, d'une classe jusqu'ici peu éclairée, au bienfait de l'instruction primaire « cette lueur de tout » qui ne sera clarté (*cette clarté que Molière souhaitait aux femmes*) que pour un très petit nombre et ne deviendra *lumière* que pour une sélection très étroite d'individus privilégiés par l'intelligence.

Il en est qui pensent que cette lueur de tout, répandue sur tous, pourra troubler pour un temps notre équilibre social. Je ne le crois pas, pour ma part, surtout si la collectivité se préoccupe d'organiser ces forces nouvelles, de les discipliner dans leur développement, la discipline étant une condition de la liberté et la loi majeure de toute société.

Quoi qu'il advienne, l'histoire enregistrera, comme une page ineffaçable, le progrès accompli pendant ces dernières années, je veux parler du progrès réalisé dans l'instruction publique.

Ce progrès, c'est à l'action sociale de l'État qu'il a été dû, et je ne sache pas que parmi les plus fervents partisans, de la liberté, *du laissez faire*, il en est un qui soit disposé à contester la valeur de ce bienfait en réprobation de son origine autoritaire.

Si je souligne ici cette atteinte au principe trop absolu du laissez faire, c'est pour mettre en évidence le contraste trop absolu aussi qui résulterait d'une éducation sociale menée jusqu'à l'âge adulte sous la tutelle de la collectivité et livrée subitement, sans soutien aucun, aux indépendances de la liberté.

J'ai eu l'occasion de lire bien des livres écrits sur ces

graves questions, et j'y ai puisé bien des enseignements, mais plus philosophiques que pratiques.

Le génie français, si brillamment représenté au Panthéon économique par les Jean-Baptiste Say, Garnier, Proudhon, Lavollée, Baudrillart, Michel Chevallier, Courcelle-Seneuil, Léon Say, Levasseur et tant d'autres que je passe, est resté fidèle à nos tendances nationales d'ordre, de méthode précédant la pratique. Le progrès en sera peut-être plus long, mais je le veux croire plus sûr et plus parfait.

Si les Anglais nous ont précédés dans certaines pratiques utiles d'ailleurs, rien ne me dit qu'ils soient arrivés mieux et plus tôt par l'empirisme qui les caractérise à un résultat meilleur pour la prospérité publique. Il faut bien avouer cependant que leur précession procède de génies précurseurs comme Adam Smith et de praticiens éminents comme Gladstone qui, presqu'au début de sa carrière, disait : *Le dix-neuvième siècle sera appelé dans l'histoire le siècle des ouvriers.*

Et puisque j'invoque les citations étrangères, je rappellerai, en passant, ce mot de Franklin, un des plus grands ouvriers de l'humanité :

Si quelqu'un vous dit que vous pouvez vous enrichir autrement que par le travail et l'économie, ne l'écoutez pas, c'est un empoisonneur.

Je vous parlais tout à l'heure des progrès accomplis pendant ces dernières années en France dans l'instruction publique générale.

Quelques chiffres, mieux que toute explication, permettent d'apprécier les progrès réalisés de ce chef pendant les vingt dernières années.

Il y a vingt ans, nos écoles primaires et enfantines publiques et privées comportaient un effectif de 4,515,967 enfants des deux sexes;

En 1886, ce nombre a été de 6,266,898, augmenté ainsi de près de 50 0/0.

D'après la même statistique, la population de nos écoles secondaires, supérieures ou professionnelles, il y a vingt ans, comportait 140,000 élèves : elle en comporte aujourd'hui 210,000, augmentation égale de 50 0/0 environ.

Si nous comparons les budgets de l'instruction publique, nous trouvons :

            En 1869.... ....   26.651.000 francs
            En 1886......... ....   136.930.000 francs

D'une autre statistique, englobant les budgets communaux, il ressort :

Qu'en 1866, il y avait en France 54,000 écoles primaires publiques, fréquentées par 3,537,000 enfants. La dépense de l'enseignement primaire ne dépassait pas 35 millions de francs.

En 1886, nous avions 65,000 écoles primaires publiques, 11,000 de plus que vingt ans auparavant (et encore l'annexion de l'Alsace-Lorraine nous en a-t-elle fait perdre 3,400). Elles ont été fréquentées par 4,500,000 élèves. Les dépenses ont atteint 145 millions.

Ce résultat, chacun le comprendra, doit amener et amènera une transformation, une évolution profonde dans notre Société moderne, et c'est cette évolution qu'il est de notre devoir de favoriser.

Mais si ce résultat a pu être obtenu en quintuplant le budget de l'instruction publique, ce n'est, à parler par image, qu'une route ouverte à la génération qui nous suit.

Cette route, c'est la vie sociale avec des aspirations plus étendues, des besoins légitimes très différents du passé : le chemin est plus large, mais que de monde à l'origine de cette route que nos pères appelaient le sentier de la vie !

C'est ici qu'apparaît la nécessité d'une organisation sociale très différente de celle du passé, problème bien autrement difficile à résoudre, car si l'instruction publique obligatoire se décrète, se pratique pour ainsi dire d'un coup de baguette, grâce à l'élasticité du budget de la France, la réorganisation sociale est œuvre de plus longue durée. Elle ne se peut obtenir que par la collectivité des efforts individuels, toujours plus longs à se produire. Un décret suffit à aliéner, pour mieux la fortifier, la liberté des enfants ; un travail long, patient et persistant, pourra seul donner aux hommes faits un usage réfléchi et pondéré de la liberté individuelle en matière de perfectionnement social.

Que d'obstacles sur ce chemin que la paix seule rendrait carrossable — et à leur tête cette obligation antisociale de consacrer une partie de notre activité nationale à cet objectif primordial de nos préoccupations : l'éventualité de la guerre.

Cet obstacle fût-il écarté, il en resterait encore un autre avec lequel il faudra toujours compter, je veux parler de l'essence même de notre humanité, qui rend si difficile la prédominance de l'intérêt commun sur le profit personnel.

Une dissertation sur ce problème philosophique m'entraînerait hors de mon sujet ; mais si ce problème de la sociabilité peut être tenté, c'est dans notre pays de France où la philosophie moderne, après avoir pris comme maxime fondamentale : *savoir pour prévoir afin de pourvoir*, n'a pas craint d'y ajouter : *vivre pour autrui*.

Oui, le problème est plus que difficile à résoudre : l'ancien équilibre social est tout bouleversé ; les amateurs de sentier sont nombreux. Sur la route, il faut se coudoyer, s'entr'aider, se bousculer aussi parfois ; mais c'est la loi de l'humanité moderne et c'est à ceux qui ont le moyen, le droit ou le devoir de le faire qu'il appartient de travailler à organiser le mouvement qui, désordonné, peut amener les plus tristes bagarres.

Il est si difficile, ce problème, que plus d'un privilégié, philosophe en robe de chambre, s'en va disant au coin de son feu, que l'état social de nos pères avait du bon ou que la République athénienne est un modèle à invoquer.

La connaissance et la logique des faits nous doivent guider dans toute autre voie, et, de même que les sciences d'observation et d'expérience se sont enrichies dans les temps modernes d'une multitude de faits et d'aperçus nouveaux, de même de nouvelles théories sociales ont paru sous le nom de sociologie.

Dans toutes ses branches, la connaissance humaine a fait de grands progrès : les uns acquis, incontestables, les autres, encore incertains et contestés.

Parmi ces innovations, la question de l'organisation du travail n'a, pour ainsi dire, pas été abordée, sauf lors de l'infructueuse tentative de 1848.

Si la solution n'a point été abordée, est-ce peut-être en raison de la difficulté de poser des principes un peu certains dans une matière trop complexe et d'essence presque exclusivement expérimentale : je le croirais volontiers dans une certaine mesure. Mais la science de la vie physique ne présente-t-elle pas des difficultés analogues? Et qui oserait nier cependant les progrès accomplis depuis un quart de siècle à peine dans cette science de la vie physique? Qui pourrait nier les miracles de cette science toute moderne, qui s'appelle l'hygiène, ou les les conséquences bienfaisantes de cette science encore plus moderne, qui s'appelle la statistique?

Ce sont sciences arides entre toutes que celles qui, à leur éclosion, impliquent *étude*, *savoir* et surtout *patience* sans résultat immédiat ou rapide.

C'est à côté de ces connaissances d'aspect si peu attrayant que doit se placer la question de l'organisation du travail en qualité d'hygiène sociale.

Et, parmi ceux que cette hygiène intéresse, je ne suis pas seul à croire à son évolution, à son progrès au même titre que l'hygiène physique, avec cette différence cependant, au désavantage de la première, qu'elle intéresse plus particulièrement ceux qui n'ont ni le temps ni le moyen de s'en occuper encore aujourd'hui, alors que l'hygiène physique intéresse les dirigeants comme les dirigés, et que ceux-ci profitent de ce que font ceux-là dans un sentiment où l'intérêt commun s'unit obligatoirement au profit personnel.

Hygiène sociale : ce mot n'est pas nouveau, c'est le titre d'une remarquable étude de M. Adolphe Coste, l'économiste bien connu, étude qui lui a valu le prix du concours Pereire.

L'organisation du travail est un des éléments principaux de cette hygiène, élément encore bien peu connu, même dans ses bases fondamentales, que la statistique n'a posées que depuis un très petit nombre d'années, et encore cette statistique, pour la France, est-elle si peu complète, que la dernière seule, celle de 1886, dont la publication est annoncée pour la fin de la présente année, me permettrait de vous fournir quelques données exactes sur la répartition des travailleurs en France entre les diverses branches de l'activité nationale.

Voyez, dès lors, combien est difficile la solution d'un problème dont on possède à peine aujourd'hui les données principales générales, comme celle de la proportion exacte des individus qui y peuvent être étroitement intéressés.

Comme pour l'hygiène physique, la statistique est une des bases principales du progrès dans l'hygiène sociale.

Et à ce propos, quels enseignements intéressants et profitables nos hygiénistes n'ont-ils pas trouvés dans la statistique de nos dernières épidémies par exemple, à l'occasion desquelles on a reconnu que le fléau avait pour ainsi dire épargné, à Paris, les maisons pourvues d'eau de sources, ce qui nous vaut aujourd'hui le beau et grand programme municipal des eaux de sources dont Paris doit être doté.

Mais la statistique ne saurait être tout, pas plus dans l'hygiène sociale que dans l'hygiène physique. Elle sert à reconnaître les points sur lesquels le remède peut et doit être apporté ; mais dans l'une comme dans l'autre matière il est peu de remèdes spécifiques.

C'est donc par la méthode expérimentale que l'on doit procéder, avec les inconvénients de lenteur inhérents à cette méthode.

Parmi ces moyens, c'est en particulier à l'association libre des efforts individuels que je m'adresserai plus volontiers, comme répondant mieux à notre caractère national.

Les grandes agglomérations d'individus groupés pour la défense de certains intérêts, qui ont constitué les nations actuelles, ont forcément donné à l'association un caractère particulier dont l'organisation et la discipline sont devenus et restent la loi nécessaire.

Jusqu'à l'époque mémorable de l'émancipation des consciences et des intelligences, on voit, au fur et à mesure des progrès, se développer, sous la forme de sociétés, les groupements d'intérêts destinés à embrasser des surfaces d'exploitation inaccessibles à des efforts individuels. Mais ce sont surtout des associations de capitaux et d'efforts consacrés d'ailleurs, le plus souvent, par privilèges royaux.

Le génie du commerce et de la production y présidait, et malgré la loi de 1791, qui, préoccupée de détruire les

privilèges, avait défendu les réunions et associations
entre ouvriers, l'œuvre des grandes associations s'est
poursuivie dans leur évolution la plus brillante avec
la tutelle de l'État, avec les monopoles qui viennent
aujourd'hui encore dans ces fonctions si importantes de
notre activité sociale, enfreindre ces principes de liberté
que l'on ne saurait invoquer comme l'apanage exclusif
et restrictif des associations du travail proprement dit,
du travail professionnel qui nous occupe.

Quant à celui-ci, l'histoire ne nous apprend pas comment il se groupait et s'organisait!

L'histoire d'ailleurs, comme on l'a dit avec raison, ne
s'occupe guère que des faits et gestes des rois et de leurs
exploits.

L'histoire du peuple français reste à faire. Un seul
ouvrage en traite au point de vue des classes ouvrières,
celui de M. Levasseur, ouvrage dont nous devons souhaiter la réédition ; il est devenu si rare que je n'ai pu me le
procurer. Vraisemblablement il serait difficile de réunir
les renseignements nécessaires pour connaître et apprécier ce qu'étaient les associations du travail aux siècles
passés.

Il apparaît, toutefois, de ce que nous en savons, que
l'organisation du travail fut, jusqu'en 1791, tout autre
qu'un usage librement fait de volontés individuelles.

Aussi voyons-nous les réformateurs novateurs de la
fin du siècle dernier, proscrire ces organisations, se
déjuger, et finalement laisser se prolonger jusque bien
avant dans le siècle présent les corporations dont l'organisation, au point de vue de la production, fut parfois
assez parfaite pour permettre à certains économistes
d'en regretter la disparition.

Les corporations, au surplus, procédaient plus des
ordres religieux que de l'organisation sociale moderne ;
elles avaient, en somme, pour devise : hors de la corpo-

ration point de salut, ou bien encore : périsse l'État, pourvu que la corporation prospère.

Le progrès, en cette matière, comme en toutes autres, sociales surtout, cherchait sa voie, et, par une bizarre anomalie de sentiments, on a vu se produire, en 1848, sous le drapeau de la liberté, la tentative inconsciente du droit au travail, des ateliers nationaux, qui n'était, sous diverses formes, que des atteintes flagrantes à la liberté de la production.

Comme le dit éminemment M. Lavollée, dans son introduction à l'histoire des classes ouvrières en Europe : *il appartenait au développement des voies de communication de rapprocher les peuples et de permettre aux idées démocratiques de gagner du terrain, et ce progrès, c'est l'amélioration des conditions du travail et une plus équitable répartition des bénéfices du travail au profit des travailleurs.*

Permettez-moi de vous citer quelques chiffres pour vous prouver que cette définition du progrès social n'est ni creuse ni chimérique.

J'emprunte ces chiffres au rapport publié en 1884 par M. Spuller.

Des renseignements produits à cette époque, à la Commission parlementaire d'enquête sur la crise ouvrière, il résultait que la production du travail à Paris était, en un an, de 3 milliards 369 millions, ce qui est le quart de la production du travail industriel de la France. Ces 3 milliards 369 millions étaient produits par 550,280 ouvriers, ce qui donne pour chaque travailleur une production moyenne de 6,123 fr. par an.

La même statistique donne pour la France entière, comme production industrielle annuelle, 12 milliards 792 millions, répartis sur un nombre de travailleurs de 3,827,260, soit par travailleur industriel 3,342 fr. par an.

Comparez à ces résultats la moyenne des profits de

chaque travailleur, et vous verrez que le progrès est possible et logique, sans aliéner le droit aux profits relatifs des intermédiaires.

Aux États-Unis, la production moyenne par travailleur et par an est de 10,194 francs, presque le triple de la production française.

Mais ces comparaisons entre résultats participant de causes multiples m'éloigneraient de notre sujet, auquel je reviens, en faisant en quelques mots l'historique des associations ouvrières modernes, dont le résultat, sinon l'objet, n'a été encore qu'un commencement d'organisation.

Les Associations ouvrières de nos jours.

En 1870, il n'y avait pour ainsi dire en France ni chambre syndicale, ni association coopérative.

En 1880, les syndicats de province étaient, pour les ouvriers, au nombre d'environ 206; pour les patrons, d'environ 60.

En 1884, les chambres syndicales étaient, pour les ouvriers, au nombre de 600, et les syndicats de patrons au nombre de 150.

Ainsi, les chambres syndicales de province ont triplé en nombre et en importance en quatre ans. N'est-ce pas là le meilleur des encouragements ?

Marseille, Lyon, Lille, Bordeaux, le Havre, Rouen, sont les principaux centres de ces syndicats.

La chambre syndicale des tisseurs de Lyon compte 18,000 adhérents.

A Paris, il y a environ 450 sociétés professionnelles ouvrières, dont 250 chambres syndicales. Je ne traiterai pas ici la question de Paris, elle est tout à fait particulière, par suite peut-être des variations spéciales de la population parisienne et de l'élément politique que parfois certaines personnalités, le plus souvent étrangères au travail, cherchent à introduire dans ces sociétés.

Aussi l'accord y est-il rendu plus difficile: pour dissidents que soient certains efforts, comme ceux des syndicats qui gravitent autour des cercles d'études sociales, lesquels aspirent à l'appropriation collective du sol, ils ne sont pas tous stériles, mais ils sortent souvent du domaine de la pratique.

La loi sur les syndicats professionnels, sur laquelle se fondaient tant d'espérances, n'a pas malheureusement répondu à l'attente de ceux qui l'avaient proposée. Par contre, elle a rendu des services absolument inespérés. Le projet, voté par la Chambre, avait oublié les intérêts agricoles dans l'énumération des intérêts confiés aux syndicats professionnels. C'est au Sénat qu'on répara cette omission. Or, il est advenu que, tandis que les associations syndicales industrielles ont assez peu prospéré relativement dans les villes, de nombreux syndicats agricoles se sont créés, et attendent aujourd'hui une addition à la loi qui leur permette de posséder des immeubles, d'avoir une caisse commerciale. Alors on verra quel avantage considérable c'est pour la France d'avoir acquis de longue date déjà la division de la propriété, tandis que chez nos voisins la propriété foncière est encore placée sous le régime de l'ancienne féodalité.

Aussi, malgré la crise que traverse en ce moment l'industrie agricole de notre pays, ai-je confiance que cette crise n'est que momentanée; qu'elle procède de causes provisoires, et que l'industrie agricole française, organisée et éclairée, reprendra en Europe la place importante que doivent lui assurer, et la fécondité du sol, et l'intelligence active et laborieuse de notre nation.

Les statistiques agricoles de cette année nous en fournissent une preuve en inscrivant une augmentation de près de 20 0/0 sur les dernières années pour la production du blé à l'hectare.

A la campagne comme à la ville, l'instruction poursuit son œuvre de progrès matériel. Le progrès social ne saurait se faire attendre longtemps dans la population attachée à la culture, qui dépasse 18 millions d'individus.

Vienne ce progrès, et les associations ouvrières deviendront le facteur le plus grand entre tous de notre production nationale.

Ces associations sont de diverses sortes.

Les *chambres syndicales*, dont je citais tout à l'heure le développement, sont des groupements où l'on vient s'initier mutuellement à la connaissance des intérêts et des individualités. Dans l'état actuel embryonnaire de notre réorganisation sociale, les chambres syndicales ne sont que le moyen d'arriver à une organisation meilleure du travail; la défense des intérêts du travail leur incombe, et à ce titre, leur fonctionnement constitue et perpétuera leur autorité dans les différentes professions.

Des personnes peu initiées se demandent parfois quel est le but des chambres syndicales. En voulez-vous un exemple choisi parmi les plus modestes de nos chambres syndicales : celle des ouvriers jardiniers du département de la Seine, que je connais mieux que d'autres, pour en être depuis sept ans président honoraire.

C'est grâce à l'action de cette chambre syndicale et avec le concours du Conseil municipal de Paris, que se sont créés des cours professionnels, auxquels assistent bon nombre d'apprentis jardiniers. D'autre part, le Conseil général de la Seine entretient chaque année à l'étranger deux boursiers, choisis parmi les élèves les plus studieux ou les plus distingués de ces cours.

Ces boursiers rapportent de leurs voyages des enseignements nouveaux dont profite notre industrie horticole.

Voulez-vous encore un autre exemple des résultats

obtenus : c'est par l'intervention de la chambre syndicale que les ouvriers jardiniers du Muséum, qui recevaient un salaire tout à fait insuffisant pour vivre, ont obtenu du ministère et du Parlement une augmentation légitime, mais encore fort modérée.

Je vous citerais bien des exemples analogues, mais ceux-là suffisent pour vous esquisser l'objet, le but et les résultats du fonctionnement des chambres syndicales.

J'ajouterai encore que c'est dans le sein de la chambre syndicale que s'est créée une société coopérative et que le rapprochement de citoyens de même profession ne peut manquer de favoriser la création et l'expansion des associations de production.

C'est par les chambres syndicales et avec leurs concours que le véritable but doit être recherché et atteint, celui de la production et de la consommation à bon marché.

Vous connaissez tous cette grave question de la concurrence étrangère, qui pèse aujourd'hui si lourdement sur l'industrie française. Cette concurrence, basée sur le bon marché des produits, doit sa force redoutable, dit-on, à l'élévation de la main-d'œuvre en France,

Le remède ne saurait être l'abaissement du prix de la main-d'œuvre : nous savons tous où conduirait une pareille mesure. En pareille matière, la liberté, réglée par les nécessités naturelles de la production, me paraît être la seule loi, et les prétendus défenseurs du travail, qui essayent de se faire une popularité regrettable sur la base d'une augmentation irréfléchie et factice du salaire, font, suivant moi, œuvre aussi fâcheuse que celui qui prétendrait trouver remède à notre crise industrielle dans l'abaissement des salaires.

Dans bien des circonstances, ces revendications contre les grandes féodalités industrielles ont été des avertissements légitimes. Mais à coup sûr la solution du problème n'est pas là. Le travail doit rester libre. A mesure qu'il s'organisera en association syndicale, sa voix ne peut manquer d'être entendue.

Combien sont et seront plus productifs les efforts faits en vue du bon marché de la production et de la consommation! L'étranger nous fournit à cet égard des enseignements précieux que nous ne suivons encore que de très loin.

L'Angleterre, l'Italie, l'Allemagne, la Suède et d'autres encore nous ont montré le chemin.

De toutes parts, dans ces divers pays, se créent et se développent des sociétés de production et de consommation.

Et partout l'économie résultant de ces associations se traduit par des diminutions variant de 10 à 20 0/0 sur la dépense, sans parler de la qualité des produits, contrôlée par une surveillance solidaire.

N'est-ce point là une augmentation plus vraie et plus intelligente du salaire, une garantie d'équilibre plus stable entre l'offre et la demande?

En France, ce progrès ne s'est effectué que dans une mesure très restreinte et sur des bases très différentes.

Vous voyez partout, à Paris, dans nos grandes villes, le petit commerce et la petite industrie, absorbés par ces grands établissements qui, faisant beaucoup d'affaires, ayant une clientèle assurée, vendent à meilleur compte.

Mais ce que fait à cet égard l'initiative industrielle de quelques capitalistes intéressés, les associations ouvrières le peuvent réaliser à leur grand profit.

Paris compte 75 associations coopératives de production, comprenant 5,000 associés et environ 40 sociétés de consommation. Elles progressent sans cesse, c'est là un des objectifs que je vous signale à poursuivre, à réaliser dans nos grands centres industriels.

Dans certaines villes de l'étranger, comme Stockholm,

par exemple, en Suède, toute la cité est organisée en rings ou cercles ouvriers, qui ont installé partout des sociétés de production et de consommation ; il en résulte pour eux une économie et un bien-être incomparables qui, sans augmentation de salaire et partant sans augmentation du prix de production, leur assurent une continuité et une prospérité de travail contre lesquels nous ne pouvons pas lutter.

A vrai dire, là-bas, les associations, malgré le régime monarchique, jouissent d'une liberté absolue d'action que nous ne connaissons guère en France, mais à laquelle nous devons arriver. La nouvelle loi sur les syndicats professionnels est un progrès sensible vers ce but.

Les Sociétés coopératives.

A côté des sociétés de production et de consommation qui correspondent aux besoins et au bien-être, se placent, au point de vue industriel et commercial, les sociétés coopératives.

Ici encore, l'étranger nous a précédés.

Mais, outre que ces groupements ne sont compatibles qu'avec certaines professions, bon nombre d'industries exigent une mise de fonds souvent difficile à réaliser. Aussitôt naissent les défiances, les suspicions, et enfin cet antagonisme si difficile à éviter, entre l'intérêt personnel et l'ensemble des intérêts communs.

Malgré ces difficultés, les sociétés coopératives industrielles ou commerciales s'organisent et iront en se développant, à la condition de créer simultanément et à leurs côtés des institutions populaires de crédit qui leur puissent fournir les éléments nécessaires de fonctionnement, faisant pour elles ce que font, pour la grande industrie, les établissements financiers de crédit et d'escompte.

Les Banques populaires.

Les Banques populaires fonctionnent aujourd'hui chez nos voisins d'Angleterre et d'Allemagne. En Italie, où les mœurs sont singulièrement plus comparables aux nôtres, les Banques populaires ont pris un développement considérable, qui ne contribue pas peu au réveil agricole, industriel et commercial de ce pays et qui justifie l'enquête faite dernièrement si à propos par M. Léon Say.

Tout en confirmant naturellement ce que M. Léon Say a dit au sujet de ces Banques populaires italiennes, je dois ajouter que leur prospérité est en partie due à une bonne fortune particulière.

Les Banques populaires d'Italie se sont créées après l'annexion de 1860, qui a mis en concurrence les institutions de crédit des divers États fusionnés. La première fut instituée à Lodi en 1864, par M. Luzzatti.

L'État, ayant à émettre des billets au-dessous de 10 francs, confia cette mission aux Banques populaires. Or, les Banques populaires étaient obligées par leurs statuts de faire usage de leurs capitaux en achats de rente ; la rente italienne était, à cette époque de crise, descendue jusqu'à 36 francs, taux auquel elle est restée très longtemps.

Elle est aujourd'hui à 100 francs ; vous voyez quels bénéfices elles ont dû réaliser.

Aussi l'institution a-t-elle pleinement réussi.

Il y a trois ans, il n'y avait pas en Italie moins de 252 Banques populaires, possédant un capital nominal de 56 millions. Elles prêtent à découvert et jusqu'à concurrence du double du montant des actions possédées par l'emprunteur, qui doit toujours être un actionnaire.

Donc, les Banques populaires italiennes ont été particulièrement favorisées par d'heureuses circonstances. Il n'en est pas moins à désirer que des institutions semblables se fondent et prospèrent dans notre pays. Je compterais plus, pour leur succès, sur le génie du travail et le sentiment de la solidarité qui caractérisent notre nation que sur la bonne fortune.

L'intervention de l'État pour l'amélioration des conditions du travail.

L'association française est à ses débuts ; on a mis longtemps à la délivrer des entraves du passé, mais libre elle regagnera le temps perdu. Le génie du travail et le sentiment de la solidarité compléteront cette œuvre, qui doit et devra compter comme une des conquêtes de la République.

Pour terminer cet examen des moyens à employer en vue de l'amélioration des conditions du travail et des travailleurs, il me reste à parler des interventions de l'État ou de la collectivité dans toutes les mesures qui intéressent notre activité sociale.

Sur ce point, les théoriciens se divisent. Il y a les partisans de la liberté, du laissez faire, et les partisans de la tutelle de l'État.

Les seconds signalent avec raison les abus de la liberté, confisquant les profits du travail dans l'intérêt d'une aristocratie financière prépondérante ; à cela ils ne voient d'autre remède que l'intervention de l'État.

Ils préconisent, au même titre, les assurances ouvrières gérées par l'État, les caisses de retraites rattachées au budget de la nation.

C'est le fonctionnarisme étendu à toutes ces institutions ; l'Allemagne en fait sa loi dans un but facile à comprendre, pour le plus grand bien d'une organisation militaire que les aspirations libérales arriveront plus vite qu'on ne croit à détruire au profit de la paix et de la prospérité européenne.

L'Angleterre tend aussi à marcher dans cette voie contradictoire aux principes de sa grande école économique ; mais en Angleterre aussi, le but est facile à comprendre. Bon nombre des institutions sociales anglaises reposent sur un tout autre principe que celui de l'égalité, et malgré la supériorité industrielle et commerciale actuelle de nos voisins d'outre-Manche, nous n'avons, je crois, sur ce terrain, ni à les envier, ni à les imiter.

Nos races sont d'ailleurs trop différentes pour que nous puisions sans réserve d'utiles enseignements dans leurs réformes sociales, si productives qu'elles puissent paraître.

Le socialisme d'État, la tutelle administrative ne sont pas compatibles avec le génie social de la France. Nous avons subi et nous subissons depuis trop longtemps les abus de cette ingérence excessive et peu tutélaire jusqu'ici de l'État en France, pour ne pas diriger nos aspirations vers un objectif tout différent.

En matière d'institutions sociales comme en toutes autres questions, il ne suffit pas de discerner le but, de l'indiquer, encore faut-il envisager le moyen d'y arriver. Par exemple, si l'ingérence de l'État se justifie dans l'instruction des enfants, si elle est la transition nécessaire pour revenir plus tard à une liberté relative, de même aussi l'on doit rechercher, préconiser même l'intervention de la collectivité, gouvernement, commune ou municipalité, ne fût-ce qu'à titre provisoire, dans bon nombre d'autres institutions démocratiques.

Aussi tendrai-je volontiers la main aux économistes qui prétendent que la démocratie, qui s'éveille après bien des siècles de sommeil et d'oppression, a le droit de demander à l'État d'agir en sa faveur.

C'est avec son concours seulement, dans les conditions actuelles de notre société, que nous regagnerons le temps perdu et que nous pourrons devancer les autres, puisque notre gouvernement à nous émane de nous-mêmes et se peut modifier à chaque pas.

Notre développement social ne permet pas d'établir de toutes pièces les organismes nécessaires aux caisses de retraites, qui sont la protection des travailleurs. Que l'État intervienne aujourd'hui, je n'y vois que des avantages. Mais, dans ces dispositions, il importera de conserver l'objectif vers lequel nous marchons, qui est celui de la liberté. Si la tutelle de l'État est le moyen, que la liberté soit le but.

L'application de ces théories présentera plus d'une contradiction. Je ne nie pas que le problème soit ardu et difficile. Mais, pour le résoudre, c'est à l'alliance des partisans des deux systèmes que je m'adresserai, de préférence aux partisans d'un antagonisme d'autant plus stérile que la preuve de l'un ou de l'autre des systèmes impliquerait des expériences presque séculaires.

Chambres de Travail.

C'est en m'inspirant de cette conjonction d'efforts de la collectivité et des individus que j'arrive, messieurs, à l'exposé des dispositions que je proposais pour l'organisation du travail, sous la forme de création de Chambres de travail. Je vous en donne lecture (1).

C'est en m'inspirant de ce principe de composition entre les deux systèmes dont je parlais tout à l'heure que, de concert avec deux de mes collègues au Conseil municipal de Paris, MM. Cusset et Thulié, j'avais proposé cette organisation du travail.

----

(1) Voir ci-dessus, p. 13 et suiv.

Approuvée par bon nombre d'esprits éclairés et par plusieurs Congrès ouvriers, elle attend qu'un moment de calme dans la politique permette de s'occuper des questions sociales.

Elle implique, d'ailleurs, je le reconnais. un examen long et minutieux des divers éléments qui la composent, et c'est à peine si le compte rendu des travaux de la Commission extra-parlementaire devant laquelle je l'ai développée, il y a deux ans, se termine aujourd'hui.

Les Bourses du Travail.

Les Belges, très soucieux de pratique dans la question sociale, avaient mis à l'examen, il y a deux ans, la création de Bourses de travail, qui, sous un autre nom, tendaient au même objet; leur projet est encore à l'étude, et j'ai admiré profondément le soin minutieux et éclairé que les Belges apportent à l'examen de ces questions dans la collection volumineuse, que m'a adressée récemment M. le bourgmestre de Bruxelles, des procès-verbaux des réunions tenues pour cet objet.

Pendant que la Belgique temporisait, le Conseil municipal de Paris a pris les devants, et une Bourse du travail a été créée à Paris.

Je ne traiterai point ici de cette institution que vous connaissez et qui peut être ou devenir un acheminement vers les Chambres de travail ou leur équivalent. La municipalité de Paris a été plus loin que moi, d'ailleurs, dans la voie de l'intervention de la collectivité, en affectant à cette Bourse du travail des immeubles considérables et des subventions importantes.

Je voudrais vous citer, en terminant, un exemple qui vous prouvera combien cette question de l'organisation du travail mérite un souci profond et légitime.

Je vous citerai les ouvriers boulangers, au nombre de 12,000 environ à Paris, et la loi commune qui préside aujourd'hui encore à leur recrutement, à leur travail.

Eh bien! ces 12,000 ouvriers boulangers ne sont pas seulement sous la tutelle des patrons boulangers, au nombre de 1,800 à Paris, ils sont sous la férule de 12 bureaux de placement constituant des sortes de charges transmissibles de valeur plus ou moins grande.

Ces 12 bureaux de placement sont régis par des placeurs attitrés, autorisés par la police, et tous plus ou moins en état tout spécial de surveillance particulière.

L'ouvrier boulanger qui s'embauche ne le peut faire sans l'intervention du placeur auquel il doit payer un droit.

Ce placeur a ainsi intérêt à déplacer le plus grand nombre d'ouvriers possible.

Cette situation se perpétue depuis fort longtemps et les efforts tentés pour y mettre fin n'ont pas encore abouti.

Nous avons essayé, j'essaie depuis plusieurs années, comme président honoraire d'une association syndicale d'ouvriers boulangers, de remédier à cet état de choses en cherchant à créer des bureaux de placement libres. Nous avions trouvé auprès du gouvernement un appui sérieux. M. Waldeck-Rousseau, pendant son ministère, un des plus longs, s'était attaché à cette question, à l'abolition de cette sorte d'esclavage. Impuissant à supprimer, sans sacrifices trop importants pour l'État, les charges des placeurs, procédant non pas d'une loi, mais d'un usage ancien, il aida pécuniairement les ouvriers boulangers à créer de nouveaux bureaux de placement libres gérés par les ouvriers eux-mêmes.

Eh bien! malgré ce haut patronage, ces bureaux de placement n'ont pas prospéré. L'entente des placeurs et des patrons a persisté et a amené leur fermeture, faute de pouvoir fonctionner.

Nous avons alors essayé de la conciliation avec les patrons. Sur quatre-vingts convoqués, il en est venu cinq à une réunion privée, présidée par M. Naquet. Il était, dans ces conditions, impossible de faire quoi que ce soit. Mais les ouvriers boulangers ne se découragent pas et nous comptons encore et toujours sur le concours des patrons.

Que penser, Messieurs, de la valeur des revendications de ce Paris entaché de libéralisme jusqu'à la licence où de pareils abus se perpétuent contre la liberté des individus?

Comment ne pas songer aux revendications violentes possibles chaque jour et légitimées par la contradiction de cette condition avec la devise de liberté inscrite sur nos monuments?

Si je vous ai cité cet exemple, Messieurs, entre mille, dont peu de personnes se doutent, c'est pour revenir une dernière fois auprès de vous sur la nécessité de nous occuper tous dans la mesure de nos moyens, de nos forces, de l'organisation du travail, qui intéresse non seulement notre conscience, mais notre tranquillité et par conséquent notre liberté.

Statistique et Comptabilité.

Je m'étais proposé de traiter dans cette conférence la question de la statistique et de la forme sous laquelle elle se présente dans nos agissements particuliers : je veux parler de la comptabilité.

Ne voulant pas abuser de votre bienveillance, je n'en dirai que quelques mots pour attirer l'attention de ceux d'entre vous qui entrent dans la carrière du travail, sous quelque forme qu'il se présente : association, patronat, participation.

Je ne sais qui a dit que la mémoire était la moitié du

génie : je n'hésite pas à dire que dans l'ordre de la production industrielle, commerciale, agricole, etc., la comptabilité est au moins la moitié du succès.

Je ne veux pas parler seulement de la comptabilité d'argent, que force est bien de tenir, ne fût-ce que par la constatation obligatoire du doit et de l'avoir, mais bien aussi et surtout de la comptabilité technique, de la comptabilité des résultats obtenus.

Là a été et est encore l'écueil du travail sous toutes ses formes. C'est avec la comptabilité statistique seule que l'agriculture peut savoir ce qu'il convient de faire pour assurer à la terre un rendement convenable, — et dans l'ordre industriel ou commercial, hors de la comptabilité point de salut possible.

Aux prises avec le choix des hommes, aussi bien dans l'exercice de ma profession personnelle que dans les différentes branches d'activité que j'ai pu aborder, j'ai trouvé des ingénieurs, des rédacteurs, des compétences professionnelles éminentes. Ce qui m'a toujours été le plus difficile de trouver, ce ne sont pas les comptables de chiffres, mais les comptables dans la véritable acception du mot, c'est-à-dire des hommes qui, à une compétence professionnelle, joignent la connaissance et par conséquent le goût de la comptabilité et de la statistique.

Cette science — et je n'hésite pas à la qualifier ainsi — a toujours été tenue, je ne sais pourquoi, au troisième pour ne pas dire au dernier de tous les rangs. C'est au premier qu'il la faut placer, *ex æquo* avec la compétence professionnelle qui, sans elle, est toujours insuffisante, incomplète, borgne, sinon aveugle.

C'est par défaut de comptabilité que toutes les associations ouvrières que j'ai vu sombrer ont périclité, et c'est par la même raison que le plus souvent les œuvres commerciales ou industrielles périclitent.

J'en parle avec d'autant plus d'assurance que, dans cette enceinte même, cette science est professée au degré qu'elle mérite ; mais je n'hésite pas à dire que nulle part elle n'a pris le développement qu'elle doit comporter et qu'elle comportera dans l'avenir.

La pratique intelligente et éclairée de la comptabilité en donne le goût, et c'est à elle que la plupart des hommes qui se sont élevés au-dessus des autres dans la hiérarchie commerciale et industrielle ont dû leur succès.

Aussi voyons-nous naître de tous côtés l'initiation à cette nouvelle science : l'École d'application du Commerce et de Comptabilité qui vient de se fonder est un symptôme de cette reconnaissance.

Parmi les conquêtes toutes modernes de notre organisation sociale, je place au premier rang la statistique, méthode toute nouvelle, mais qui, à elle seule, est un élément considérable de progrès. Mise à la portée de tous, elle permettra de prévoir et de préparer l'avenir dans l'intérêt commun de tous les individus appelés désormais à la gestion directe de leurs intérêts.

La science du gouvernement, qui doit ou devrait s'inspirer de la connaissance statistique du passé, n'est à proprement parler qu'une transaction entre la théorie et la pratique, entre le passé et l'avenir.

La connaissance du passé est bien imparfaite, mais elle se condense et se perfectionne tous les jours; quant à l'avenir, il n'a qu'une limite, celle du possible, et c'est le possible qu'il faut tenter.

L'histoire de la civilisation antique ne nous offre guère, sur le progrès social, que des enseignements plus humoristiques que pratiques. Je veux vous en donner un exemple, pour terminer sur une note moins grave ce trop long entretien.

C'est une courte histoire, empruntée aux légendes persanes, récemment rééditée par le journal *le Temps.*

Quand le jeune prince disciple du docteur Zeb succéda à son père sur le trône de Perse, il fit appeler tous les savants de son royaume et, les ayant réunis, il leur dit :

« Le docteur Zeb, mon maître, m'a enseigné que les souverains s'exposeraient à moins d'erreurs s'ils étaient éclairés par l'exemple du passé. C'est pourquoi je veux étudier les annales des peuples. Je vous ordonne de composer une histoire universelle et de ne rien négliger pour la rendre complète. »

Les savants promirent de satisfaire le désir du prince et, s'étant retirés, ils se mirent aussitôt à l'œuvre. Au bout de trente ans, ils se présentèrent devant le roi, suivis d'une caravane composée de douze chameaux, portant chacun cinq cents volumes.

Le doyen, s'étant prosterné sur les degrés du trône, parla en ces termes :

— Sire, les académiciens de votre royaume ont l'honneur de déposer à vos pieds l'histoire universelle qu'ils ont composée à l'intention de Votre Majesté. Elle comprend six mille tomes et renferme tout ce qu'il nous a été possible de réunir touchant les mœurs des peuples et les vicissitudes des empires. Nous y avons inséré les anciennes chroniques qui ont été heureusement conservées, et nous les avons illustrées de notes abondantes sur la géographie, la chronologie et la diplomatique. Les prolégomènes forment à eux seuls la charge d'un chameau et les paralipomènes sont portés à grand'peine par un autre chameau.

Le roi répondit :

— Messieurs, je vous suis fort obligé de la peine que vous vous êtes donnée. Mais je suis fort occupé des soins du gouvernement. D'ailleurs, j'ai vieilli pendant que vous travailliez. J'ai passé de dix ans ce qu'un poète appelle le milieu du chemin de la vie et, à supposer que je meure plein de jours, je ne puis raisonnablement espérer d'avoir encore le temps de lire une si longue histoire. Elle sera déposée dans les archives du royaume. Veuillez m'en faire un abrégé mieux proportionné à la brièveté de l'existence humaine.

Les académiciens de Perse travaillèrent vingt ans encore; puis ils apportèrent au roi quinze cents volumes sur trois chameaux.

— Sire, dit le doyen d'une voix affaiblie par le travail et par l'âge, voici notre nouvel ouvrage. Nous croyons n'y avoir rien omis d'essentiel.

— Il se peut, répondit le roi, mais je ne le lirai point. Je suis vieux : les longues entreprises ne conviennent point à mon âge; abrégez encore et ne tardez point.

Ils tardèrent si peu qu'au bout de dix ans ils revinrent suivis d'un seul chameau porteur de cinq cents volumes.

— Je me flatte, dit le doyen, d'avoir été compendieux.

— Vous ne l'avez pas encore été suffisamment, répondit le roi. Je suis au bout de ma vie. Abrégez, si vous voulez que je sache, avant de mourir, l'histoire des hommes.

On revit le doyen devant le palais au bout de cinq ans. Marchant avec des béquilles, il tenait par la bride un petit âne qui portait un gros livre sur son dos.

— Hâtez-vous, lui dit un officier, le roi se meurt.

En effet, le roi était sur son lit de mort. Il tourna vers le doyen et son gros livre un regard presque éteint, et il dit en soupirant :

— Je mourrai donc sans savoir l'histoire des hommes !

— Sire, répondit le doyen, presque aussi mourant que lui, je vais vous la résumer en trois mots : *Ils naquirent, ils souffrirent, ils moururent.*

C'est ainsi que le roi de Perse apprit l'histoire universelle au moment de passer, comme on dit, de ce monde à l'autre.

Disons bien vite que l'imprimerie et la statistique lui eussent évité ces mécomptes.

La société orientale qui nous a précédés s'est arrêtée devant le mur de l'ignorance relative scientifique tout au moins, et a conclu à une influence fatale qui nous échappe.

Notre société occidentale a accompli de tels miracles dans l'ordre physique qu'elle a bien le droit d'y puiser la foi dans un avenir de progrès indéfini, aussi bien dans l'ordre social que dans l'ordre matériel.

C'est vers ce but que doivent tendre nos efforts, et ces efforts seront, au même titre que les merveilles de notre industrie, la gloire toute française de notre siècle et de notre génération.

———————

LES SYNDICATS PROFESSIONNELS (1)

Par ce terme de syndicats professionnels, nous entendrons, si vous le voulez bien, la forme nouvelle qu'empruntent à la réorganisation de la société moderne la cohésion et la solidarité des efforts faits pour l'amélioration du sort de chacun, par l'économie dans la production et dans la consommation de ce qui est nécessaire à la vie, et par la répartition, aussi équitable que possible, des bénéfices du travail, au profit des travailleurs.

Je n'ai pas la prétention de traiter intégralement un sujet aussi vaste et aussi complexe, mais je m'estimerais heureux si, à la suite de notre entretien, il ressortait pour mes auditeurs le sentiment que ces questions méritent au premier chef l'intérêt de tous ceux qui, à tous les degrés de l'échelle sociale, ont le souci du lendemain, ce lendemain qui ne nous appartient pas, mais que nous avons non seulement le droit, mais le devoir de prévoir dans les limites de nos forces et de nos moyens.

Je bornerai d'ailleurs à ces quelques mots la partie philosophique de notre entretien. Tout n'a certes pas été dit sur la forme philosophique en matière d'amélioration des conditions de la vie de la société; mais dès longtemps la pensée avait conçu et formulé le but de ces améliorations.

C'est en pareille matière, surtout, que la pensée devance la pratique. C'est de cette dernière que je parlerai aujourd'hui, en vous indiquant les résultats déjà obtenus

---

(1) Conférence faite le 23 janvier 1889, dans le grand amphithéâtre de l'École des hautes études commerciales.

par les associations du travail sous leurs diverses formes, me limitant d'ailleurs le plus possible à notre sujet: « Les Syndicats professionnels ».

Je commencerai par définir ce qu'on entend par syndicat professionnel.

Le mieux me paraît, pour ce faire, de vous lire la très courte loi votée en 1884, après une incubation qui n'a pas duré moins de trois ans, depuis le moment où elle fut présentée (1).

Après vous avoir remis en mémoire les principes de l'institution dont nous nous occupons, il ne sera pas sans intérêt de jeter un coup d'œil en arrière de notre siècle pour voir et comparer ce que nos devanciers avaient compris et institué en matière d'association professionnelle avant 1791.

Les corporations industrielles sont, vous le savez, d'origine non seulement ancienne, mais antique.

Les armes de la ville de Paris ne sont autre chose que l'emblème d'une corporation de bateliers de la Seine qui, sous l'Empire romain, avait pris assez d'importance pour léguer à la Cité cet emblème conservé jusqu'à nos jours.

Les corporations ou collèges de l'époque romaine se retrouvent au moyen âge sous forme de ghildes, de confréries persistant malgré l'opposition de la royauté et des conciles.

Au moyen âge, la loi ne protégeait pas l'individu : les gens de même profession s'associaient pour se défendre contre la violence, pour se secourir mutuellement; bien qu'à cette époque la responsabilité du travail fût exclusivement l'apanage du patron, déjà on retrouve au moyen âge l'amour-propre de la profession, le contrôle du travail par les travailleurs.

---

(1) Voir aux *Annexes*, p. 297.

Ce premier élément de solidarité fut rapidement suivi de l'établissement de certaines règles, d'une certaine discipline : les corporations se donnaient des chefs, des maîtres à l'élection ; leur autorité était respectée, elle s'exerçait en particulier sur l'apprentissage qui, dans certaines professions, exigeait huit ou dix années. Ces corporations avaient leur budget, leurs statuts, leurs caisses de secours ; elles étaient arrivées à un degré de perfection qui a amené certains esprits à les regretter ; mais ceux-là oublient qu'au moyen âge et fort avant, jusqu'au siècle dernier, le travail n'était pas libre.

Pour avoir le droit au travail, pour entrer dans une corporation, il fallait payer un droit au roi, au seigneur : à Paris ce droit variait de 5 à 30 sous (25 à 160 francs).

Des métiers privilégiés ne pouvaient exposer leurs marchandises sur les marchés sans payer de nouvelles taxes, sans parler des péages, etc.

Sous saint Louis, le Prévôt des marchands de Paris rédigea le *livre des métiers*, contenant les statuts de la plupart des corporations.

Les corporations constituaient si bien des privilèges qu'en 1358 une ordonnance du Régent proclama le principe de la liberté du travail, en déclarant que *tous ceux qui peuvent faire œuvre bonne peuvent ouvrer* (travailler) *en la ville de Paris :* les corporations résistèrent.

Au temps de la Renaissance, en cette période merveilleuse de développement industriel, la prospérité de certaines corporations avait développé leurs appétits : elles luttent ouvertement entre elles et persécutent les artisans isolés qui cherchent à créer le travail individuel.

C'est la royauté qui donne la note libérale, comme en 1581, où une Ordonnance de Henri III autorise les maîtres reçus à Paris à exercer leur métier dans tout le royaume et réciproquement.

Cette libéralité n'était pas d'ailleurs désintéressée, car,

en même temps, la royauté s'attribue des revenus pour la délivrance des maîtrises, etc. Aussi voit-on à cette époque la royauté s'efforcer d'organiser tous les métiers en corporations, malgré les réclamations des artisans libres.

Cette absorption du travail dans les attributions royales amène des résultats désastreux sous Colbert : la grande industrie qui commençait à naître affranchissait une partie des ouvriers, mais la petite industrie restait étroitement enserrée dans les liens de la corporation.

Les maîtres, les jurés avaient cessé d'être nommés à l'élection, c'est le pouvoir royal qui décerne des charges qui s'achètent et se paient.

Les conséquences de ces abus étaient devenues tout à fait désastreuses à la fin du règne de Louis XIV, période qui correspond à une décadence profonde de l'industrie française. Aussi voit-on naître de toutes parts les protestations des économistes, et le système de réglementation à outrance qualifié de « colbertisme » devient un véritable fléau.

Quand Turgot arrive au pouvoir, il abolit toutes les corporations, pour tenter de rétablir ou de proclamer ce droit au travail que nous ne comprenons plus guère aujourd'hui et qu'on interprète si différemment.

La lutte entre les deux facteurs du progrès, le capital et le travail, était arrivée à son paroxysme.

Les idées de Turgot furent mal interprétées, ou plutôt le temps lui manqua pour les faire comprendre ; ses édits sur les corporations, comme sur la liberté du commerce des grains, furent exploités par les monopoles comme des atteintes aux choses existantes, et les ouvriers se révoltèrent contre leur propre intérêt.

La Révolution elle-même fut impuissante à faire pénétrer l'avantage de ces libertés dans les esprits, et l'abolition définitive des corporations en 1791 rencontra de telles oppositions dans certains intérêts lésés, que son application suscita les oppositions les plus vives et les plus persistantes.

Cette contradiction bizarre s'explique : en proclamant la liberté individuelle, la Révolution n'avait pu du même coup donner aux ouvriers les moyens de faire usage de cette liberté. Bien des années passèrent sans faire prévaloir sans contestation les avantages de cette liberté, et c'est la loi de 1884 sur les syndicats professionnels, qui vint remplacer la loi de 1791 abolissant les corporations.

Entre temps, toutes les conditions du travail s'étaient transformées : l'industrie avait opéré sa révolution, impliquant la division du travail, la spécialisation; les machines et les métiers avaient fait place à la manufacture, à l'atelier, à l'usine.

C'est l'œuvre de notre siècle.

Pour apprécier à sa juste valeur l'état actuel de nos syndicats professionnels en France, il n'est pas. sans intérêt, après avoir regardé en arrière dans notre histoire de France, de jeter un coup d'œil chez nos voisins.

Chaque nation, quelques-unes en particulier procédant d'une race différente, bien plus différente que l'on ne croit même entre voisins immédiats, comme conception de toutes choses et même du droit individuel, a poursuivi un but à peu près analogue à celui que nous décrivions tout à l'heure comme organisation du travail.

La France a proclamé le principe de la liberté avec un éclat qui a éclairé l'Europe et le monde; dans le même temps, les nations nos voisines, sans proclamer le même principe, l'ont appliqué et, il faut bien le dire, l'appliquent aujourd'hui plus libéralement, notamment en la matière du travail.

Notre école économiste a voulu et veut encore que ce soit chez nos voisins d'Angleterre que nous cherchions les exemples les plus éminents, que nous les considérions comme des précurseurs. J'aurais mauvaise grâce à ne pas admettre, au point de vue des grands principes de l'économie politique et sociale, que les Anglais nous ont montré bien des chemins ; j'admets même qu'au point de vue du résultat, comme richesse générale acquise et répartie, les Anglais nous ont dépassés.

Mais je ne saurais pousser ce sentiment jusqu'à croire et admettre que l'application des principes de liberté ont eu chez eux des conséquences aussi fécondes que chez nous pour la prospérité individuelle proprement dite ; je n'en voudrais comme témoignage que les lamentables annales de l'Irlande, qui nous apparaissent comme des fléaux d'un autre siècle.

Ils peuvent nous opposer nos grandes guerres modernes singulièrement plus désastreuses ; mais l'état social n'y est pour rien, et ces fléaux sont d'essence géographique.

Je considérerai plus volontiers, que si un pays nous a largement devancés dans l'organisation du travail et dans ses conséquences, c'est plutôt l'Italie. Les associations du travail y ont moins d'envergure et de retentissement ; mais combien leur fonctionnement est entré dans les mœurs et produit de résultats intéressants !

Ce progrès a d'ailleurs marché en Italie à l'unisson du progrès politique : l'Italie est née à la vie communale bien des siècles avant nous, et si elle ne revendique pas d'avoir été, comme nous, un flambeau, le feu y couve et réchauffe depuis longtemps.

En Italie, l'association ouvrière n'a pas plus d'histoire que de législation, la liberté s'y pratique et les associations ouvrières y fleurissaient bien avant qu'il en fût question dans les grandes nations.

Les circonstances géographiques ou de l'histoire ont voulu que l'Italie fût bouleversée par les guerres ou l'occupation étrangère jusqu'en ces dernières années, si bien qu'aucun exemple à en tirer ne peut prévoir l'importance d'un grand phénomène ethnique, comme c'est le cas des institutions sociales de grandes nations européennes, mais l'esprit de solidarité y est très développé, et c'est là un des ferments les plus sérieux du progrès dont nous nous occupons (1).

En *Angleterre*, à travers une école économiste incontestablement éminente entre toutes, la liberté prime de beaucoup la solidarité, ou même la solidarité ne s'établit pour ainsi dire que par caste, alors que chez nous la caste tend à disparaître de plus en plus ; l'avenir jugera.

Quoi qu'il en soit, en Angleterre, la situation légale des ouvriers est singulièrement plus libérale que la nôtre.

La loi commune autorise tous groupements, tous agissements, même la grève, pourvu qu'elle ne soit pas accompagnée de violences.

A la fin du siècle dernier, une loi anglaise enlevait ce droit d'association aux seuls ouvriers : elle a été abrogée en 1824.

Sous très peu de réserves, les associations ouvrières peuvent former une personne morale, et cela plus largement qu'aujourd'hui encore en France ; l'esprit politique y est tout à fait étranger, il n'est pas rare de rencontrer des associations libérales et des associations conservatrices.

De plus, en Angleterre, les Unions s'étendent non seulement aux ouvriers d'une même ville, d'une même région, mais encore elles peuvent être nationales ; certaines ont des branches même sur les continents, en Amérique, en Australie.

Ces Unions sont si puissantes qu'elles ont provoqué la

______

(1) Les renseignements qui suivent ont été complétés dans une conférence postérieure. Voir plus loin, pages 198 et suiv.

constitution d'Unions de patrons pour le débat contradictoire des intérêts, et cela au plus grand profit des résultats du travail.

Car il est un fait souvent constaté, même chez nous, c'est que partout où les ouvriers sont organisés, les difficultés avec les patrons ont été moindres.

L'Angleterre a ses grandes assises du travail pour les patrons, et ils évitent ainsi bien des mécomptes basés sur l'ignorance des conditions générales du marché de production ou de consommation.

Les Unions ouvrières, elles, sont permanentes : elles sont plus nombreuses et font moins de bruit, mais elles sont solides et considérables.

Je signale en passant celle des mécaniciens, qui compte 52,000 membres, et dont le budget pour 1887 était de 4,228,000 francs.

Les grandes Unions ouvrières anglaises nationales ont leur administration régulière, leur budget, leurs finances, administration dont l'autorité est respectée. Nous n'en sommes pas encore là en France, mais nous y arriverons.

Le temps me manque pour parler de l'influence de ces grandes associations ouvrières anglaises : un de nos économistes les plus distingués les condamne.

Elles subissent ou semblent subir une transformation en devenant Sociétés de secours mutuels, et, dès lors, on imagine difficilement, par exemple, des prélèvements de fonds sociaux pour soutenir des grèves.

Au surplus, il semble aussi, si l'on en juge notamment par le récent congrès des « trades-unions » anglaises, que ces grandes et puissantes associations constituent aujourd'hui une sorte d'autocratie, contre laquelle une classe inférieure de travailleurs essaye de réagir en s'inspirant de certaines théories continentales moins disciplinées.

Ici le jugement semble difficile à porter, car si ces

grandes questions se doivent apprécier par des exemples, ce qui semble plus logique que par des idées, il apparaît qu'aux *États-Unis*, en pays essentiellement neuf, sans attaches ni entraves dans le passé, les organisateurs de grandes associations entendent bien les constituer *en aristocratie* du travail persistant et discipliné contre le travail fantaisiste, et il me semble bien téméraire de ne pas croire que le succès est avec eux, et que l'aristocratie de la supériorité morale du travail est de celles que rien ne détruit ni ne détruira.

Je reviendrai plus loin en quelques mots sur certaines organisations américaines.

Je veux dire en passant quelques mots de l'*Allemagne;* là vraiment nous n'avons guère d'enseignement ni d'exemple à puiser. C'est le système ·de nos anciennes corporations soumises à l'autorité qui prévaut aujourd'hui, avec quelques dispositions libérales à la vérité, mais très étrangères à l'esprit du progrès qui nous occupe.

Notons cependant un élément intéressant de ces associations, prévoyant au principal, la création d'œuvres professionnelles que les associations peuvent et doivent administrer; l'autorité gouvernementale les protège, les encourage, mais on ne saurait nier l'excellence du but et du résultat.

L'*Autriche* ne nous apporte qu'un coefficient assez faible d'enseignement. La surveillance de l'État s'y exerce aussi étroitement qu'en Allemagne, mais la protection et l'encouragement y sont moindres.

Au surplus, en Autriche comme en Allemagne, la fermentation des idées y est une preuve que le résultat acquis est encore fort loin du résultat désiré.

La *Belgique* ne nous fournit pas, à ma connaissance, une statistique bien complète des associations ouvrières, mais leur fonctionnement remonte assez loin dans le passé pour en déduire que ces associations sont en voie de prospérité. En Belgique, le gouvernement, les patrons, les ouvriers, tous sont fort ardents à la poussée du progrès et, pour ma part, je considère comme une des créations les plus heureuses, à côté des syndicats professionnels, l'institution d'un conseil du travail appelé à jouer dans l'avenir vraisemblablement pour les intérêts ouvriers de Belgique, le rôle centralisateur des « trades-unions » anglaises sans en avoir les inconvénients.

Parmi les nations de moindre importance numérique, la *Suède* occupe une place au premier rang, comme progrès déjà accompli en matière d'association ouvrière.

Je crois même que la Suède est le pays où les sociétés coopératives, les sociétés de consommation et de production ont atteint le plus grand développement numérique par rapport à l'importance de la population.

Il semble, d'ailleurs, que l'idée du risque qu'implique avec elle la coopération ouvrière soit plus développée chez le Suédois que chez aucune autre nation du continent européen.

Les *Pays-Bas* ne présentent guère que des associations de secours : la loi octroie toutes les libertés, avec des dispositions très sévères contre toutes manifestations bruyantes.

La *Russie* offre quelques exemples curieux d'associations ouvrières très prospères.

La *Suisse* nous offre un véritable enseignement sur l'importance et le succès des associations de toute nature ; aucun pays ne semble mieux prédisposé à cette forme de la société moderne.

Elle est poussée même fort loin en Suisse, où il me souvient, l'an dernier, d'avoir vu au lac de Zurich, débarquer d'un vapeur, en tournée de fête, une cinquantaine de personnes d'âge respectable venant se promener et goûter en commun à Rapperswill, à l'extrémité du lac. Sur ma demande concernant la composition de ce groupe, il me fut répondu que c'était un Alt Verein, de Zurich, une Société de sexagénaires que cette seule communauté d'origine et d'âge avait toujours groupés.

Si je cite cet exemple, c'est pour faire voir à quel point est poussé le sentiment de l'association en Suisse.

Les associations d'une utilité plus immédiate y sont fort nombreuses, et les sociétés de consommation, notamment, ont pris en Suisse un développement tout à fait important, au plus grand profit de l'économie des dépenses de chaque jour et, partant, de la production.

La Suisse est couverte d'un véritable réseau de sociétés qui ont en vue jusqu'au moindre besoin de l'homme du peuple, et qui ne cessent de former et de resserrer entre leurs membres des liens de sympathie et de mutuelle bienveillance.

Dans presque tous les cantons, il existe des sociétés dites *d'utilité publique*, qui se donnent pour mission de seconder les œuvres d'intérêt général, surtout en matière d'éducation; de secourir et d'atténuer la misère, enfin d'encourager les entreprises industrielles; elles ont fondé des cabinets de lecture; elles organisent des conférences et des discussions publiques sur les grandes questions sociales.

De toutes ces associations, celle de Bâle, fondée en 1777, est la première en date comme en importance. On en doit citer une autre, qui a eu de tout temps une couleur politique et socialiste des plus accentuées, mais qui a fait, dans l'ordre économique, un bien réel aux ouvriers.

Cette association, connue sous le nom de Société du Grütli, date de 1838. Elle fut fondée sous l'influence des idées de Pestalozzi, par un ouvrier génevois, Galcar. Elle a pour devise : l'éducation du peuple et l'indépendance du peuple. Son but est de développer parmi les ouvriers l'instruction, la bonne éducation et le patriotisme.

Il est d'autres sociétés fort nombreuses, qui se consacrent à une œuvre particulière. Ainsi on a fondé des sociétés pour l'éducation des orphelins, pour celle des enfants vicieux, pour la garde des petits enfants pendant les heures de travail des ouvriers. D'autres encore donnent des livres scolaires, là où ils ne sont pas fournis gratuitement, ou font l'avance des frais d'apprentissage ; il en est qui s'occupent du placement des ouvriers sans travail ou qui leur distribuent des secours temporaires.

Les plus utiles sont celles qui, empruntant l'exemple des grands industriels d'Alsace, ont pour objet d'assurer les travailleurs ou leurs familles contre la mort, la vieillesse, les accidents ou le chômage, au moyen de prélèvements opérés soit sur les salaires des ouvriers, soit sur les bénéfices nets de l'exploitation.

Avant de revenir aux syndicats professionnels en France, je suis certain de vous intéresser en rappelant à ceux d'entre vous qui les connaissent, en l'apprenant aux autres, les résultats de la dernière statistique de la population de la France et de Paris, tout récemment publiés avec la répartition par profession (1886) (1).

Sur les 38,218,000 habitants de la France, 17,698,000, près de la moitié, vivent des professions agricoles ; l'industrie emploie et fait vivre 9,289,000 personnes ; les transports et le commerce, près de cinq millions et demi ; la force publique, 613,000 ; les administrations, 711,000 ; les professions dites libérales, plus d'un million ; enfin près de deux millions et demi de personnes vivent exclusivement de leurs revenus.

A Paris, c'est l'industrie sous toutes ses formes qui fait vivre le plus grand nombre de personnes : 963,000. J'appellerai votre attention sur deux éléments qui entrent dans ce chiffre considérable : le bâtiment, à lui seul,

---

(1) Voir aux *Annexes*, p. 304 et suiv.

fait vivre 175,000 personnes; l'habillement et la toilette, 373,000.

Le commerce est exercé par 632,000 personnes. Les administrations parisiennes comptent 44,000 employés.

Le nombre des personnes exerçant des professions libérales, magistrats, artistes, médecins, est proportionnellement plus grand dans la capitale que dans le reste du territoire : il est de 126,000.

Enfin, il n'y a pas moins, dans cette population de 2,260,000 habitants, de 250,000 propriétaires ou rentiers, plus du dixième.

Que de leçons à tirer de tous ces chiffres que l'on ne connaît guère, que l'on ne retient pas, l'idée de statistique étant encore bien peu entrée dans nos croyances! J'ai dit, quant à moi, l'an dernier, à cette place, ce que j'en pensais, en la qualifiant de science destinée à jouer dans l'humanité le rôle de la mémoire dans l'intelligence, et je prophétiserai bien volontiers que dans vingt ans, sinon moins, la science de la statistique, et notamment celle dont je vous donne des extraits, entrera dans le catalogue des connaissances à cultiver dans la jeunesse, à entretenir dans l'âge mûr, au profit singulier de notre état social.

Je ne relèverai des chiffres que je viens de vous citer que deux éléments : le premier, celui de la fraction de la population française vouée à l'agriculture, 18,000,000 sur 38,000,000, pour y revenir tout à l'heure à propos des syndicats agricoles; le second, la proportion. des ouvriers à Paris, proportion formidable que chaque homme, occupé de près ou de loin des intérêts de notre Ville, devrait toujours avoir présente à l'esprit, ne fût-ce que pour donner le soin qu'elles méritent aux institutions ayant pour objet la prospérité de telle fraction de la population, et la paix publique qui ne peut procéder de l'antagonisme, mais de l'alliance des diverses branches d'une même société vers une prospérité commune.

J'en retiens un autre enseignement au profit de notre sujet, c'est-à-dire des facilités à procurer aux associations ouvrières pour assurer à celles-ci des avantages que la société a su créer au profit des autres classes, dans une si grande proportion par les associations de toute nature que vous connaissez bien et qui sont un des ferments de la prospérité et de la sécurité des intérêts des autres branches privilégiées de la société.

Nous avons traité, au début de cet entretien, des associations ouvrières des siècles passés jusqu'en 1791 ; il y a une lacune à combler pour en compléter l'histoire jusqu'à la loi de 1884 sur les syndicats professionnels.

Cette lacune est remplie par une sorte de dégénérescence des anciennes corporations. En fait, les associations étaient interdites ; le compagnonnage, qui avait survécu avec toutes sortes de rites, n'avait aucun germe de fécondité nouvelle.

Les réformes naissaient de toutes parts dans l'esprit des économistes, l'application en fut tentée, inaugurée après 1848 sous forme d'associations coopératives de production : l'expérience a démontré que c'était là le sommet et non la base de l'édifice.

Faute de base, c'est-à-dire faute d'éducation, d'initiation à cette forme nouvelle de groupement d'intérêts, les sociétés ouvrières de 1848 tombèrent pendant la période de vingt ans qui suivit ; l'orientation des efforts faits en faveur des ouvriers fut toute spéciale : on envoyait des délégués ouvriers à l'étranger pour s'initier aux progrès réalisés, aux expositions, etc, mais ces efforts tentés sous la tutelle administrative, très étroite, ne produisirent guère de résultats, si ce n'est d'aliéner les ouvriers au point de susciter les formidables grèves que l'on sait en 1868, 1869 et 1870.

Les ouvriers se groupaient sous le nom de sociétés de résistance, les autres s'appelèrent chambres syndicales, et c'est sous ce nom que leur rôle s'est continué pour beaucoup d'associations jusqu'à notre époque.

Mais, dans le même temps, les patrons constituaient, eux, aussi des chambres syndicales bien autrement fortes : la lutte n'était ni égale ni possible.

Aussi est-ce vers cette époque que l'on voit naître une société de forme et de désignation nouvelles : l'association internationale des travailleurs, favorisée par les expositions universelles.

Le Gouvernement sembla encourager ce mouvement en cherchant à s'en rendre maître, mais le mécontentement surexcité par les crises commerciales était la véritable base du mouvement; l'internationale pouvait être un but, mais ne pouvait être un moyen.

Puis vinrent les grands bouleversements, les désastres à travers lesquels le mouvement social était rélégué au second rang.

C'est vers 1873 et à propos de l'élection aux Conseils de Prud'hommes que les chambres syndicales reprirent un nouvel essor : on commençait à ressaisir le sens et le but réel des associations ouvrières.

Celles-ci, d'ailleurs, vivaient à cette époque sous une sorte de régime de tolérance sans garantie ni sécurité d'aucune sorte.

On a accusé à cette époque les chambres syndicales d'avoir été le foyer des grèves; de nombreux exemples prouvent que c'est le contraire qui se produisait, et je renvoie mes auditeurs à l'excellent ouvrage de M. Barberet sur les monographies professionnelles; ils y trouveront sur ce sujet et sur bien d'autres les plus précieux enseignements, notamment sur le but des chambres syndicales ouvrières qu'il définit clairement et exactement comme suit :

« Les chambres syndicales ouvrières ont pour but :

« 1° De faire exécuter loyalement, de part et d'autre,
« les contrats d'apprentissage, afin qu'à leur expiration
« l'industrie ait de bons ouvriers ;

« 2° D'établir aux sièges syndicaux des bureaux de
« placement gratuits, où pourront s'adresser en toute
« assurance les patrons pour avoir des ouvriers et les
« ouvriers pour avoir du travail ;

« 3° De créer des conseils mixtes d'arbitres, choisis
« moitié dans le syndicat ouvrier, moitié dans le syndi-
« cat patronal du même métier, pour simplifier la juri-
« diction des prud'hommes, et surtout pour éviter les
« lourds frais du tribunal de commerce, en tranchant
« amiablement et directement les litiges profession-
« nels ;

« 4° De fonder des bibliothèques techniques et autres,
« et des cours professionnels, afin de préparer, par la
« théorie applicable, les sociétaires syndiqués à la pro-
« duction pour leur compte collectif ;

« 5° D'utiliser les capitaux provenant des cotisations
« mensuelles accumulées, non pour fomenter des grèves,
« mais pour acheter le matériel, l'outillage et les
« matières premières nécessaires à la production. »

En 1876, en 1878, en 1880, la question mûrissait à
travers bien des vicissitudes, et après trois années d'incubation apparut la loi sur les syndicats professionnels.
C'était à la fois la légalisation de sociétés déjà existantes
et une introduction à leur extension et à leur perfectionnement.

Au nombre de ces derniers citons l'un des plus importants, la faculté pour le syndicat professionnel d'installer des bibliothèques, de faire des cours professionnels,
d'aider et de favoriser cette fonction si importante et si

productive dans l'avenir, — elle l'est déjà dans le présent,
— des chambres syndicales.

Citons aussi la faculté de créer des caisses de secours,
de retraites, si rares encore et si importantes pour le
complément nécessaire de notre organisation sociale.

La question des cours professionnels présente une
importance exceptionnelle, car c'est de ces cours qu'il
faut attendre la revanche de notre industrie sur les empiètements de l'étranger.

Je veux vous en citer un exemple, celui de la Chambre
syndicale des ouvriers jardiniers du département de la
Seine, dont j'ai l'honneur d'être président honoraire
depuis neuf ans, qui a créé des cours professionnels qui
se tiennent deux et trois fois la semaine, des concours
dont les lauréats, deux par an, sont envoyés en voyage
d'instruction avec une bourse d'entretien, tantôt à Londres, tantôt à Vienne, tantôt à Bruxelles.

Comment vous dire les résultats admirables que l'on
retire de ces institutions, et les rapports souvent dignes
d'un cercle plus élevé dans l'ordre scientifique que nous
envoient chaque année les ouvriers boursiers de l'étranger !

Et je vous cite ici l'exemple d'une des plus modestes,
mais en même temps des plus sages associations ouvrières que je connaisse.

Il y a maintenant en France 2,400 syndicats régula-
risés, dont 1,200 pour les ouvriers de l'Industrie et
600 syndicats agricoles ; il faut compter un millier de
syndicats vivant en dehors de la loi.

Ici se présente un phénomène assez curieux. L'auteur
initial du projet de la loi de 1884 sur les syndicats professionnels n'avait pas prévu leur extension à l'agriculture. C'est au Sénat que revient l'honneur d'avoir mis
cette loi à la portée des ouvriers agricoles.

Le résultat a été considérable et l'on peut dire que c'est
l'agriculture qui a obtenu en matière de syndicats profes-

sionnels les plus grands résultats en achetant en gros des engrais chimiques, pour les répartir à bon marché parmi les syndiqués, en créant des champs d'expérience, etc. Enfin, il est permis de dire aujourd'hui que la meilleure part des améliorations acquises en ces dernières années par l'agriculture sont dus aux syndicats professionnels.

Malgré leur accroissement en nombre, il n'apparaît pas que les syndicats des ouvriers de l'industrie aient prospéré dans la même mesure au point de vue des intérêts professionnels.

La politique y joue un rôle fâcheux ; elle est devenue l'objectif de la constitution d'un certain nombre de prétendus syndicats, alors qu'elle devrait en être exclue absolument.

Au surplus, il semble que l'institution de chambres syndicales ne répond qu'incomplètement aux divers besoins des associations ouvrières, qui, d'un but particulier, passent trop facilement à un objectif général, fort légitime assurément, mais le plus souvent étranger à l'intérêt économique qui a présidé à cette institution.

Aussi est-il permis de considérer que pour répondre à ces besoins, d'autres associations sont et seront à créer et organiser pour la représentation plus générale des intérêts du travail.

La preuve est faite aujourd'hui de la possibilité des grandes associations. Cette preuve, je la trouve notamment dans l'association fraternelle des employés et ouvriers des chemins de fer français, reconnue ces jours derniers, après trois années d'efforts, d'utilité publique.

Cette association, qui compte aujourd'hui 60,000 membres et dispose d'un capital de plus de cinq millions de francs (1), sera pour les associations ouvrières de métiers similaires, et ils sont multiples, une pépinière d'adminis-

____

(1) Voyez la note de la p. 117.

trateurs de compétence qui ont manqué trop souvent et qui manquent encore dans les associations ouvrières.

J'ai vu tant d'essais tentés, tant de mécomptes éprouvés dans les associations ouvrières de toute nature, du fait de l'incompétence des uns et des autres, que je ne saurais les énumérer tous : je les résume en disant que, à force d'épreuves, d'expériences, les associations iront en s'affirmant, en se consolidant, et que ceux-là qui contestent leur vitalité du fait des erreurs du passé, ne tiennent pas compte du temps et de la patience employés et déployés pour mener à bonne fin les associations qui ont le capital pour base.

Néanmoins, je le répète, le Syndicat professionnel, l'Association ouvrière, n'ont fait que bégayer leurs premiers progrès. A de nouveaux besoins reconnus, sinon la loi, du moins l'initiative individuelle devra satisfaire, et au nombre de ces prévisions, il est permis de pronostiquer la fondation plus ou moins prochaine de grandes associations du travail s'emparant des prérogatives et des attributions qui, déplacées dans les syndicats professionnels, peuvent devenir pour eux une sorte d'insuccès.

La défense des intérêts du travail et des travailleurs dans leurs diverses professions pourra et devra emprunter diverses formes : l'an dernier, je citais à cette place un projet auquel j'avais coopéré, de création de chambres de travail, de Conseil supérieur du travail.

Ces projets nécessitaient l'intervention gouvernementale, à laquelle, pour ma part, je ne répugne aucunement quand ce Gouvernement représente la collectivité des intérêts, comme il le fait dans la création de sociétés financières ou industrielles de transports ou autres, en modérant et limitant cette intervention. Il ne semble pas que cet ordre de questions ait préoccupé nos législateurs.

La Belgique en a pensé autrement en créant des Conseils provinciaux du travail l'année dernière.

Il est possible au surplus que le mouvement social ne comporte pas les digues que je lui souhaitais pour le contenir et le discipliner, mais il faut s'attendre alors à voir le ruisseau devenir flot ou torrent pour creuser le sillon magistral qui appartient dans l'avenir aux justes revendications des intérêts du travail.

Au surplus, le flot ou torrent peut et pourra creuser son sillon sans bouleversement; j'en vois un exemple intéressant dans la grande association américaine des *Chevaliers du travail* dont je veux vous dire quelques mots en terminant (1).

Ce sujet si intéressant d'un mouvement social organisé dans le sens de l'intérêt qui nous occupe par un peuple nouveau, débarrassé de toute entrave de la routine ou du passé, mériterait d'être longuement traité.

Il m'a si particulièrement intéressé lors d'un voyage rapide que je fis, il y a deux ans, aux États-Unis, que j'ai cherché à me rendre compte de son organisme et de ses résultats.

La race anglo-saxonne transplantée en Amérique a dans ses organisations des éléments que notre société moderne a écartés de ses programmes, une certaine religiosité et des préoccupations que nous n'avons pas la coutume de mêler aux questions d'ordre pratique.

Mais son but suffit pour en expliquer la grandeur.

J'ai échangé des correspondances avec le Grand Maître ouvrier de l'ordre des chevaliers du travail, M. Powderly; j'y ai relevé une méthode et un ordre, signes certains d'une grande perfection d'organisation.

J'ai là sous les yeux leurs statuts, je n'abuserai pas de votre patience en les lisant. Je vous citerai seulement, en les empruntant à un travail très consciencieux et inté-

(1) Les détails qui suivent ont été complétés dans une conférence postérieure.
Voir plus loin, page 211.

ressant d'un ingénieur qui a étudié ces questions aux États-Unis, M. Génis, quelques extraits du rapport du Grand Maître ouvrier de l'association à sa dernière assemblée générale :

« Je ne crains pas, dit-il, que notre association s'en-
« gage dans le mouvement politique et par là perde son
« pouvoir; les faits relatifs à l'existence et au but des
« chevaliers du travail sont plus importants pour les
« membres que les affaires des politiciens. Nous avons
« une manière de traiter ceux qui, comme quelques-uns
« l'ont fait, entrent dans nos rangs dans un but politique.
« *Nous les expulsons.* »

Ces paroles mériteraient d'être retenues et méditées par nos sociétés françaises, qui trop souvent sont circonvenues par des promesses vaines de politiciens plus soucieux des suffrages qu'ils sollicitent que des intérêts qu'ils envisagent.

Les chevaliers du travail précisent leurs aspirations comme quand ils demandent, entre autres, à tous les États, la promulgation de lois établissant des bureaux de statistique du travail, la reconnaissance légale des trades unions, des mesures propres à assurer la sécurité des ouvriers dans les mines, les manufactures et la construction des bâtiments, etc.

Bon nombre d'autres prescriptions de cette association sortent évidemment un peu du cadre de nos préoccupations sociales en France. Aux États-Unis, par exemple, les associations ouvrières s'élèvent avec insistance contre l'abus des spiritueux, contre l'intempérance qui, paraît-il, fait plus de victimes chez eux que chez nous.

Le progrès considérable accompli par les chevaliers du travail américains, c'est d'avoir une organisation puissante des intérêts du travail, chargée de rappeler aux politiciens, aux gouvernants de la fortune et de la prospérité publique, que le travail a droit à leur intérêt au même titre que le capital et, il faut bien le dire, cette préoccupation ne semble guère entrer dans les discussions ni dans les projets de loi de nos Chambres européennes.

Cependant le progrès est aujourd'hui comme les distances, il demande à être plus rapidement franchi et atteint.

C'est à un des éléments de cette besogne sociale que s'est consacrée notre Société, à l'instruction complémentaire du travail professionnel (1) ; elle a été accueillie avec faveur et encouragée de toutes parts — et votre présence ici ce soir, Mesdames et Messieurs, m'est, en terminant et en vous remerciant de votre bienveillante attention, une preuve que la sympathie de tous ne lui fera pas défaut.

Cette sympathie et ce concours, je les souhaite et les recherche, non plus dans *la charité*, dans la *philanthropie*.

Sans méconnaître la grandeur de ces sentiments que d'autres feront vibrer avec plus d'autorité que moi, c'est à des sentiments d'ordre pratique que je fais appel, à des sentiments moins accessibles à tous, mais qui le deviendront davantage par la connaissance des faits, par l'instruction de tous.

Je veux parler *de la solidarité* entre tous les membres d'une même famille ; d'un sentiment analogue à celui qui nous fait prévoir aujourd'hui pour la foule, à la sortie des théâtres, en cas d'incendie, des issues multiples et bien distribuées.

Chacun comprendra que là où en désordre cent per-

____

(1) Il s'agit ici de la Société centrale du travail professionnel, qui avait organisé la conférence.

sonnes passeraient à peine, mille passeront facilement avec ordre.

Notre vie sociale est une bousculade dans laquelle la collectivité a le droit et le devoir d'introduire la prévoyance.

Sans prétendre éviter toutes paniques auxquelles on peut comparer les révolutions, on peut, l'on doit en prévoir, en conjurer les effets.

Cela n'exclut, en aucune façon, les sentiments d'un ordre moral plus élevé qui répondent à la conscience de chacun; mais la concordance de l'intérêt mis en jeu n'exclut pas la pratique de l'œuvre de conscience.

Dans une des belles et dernières pages de son *Histoire du travail*, notre éminent contemporain, M. Frédéric Passy, fait appel à la conscience pour les réformes de l'avenir.

Il rappelle l'adage antique: *Homo homini lupus*, l'homme pour l'homme est un loup; il cite *Montaigne* et *Bacon*, qui disaient : *le profit de l'un est le dommage de l'autre.*

Il y oppose les adages de la fraternité : *Vos homines fratres estis*, vous êtes tous frères, et il convie les hommes, les sociétés, les nations à se rallier à cette théorie supérieure de l'harmonie.

Je m'associe avec vous tous à ces belles et grandes théories, mais c'est au nom de l'intérêt pratique de notre famille française, au nom de l'esprit moderne, que je fais appel à la raison, pour conclure et dire : consultons la composition et les besoins de notre grande famille, et inscrivons en tête de nos préoccupations *la solidarité*, seul gage certain désormais de la paix publique et de la prospérité pour l'avenir.

LA GÉOGRAPHIE ET LA STATISTIQUE (1)

Permettez-moi, Mesdames et Messieurs, de donner en quelque sorte pour épigraphe à notre entretien sur la géographie et la statistique : *Savoir pour prévoir afin de pourvoir*. Cette formule de la doctrine positiviste, qu'aucune philosophie ne saurait contester, peut modestement, mais très expressément, trouver sa place au début d'une causerie qui a pour objet la géographie et la statistique, c'est-à-dire la connaissance des surfaces occupées par l'humanité, de leurs habitants, de leurs productions, pour l'appréciation de leurs besoins et des moyens de les satisfaire.

De là, la conjonction nécessaire de ces deux branches

---

(1) Conférence faite dans le bâtiment du Globe terrestre au millionième, de MM. Th. Villard et Ch. Cotard, à l'Exposition universelle, le 30 juillet 1889.

Une notice sur le globe au millionième avait été mise à la disposition des auditeurs avec un certain nombre de données statistiques qui figurent sur les parois du bâtiment du Globe terrestre, et la lettre que M. Ferdinand de Lesseps, président du Comité scientifique de patronage du Globe au millionième, a bien voulu adresser à MM. Th. Villard et Ch. Cotard, dans les termes ci-après :

Paris, le 5 juin 1889.

A Messieurs Th. Villard et Ch. Cotard.

Messieurs,

Il vous appartenait, à vous deux, par qui l'industrie française a entrepris de si grands travaux dans les diverses contrées du globe, de montrer que la terre a été rendue accessible à tous à la fin du xixe siècle, la solidarité des intérêts préparant ainsi la pacification universelle.

La neutralité définitive, consacrée par un accord international récent, des connaissances humaines et leur relation avec la science dite d'économie politique qui, chaque jour, tend à prendre, dans notre société moderne, l'importance qu'elle mérite.

On a souvent discuté des relations, de la parenté de ces connaissances entre elles; il nous paraît que leurs bases élémentaires étaient jusqu'ici trop restreintes pour permettre de donner à chacune la place qui lui appartient. On le peut faire aujourd'hui en reconnaissant que la géographie et la statistique sont à l'économie politique ce que l'instruction primaire est à l'instruction au second degré, ou bien encore ce que l'arithmétique est aux sciences mathématiques.

Comment imaginer, en effet, une science sociale sans la connaissance des lieux, des êtres et des faits qui servent de base aux problèmes que cette science est appelée à résoudre?

Aujourd'hui, la science sociale ne peut plus se limiter,

---

du canal maritime de Suez, vient d'être précisément une de ces conquêtes pacifiques.

Et vous en avez déduit avec une remarquable précision logique qu'il fallait connaître exactement la terre, je veux dire cesser de s'imaginer le monde comme le donnent forcément les cartes géographiques plates, ou les globes de dimensions restreintes.

De là, cette idée d'offrir aux visiteurs de notre merveilleuse Exposition la représentation de la Terre, telle qu'elle est, donnée au millionième.

Il me semble que chaque visiteur de votre Globe emportera cette impression éminemment heureuse, que l'immense Terre est bien maintenant le domaine de tous et que les moyens de la conquérir par le travail sont à la disposition de chacun.

L'enlèvement des obstacles matériels, la perforation des montagnes, le percement des isthmes, le rapprochement des distances par la vapeur, la suppression de l'espace par l'électricité, sont en même temps des exemples et des faits qui forcément conduiront à la fraternité humaine généralisée, d'abord par la dispersion des hommes sur la terre, ensuite par la solidarité nécessaire effective, des hommes dispersés.

En montrant à l'homme sa conquête, en le familiarisant pour ainsi dire avec sa propriété, vous avez rendu service au progrès humain.

Permettez-moi de vous féliciter de votre succès et recevez l'expression de mes meilleurs sentiments.

Cte FERD. DE LESSEPS.

comme par le passé, à un cercle restreint de l'humanité, à une surface fractionnelle du globe. La terre est désormais le domaine de l'homme; toutes ses parties peuvent ou doivent concourir à la satisfaction de ses besoins.

Si ce domaine est encore, sur certains points, obscur ou divisé, cette obscurité et cette division tendent à disparaître. Le génie des hommes dispose désormais, pour faciliter leur tâche, de la vapeur et de l'électricité qui, à chaque moment, rapprochent les distances et les pensées.

Il est donc permis de dire que la science sociale, à la fin du xix⁰ siècle, implique la connaissance préalable de la surface de la terre, de ses habitants, de leurs conditions d'existence, des productions et de l'activité de ces diverses contrées.

Ce qui nous amène à conclure que la géographie et la statistique générales devront être, dans l'ordre social et économique, les bases des connaissances humaines pour tous, et en particulier pour ceux que leur destinée, leur intelligence et leur instruction appellent à prendre une part plus large à l'activité générale de l'humanité et à sa direction.

Cela n'amoindrit en aucune façon la science économique, qui, dans son développement, comporte un champ beaucoup plus étendu; mais c'est en préciser le but et la destinée que de lui assigner les seules bases qui puissent permettre de l'aborder comme on le peut et doit faire aujourd'hui.

Il n'est pas exagéré d'ajouter que c'est vraisemblablement faute de ces bases indispensables que l'économie politique semble avoir été jusqu'ici plutôt un art qu'une science, car le mot science implique une intégralité de connaissances primordiales qui, il faut le reconnaître, sont de nos jours encore bien imparfaites.

N'est-il pas à propos de rappeler que jusqu'à ces dernières années en France, la géographie n'a tenu qu'une place plus que modeste dans l'enseignement public?

Cette indifférence n'était pas seulement dans les programmes et dans les habitudes scolaires; bien peu d'hommes en France, même parmi les plus instruits, eussent été en état de subir avec succès un examen élémentaire de géographie.

Que dire de la statistique, apanage très limité de quelques chercheurs qui, dépassant souvent le but utile, ont concouru, avec l'indifférence, à jeter sur cette branche d'activité investigatrice un véritable discrédit qu'un petit nombre d'esprits élevés a combattu, on peut le dire, victorieusement, aujourd'hui qu'ils ont amené notre société moderne, prévoyante et plus éclairée, sinon à préciser, tout au moins à pressentir le rôle que doit jouer la statistique dans la science sociale de l'avenir?

J'en vois le témoignage dans le catalogue des ouvrages de statistique exposés par le ministère dans la salle n° 11 du Palais des Arts libéraux. L'éminent directeur de ce service, M. Turquan, M. Levasseur, l'économiste et géographe bien connu, M. Cheysson, d'autres encore, ont contribué, par leurs travaux remarquables, à ce succès.

Enfin, rappellerai-je que la statistique et l'économie politique ont accès, avec M. Yves Guyot, dans les conseils du Gouvernement?

Des deux connaissances, objet de cet entretien, la première, la géographie, n'arrive à frapper l'imagination, à s'y fixer, que par la représentation graphique des lieux, et l'on sait combien cette représentation est ingrate et imparfaite, qu'elle se traduise soit par des projections sur les cartes planes, représentations toujours abstraites, obligeant l'imagination à contredire la vue, exercice auquel la jeunesse surtout est rebelle, soit par des sphères donnant une image vraie, mais si réduite qu'à bien peu d'exceptions près l'esprit s'égare dans l'infiniment petit

de la représentation de ces masses gigantesques qui constituent les mers et les continents.

Nous avons tenté de faire plus en représentant la terre
à une échelle qui, tout en restant nécessairement très
réduite, facilite à l'imagination la conception de la réalité.

Nous espérons avoir réussi.

Il n'est aucun des visiteurs (1) qui n'ait traduit son
impression sur le Globe terrestre au millionième que
vous avez devant vous, en exprimant son étonnement,
par exemple, de la surface proportionnelle occupée par
les océans, 73 p. 100 de la surface totale de la terre ;
beaucoup le savaient sans s'en rendre compte : c'est une
idée fixée à tout jamais dans l'esprit des visiteurs du globe
du Champ de Mars.

Elle n'est pas la seule, et ceci n'est qu'un exemple de
l'effet incomplet des cartes ou des globes de petites dimensions ; beaucoup d'autres seraient à citer, à l'appui de ce
que je disais tout à l'heure de l'insuffisance des procédés
d'instruction géographique adoptés jusqu'ici.

Cette insuffisance n'était pas l'unique cause de notre
infériorité en matière de connaissances géographiques :
il faut y ajouter le peu de souci, l'indifférence que l'on
apportait à vulgariser, par des cartes fréquemment revi-
sées, la connaissance des lieux même les plus rapprochés
de nous.

Permettez-moi de vous citer à ce propos un exemple
de cette indifférence ; je l'emprunte, non pas à la géographie générale, mais à la géographie locale, qui mériterait,
ce semble, un intérêt particulier.

Jusqu'en 1880, ou peu s'en faut, on eût cherché en
vain dans les cartes françaises du commerce, voire de
l'état-major, le pont de Suresnes et le boulevard de Ver-

---

(1) Le Globe terrestre au millionième a reçu, pendant la durée de l'Exposition, 217,823 visiteurs.

sailles qui lui fait suite jusqu'à Saint-Cloud, et dont la construction date cependant d'avant 1870.

Et cela à la porte de Paris, à quelques kilomètres de la direction générale des cartes de France.

Que d'exemples analogues ne pourrait-on pas donner d'une indifférence aussi singulière.

C'est par milliers qu'il faut compter, de nos jours encore, les communes de France qui ne possèdent, comme représentation un peu complète de leur territoire, que des cartes de dates à ce point anciennes que la plupart des routes et des transformations récentes du territoire n'y figurent pas.

Nous ne parlons pas ici, cela va sans dire, des plans du cadastre, que les exigences de transmission de propriété obligent à tenir à jour; encore faut-il observer que leur échelle, variant suivant les communes, exclut toute vue d'ensemble, et, partant, toute connaissance synoptique des lieux, connaissance dont cependant le besoin est permanent.

Certes, de grands progrès ont été faits en ces dernières années dans l'ordre géographique; en dehors de notre carte d'état-major, — sur la gloire de laquelle nous nous reposons depuis trop d'années, les admirables expositions de nos géographes en sont la preuve, — la nouvelle carte de France au cent-millième est un progrès fort important, qui va se terminant, car ce travail n'est point achevé; mais, malgré le soin de détail apporté à cette carte, il n'est pas difficile de reconnaître que son échelle, correspondant à peine aux besoins d'un département, ne saurait satisfaire à ceux d'une commune.

Le jour ne saurait certainement être loin où chaque commune aura sa carte à une échelle convenable, permettant d'y suivre avec quelque intérêt les détails des routes, des cours d'eau, etc., au plus grand profit de son administration.

C'est la géographie qui sera la base de la statistique, que nous souhaiterions voir diviser en statistique sociale et statistique économique, l'une traitant des habitants, l'autre des intérêts de leur existence sous toutes leurs formes.

Est-ce vraiment pousser trop loin la prétention en cette matière que de souhaiter par exemple que, sinon chacun, tout au moins un certain nombre des habitants d'une grande ville ou d'une contrée en connaissent la configuration? Nous embarrasserions fort plus d'un des membres de la classe dite dirigeante de Paris en les interrogeant sur la configuration, même générale, de leur quartier, de leur arrondissement, et de la ville tout entière.

Pour Paris, on ne saurait invoquer l'insuffisance des cartes ou plans, car le nombre, l'étendue et la mise au courant des plans de Paris sont une des gloires de notre municipalité parisienne et de M. Alphand.

Cette connaissance détaillée, objectera-t-on, n'est pas indispensable à la vie sociale; elle serait longue et difficile à acquérir!

On a le droit de ne pas partager cet avis, et l'on ne sait trop à quels arguments on pourrait recourir pour prétendre que cette connaissance ne doit pas être, au même titre que les éléments de l'histoire, du calcul, de la chimie ou de la physique, mise à la portée de tous, aujourd'hui surtout que notre vie sociale n'est plus confinée comme par le passé et s'étend, pour les existences les plus étroites, bien au delà des limites restreintes entre lesquelles elle était renfermée jusqu'ici.

Que dire, au même titre, de la statistique sociale et de la statistique économique, si ce n'est pour répéter que ces connaissances jouissent de moins d'honneur encore que la géographie? Qui pourrait nier cependant que bon nombre de problèmes sociaux et économiques seraient singulièrement plus faciles à examiner, sinon à résoudre, par la connaissance des éléments et des faits du travail, et par conséquent de ses besoins ?

A Paris, où, sous l'éminente direction de statisticiens émérites, ces connaissances viennent d'acquérir tout récemment un développement très important, la situation exacte des éléments de l'activité des habitants et de leurs besoins est cependant à peine connue, et si peu entrée dans le domaine commun, pour la répartition des besoins du travail par exemple, qu'on cherche à remédier à cette lacune par des états de situations provisoires du travail, affichés dans les mairies, dans quelques bureaux, mais sans méthode certaine et d'après des données souvent bien hypothétiques, faisant penser au temps ou à certains pays où la presse, aujourd'hui si répandue, est ou était représentée par des crieurs publics.

La statistique sociale et la statistique économique ont presque partout à franchir la même distance qui sépare la presse de la publication orale.

Certes, le temps viendra où les données statistiques du travail (statistique à peine ébauchée aujourd'hui) seront chaque mois mises à jour, tout au moins pour une commune, comme chaque année pour le pays. Le temps viendra où elles seront publiées avec une expansion suffisante pour que chacun, en ce qui concerne son travail et les besoins du milieu qui l'entoure, puisse être guidé ou se guider lui-même dans l'utilisation de son activité. Car il faut bien qu'on le sache, pour ne pas se le faire rappeler brutalement, ce sont ces connaissances qui importent à la solution du problème social, c'est-à-dire à la vie du plus grand nombre, dont la classe dirigeante ou prétendue telle ne s'occupe guère.

On se satisfait aujourd'hui de chercher la solution de ce problème dans les remèdes apportés au mal quand il se produit; et notre Assistance publique parisienne, en subvenant à des millions de besoins, s'en glorifie; mais de prévoir afin de pourvoir, personne ne se soucie guère, faute de savoir.

On connaît les malades que l'on peut soigner, mais des autres on ne connaît ni le nombre ni l'état: c'est la solidarité, sur les bases établies par la statistique et par l'hygiène sociale, qui devra trouver et prendre pour une large part la place de la charité dans les préoccupations de l'avenir.

Est-ce à dire que dans l'ordre social tous les problèmes soient solubles avec la connaissance préalable de leurs éléments? A coup sûr, non! Mais rien n'est moins illogique que cette perspective nécessaire d'une connaissance plus parfaite de la statistique sociale et économique et des bienfaits à en retirer.

Nous avons emprunté au département de la Seine un exemple de l'imperfection des connaissances des lieux; c'est encore à Paris que l'on peut trouver un exemple de cette même imperfection de la connaissance de la statistique sociale.

Paris occupe utilement, aujourd'hui, pour la fabrication de son pain, de 7 à 9,000 ouvriers boulangers, et ce n'est pas exagéré de dire qu'il y a 12,000 et plus ouvriers boulangers à Paris. Ainsi, plusieurs milliers de ces ouvriers demandent à leur profession ce qu'elle ne peut leur donner, parce qu'ils ignorent dans quelles proportions l'offre excède la demande, et parce qu'ils ne connaissent pas la limite exacte du besoin que Paris peut avoir de leurs services.

La même constatation pourrait être faite à un degré moindre, mais encore très significatif, en ce qui concerne les patrons boulangers, au nombre de 1,800, à Paris, alors que 1,200 suffiraient. Cette surabondance est à coup sûr une des conséquences de la liberté; mais la première condition de la liberté, c'est d'être éclairée. Les patrons le peuvent être, mais les ouvriers n'en ont aucun moyen encore.

Veut-on un autre exemple de l'utilité des statistiques sociales largement mises à la disposition de tous? Il y a plus de 2,000 postulants et plus de 6,000 postulantes en instance pour obtenir des emplois dans les écoles primaires de Paris; or, le nombre des places annuellement disponibles ne dépasse guère une centaine. Que de mécomptes on épargnerait à une infinité de jeunes gens ou jeunes filles, souvent distingués, si on les obligeait à connaître ces chiffres, qui leur prouveraient la nécessité de chercher une autre voie!

En dehors du trouble qu'apporte dans une profession la disproportion exagérée entre l'offre et la demande du travail, c'est par de telles anomalies que se recrute l'armée des clients de la bienfaisance et de l'assistance publique, dont le budget public et privé se chiffre certainement chaque année, à Paris, par plus de 50 millions de francs.

Une statistique sociale régulière de Paris, publiée, connue et appréciée, si coûteuse qu'elle puisse être, et elle ne le serait guère, permettrait de réaliser sur le budget de la charité publique et privée des économies importantes, en même temps qu'elle donnerait aux travailleurs de Paris le moyen de s'assurer de leur lendemain, d'atténuer la précarité souvent si douloureuse de leur situation, en cherchant à employer leur activité et leurs forces dans les départements voisins, où l'agriculture est obligée de demander sa main-d'œuvre à l'étranger.

Quelques résultats généraux de la statistique sociale parisienne peuvent être intéressants à citer ici, et à ce propos : nous les emprunterons à une statistique établie en 1882 (1).

---

(1) Voyez la note de la p. 245.

Prenons l'exemple du logement à Paris : sur 76,000 maisons comportant 1,038,000 locaux, dont environ 400,000 affectés à l'industrie, 700,000 étaient consacrés à l'habitation.

Sur ces 700,000 logements, 472,000 environ correspondaient à un loyer inférieur à 300 francs par an.

Retenez ce chiffre, Messieurs, il est plein d'enseignements.

130,000 correspondaient à un loyer supérieur à 300 francs et inférieur à 1,000 francs par an ;

56,000 à un loyer supérieur à 1,000 francs et inférieur à 6,000 francs ;

Au-dessus de 6,000 francs par an, Paris ne comptait que 5,500 logements environ.

Cette situation a varié certainement depuis 1882, mais, assurément, en si petite proportion, que les déductions à tirer de ces chiffres ne sauraient être sensiblement modifiées.

Mais quelles déductions? dira-t-on. Une fort importante, suivant nous, pour ceux qui s'occupent de politique sociale et économique, à savoir que l'état social de Paris diffère sensiblement de ce que beaucoup pensent ou croient. Se doute-t-on de ce que peut être, à Paris, un logement inférieur à 300 francs? Il en est même un bon nombre qui ne paient pas 100 francs de loyer. Et la connaissance de ces chiffres ne serait-elle pas de nature à hâter la solution de plusieurs problèmes édilitaires?

Ne serait-il pas intéressant que chacun sût, par autre exemple, que sur 1,000 personnes, à Paris, il y a 60 indigents ou classés comme tels, d'après la statistique de 1886 (1);

Que, sur 1,000 individus exerçant la même profession,

----

(1) *Résultats statistiques* du dénombrement de 1886 pour la Ville de Paris et le département de la Seine, publication administrative.

il y a 280 patrons, 176 employés, 544 ouvriers travaillant à la journée;

Que sur 1,000 habitants il y a 59 domestiques?

Nous ne prétendons demander à la statistique que ce qu'elle peut donner utilement pour chaque branche d'investigation et nous admettons bien que de ces exemples, et d'autres de même nature, on ne peut guère tirer que des enseignements généraux.

Mais ne sentez-vous pas avec moi de quelle importance sont ces enseignements pour l'appréciation de ce qu'est notre grande capitale au point de vue social, que presque tous ignorent? Personne, au surplus, ne pouvait connaître ces chiffres il y a quelques années.

On peut certes pousser ces recherches jusqu'aux chinoiseries dont se rendent coupables certains statisticiens, qui s'émerveillent, par exemple, de nous faire savoir combien il est passé de femmes veuves sur le Pont-Neuf en une année; mais nous ne nous adressons ici qu'à la statistique sociale générale, qui s'appellera statistique élémentaire (1).

Je rétracte le mot chinoiserie, pour lui substituer le mot statistique puérile, car, en Chine, l'organisation sociale est toute différente de la nôtre : la société est divisée en groupes ou familles ; chaque groupe et chaque famille connaît ses besoins, sa situation, et y pourvoit de son mieux, alors que chez nous la société, constituée par des groupes formidables, ne peut se connaître que par des moyens et des méthodes plus compliqués.

Nous mettons ci-contre sous vos yeux un tableau (2), un aperçu général de la statistique sociale de France et de

---

(1) Dans cet ordre d'idées, on peut lire un discours prononcé par M. de Foville au jubilé de la Société de statistique de Londres, intitulé : *la Statistique et ses ennemis,* inséré au *Journal de la Société de Statistique de Paris,* numéro de novembre 1885.

(2) Voir ce tableau aux *Annexes,* p. 304.

Paris en 1886. — On en peut tirer plus d'un enseignement.

Après ces exemples et observations, empruntés à la statistique sociale de Paris, prise comme exemple pour les grandes villes, laissant de côté la statistique économique, qui est moins négligée, parce qu'elle touche aux intérêts matériels immédiats des habitants et des municipalités, disons quelques mots de la situation des départements. Ici la statistique sociale offre moins d'intérêt, et la statistique économique, moins facilement résumable, tient une place plus importante, en raison du rôle qu'y joue la production du sol. Aussi, les exemples ne nous manquent-ils pas pour justifier la nécessité de l'expansion et de la réglementation à donner à cette statistique économique.

Pour les départements, c'est-à-dire pour les campagnes, ne serait-il pas intéressant que chacun sût tout d'abord qu'en France, sur 38 millions d'habitants, dont 2,300,000 habitent Paris, il y a 17,700,000 individus, c'est-à-dire près de la moitié de la population des départements, qui vivent exclusivement de l'agriculture ?

Ce chiffre seul suffit à justifier la prédominance que mérite d'avoir la statistique économique sur la statistique sociale dans les départements.

Dans les campagnes, en effet, la population est plus stable, plus permanente, elle se connaît mieux dans ses petits groupements distincts, elle vit de la terre, et sauf certaines exceptions ou circonstances d'ordre plus général, en notre pays de France, la terre fait vivre ceux qui la cultivent.

Mais ici encore quel rôle majeur est réservé à la statistique, à celle que nous qualifions de statistique économique ! L'obscurité ne règne plus sur l'utilisation du travail, mais sur son objet, et cet objet intéresse le patron comme l'ouvrier, celui qui possède comme celui qui ne possède pas.

Combien sont frappés d'étonnement ceux qui, en consultant nos statistiques, toutes modernes d'ailleurs et encore très peu répandues, de l'agriculture, voient combien peu y intervient la connaissance des conditions d'écoulement des produits du sol! Des surfaces considérables de terrains sont consacrées à des cultures dont les produits nous viennent aujourd'hui de l'étranger à des conditions tellement plus avantageuses, que la vente des produits similaires de notre sol est impraticable.

A défaut de cette connaissance, chacun tâtonne, poursuit la routine du passé, et bon nombre végètent sans même savoir qu'ils pourraient tirer meilleur parti de leur sol et de leur travail.

Disons cependant qu'à travers ces imperfections le progrès poursuit la courbe de sa destinée dans notre pays de France, berceau et foyer de trois qualités maîtresses de l'humanité : le travail, l'ordre et l'économie. Car il ne faut pas s'y tromper, Messieurs, si notre littérature, notre gaieté française, semblent donner à notre race une apparence de légèreté, rien n'est plus trompeur que cette apparence, et personne de ceux qui, comme nous, ont longtemps vécu hors de France, ne manque de constater avec les étrangers éclairés que ces trois qualités du travail, de l'ordre, de la méthode, soient la caractéristique de notre race. Ce sont elles qui aident à produire les merveilles que nous avons autour de nous aujourd'hui.

Voulez-vous quelques exemples des progrès accomplis en dehors de la statistique et de la géographie, mais constatés avec le concours de la statistique : je les emprunte à l'un de nos agronomes économistes les plus éminents, M. Grandeau, qui les publiait ces jours derniers (1).

En 1789, la consommation de la viande était en France

____

(1). Revue agronomique du Journal *le Temps*, numéro du 9 juillet 1889.

de 17 kilogrammes par an et par habitant; en 1888, cette même consommation a dépassé 30 kilogrammes.

Il y a cent ans, nous dit encore M. Grandeau, c'est à peine si la classe moyenne connaissait l'usage du pain de froment, alors qu'aujourd'hui, ceux qui consomment le pain de seigle, d'avoine et de sarrasin, forment la grande exception. Les besoins augmentent avec leur satisfaction, et c'est à cette satisfaction que doit tendre le progrès : la statistique y aidera puissamment.

Les déductions à tirer de ces exemples généraux nous entraîneraient trop loin : je ne les indique que pour attirer votre attention sur les statistiques sociales et économiques et sur l'utilité de leur vulgarisation.

Serait-ce sortir du domaine des prévisions logiques et vraisemblables que d'espérer et de dire que, dans un avenir prochain, certains résultats de la statistique utile pourront ou devront être affichés dans les villes et dans les campagnes pour l'édification de tous, au moins aussi légitimement que les programmes des réjouissances publiques.

C'est par ses côtés pratiques les plus étroits, mais les plus proches de nos intérêts immédiats, que nous avons abordé l'examen de l'utilité, de la nécessité de la géographie et de la statistique dans leur rôle le plus restreint comme étendue, mais le plus important et le plus immédiat comme résultats.

Si de ce cercle restreint, nous passons dans le cercle plus vaste qu'embrasse désormais toute grande nation comme la nôtre au point de vue de ses relations sociales, économiques et commerciales avec le reste du monde, nous n'aurons pas de peine à établir que la géographie et la statistique doivent jouer, dans la connaissance de ces relations, un rôle prépondérant.

De la géographie générale du globe je ne vous dirai rien que vous ne ressentiez en présence des admirables conquêtes de notre siècle complétant les efforts des siècles passés.

Ne trouvez-vous pas que cette terre, si grande pour ceux qui n'en connaissent qu'une faible partie, nous apparaît petite dans son immensité, aujourd'hui que la pensée en fait le tour en quelques minutes par le télégraphe, que nous avons marqué sur le globe par un trait d'or; l'activité de chacun s'y peut employer dispersée en quelques jours ou quelques semaines sur toute la surface du globe, par les chemins de fer, les bateaux à vapeur, dont nous avons marqué la direction principale, qui sillonnent la terre et la mer.

Nos explorateurs européens ont presque tout visité, relevé presque tous les points; il semble qu'aucun kilomètre carré de ces vastes océans n'ait échappé à leurs investigations; et, quand la grande voix de la presse universelle transportée par la vapeur et l'électricité nous apporte aujourd'hui la nouvelle de désastres tels que celui de Samoa, dans le Pacifique, il semble que cela soit moins éloigné de nous que ne devait l'être pour l'imagination, il y a cent ans, une éruption du Vésuve.

Cette immense Afrique, la terre des explorateurs, attire nos regards comme une conquête pleine de promesses pour l'activité humaine et pour la civilisation, d'un avenir moins éloigné que ne devaient paraître, il y a deux cents ans, les grandes contrées de l'Amérique, aujourd'hui si peuplées, si actives et si prospères.

Ce problème africain est attaqué au nord et à l'est, au sud et à l'ouest, par toutes les nations de notre petite Europe.

C'est dans le continent africain qu'est encore pour la science géographique le plus grand inconnu; mais la marche en avant est si rapide que nous avons dû, par deux fois, refaire nos cartes d'Afrique, tant les changements que chaque mois apportait à la connaissance précise du centre de ce grand continent se succédaient rapidement en ces derniers temps.

L'Europe n'a plus de secrets, ceux de l'Asie sont presque tous dévoilés, et si la Chine, avec son agglomération formidable de population, qui comprend le tiers de l'humanité, nous laisse quelques incertitudes géographiques, on peut prévoir qu'elles ne seront pas de longue durée : ces jours derniers, le Fils du Ciel, l'empereur de Chine, a décrété le principe, si longtemps contesté en Chine, des chemins de fer.

C'est la porte ouverte à notre civilisation moderne. La Russie se prépare, de son côté, à construire un chemin de fer à travers la Sibérie, dont ici même le général Annenkoff exposait le tracé au Président de la République, il y a deux mois, et personne n'oserait dire qu'avant cinquante ans les voies rapides du globe n'auront pas traversé l'Asie, réuni Pékin à Paris.

L'Amérique du Nord, dont la première donnée géographique est arrivée à notre génération par des romans, est entrée dans le grand domaine des connaissances géographiques complètes : l'Amérique centrale est presque au même point; et si l'Amérique du Sud, en ses contrées centrales immenses, conserve encore quelques voiles, l'activité fiévreuse que nos explorateurs et nos colons d'Europe y déploient, la protection éclairée qu'assure au développement des connaissances géographiques l'empereur du Brésil, nous sont une sûre garantie d'une divulgation prochaine et rapide de ses surfaces encore peu connues.

L'Australie, qui nous a envoyé ses vins à l'Exposition, est conquise avec la productivité admirable de ses côtes, entourant comme d'un cercle d'or un immense noyau central de déserts explorés.

Les grandes îles répandues sur les mers, comme les petites, sont connues, relevées, visitées, — œuvre admirable de nos marins européens, au milieu desquels notre marine française tient une si glorieuse place.

En visitant dernièrement le globe avec l'amiral Cloué, j'ai été, comme vous l'auriez été vous-mêmes, frappé d'étonnement et d'admiration en entendant cet officier supérieur de notre marine nationale discuter avec nous des îles du Pacifique comme nous aurions causé de nos îles d'Hyères ou de Bretagne.

Restent les régions polaires, objet de nos curiosités ambitieuses, abordées par tant de marins français et autres, qui ont tenté de les explorer : c'est jusqu'ici, et pour longtemps peut-être, le pays des rêves, la limite matérielle de notre puissance humaine. Les pôles sont au reste du monde comme le grand problème de la précarité de notre existence humaine. Qui sait cependant ce que l'avenir nous réserve, dans les régions glaciales, de découvertes inespérées?

La science nous a dévoilé le phénomène de leur dépression; nous ne l'avons pas indiqué à notre échelle même du millionième : elle eût échappé à vos yeux.

Ces connaissances admirables de notre globe terrestre acquises par nos générations sont et seront la source et l'assurance du progrès des sciences physiques, météorologiques et astronomiques qui, à travers leur grande envergure, importent à nos intérêts les plus proches, les plus constants, les plus immédiats.

Elles sont et doivent être aussi la source d'une confiance solide dans les destinées de notre humanité, qui a devant elle un si fécond et si vaste champ d'activité, et rien ne me paraît aussi sain pour l'esprit, aussi réconfortant pour la vie de chacun, que cette confiance dans l'avenir qu'envisageront à leur tour, nos enfants et nos petits-enfants.

Certes nous rendons de grands honneurs à ceux qui ont consacré et sacrifié leur vie à nous assurer de tels résultats, explorateurs, navigateurs, savants éminents, géographes, mais aucun de ces honneurs, s'ils ont pu les pressentir, ne peut équivaloir, pour ces hardis pionniers de la civilisation, au sentiment de satisfaction qu'à leur dernière heure ils ont dû emporter à raison des services rendus par eux à l'humanité.

Est-il vraiment besoin de rien dire de plus sur l'utilité des connaissances géographiques générales, sur leur expansion, sur leur vulgarisation nécessaires? Nous ne le pensons pas. La science géographique est entrée en France dans la voie du développement qu'elle doit prendre; c'est à notre Société de géographie que revient l'honneur d'avoir posé les pierres fondamentales de ce monument.

Nous ne sommes encore qu'à la première plate-forme; il faut en faciliter l'accès au plus grand nombre, pour leur assurer le bienfait de voir de haut et de loin, et pour permettre à nos successeurs de gravir plus rapidement les étages supérieurs et indéfinis de la science et du progrès.

Dé la statistique générale, de son importance, de la nécessité de sa vulgarisation, de son introduction si facile, résolue, systématique dans nos programmes d'instruction à tous les degrés, je ne puis rien dire qui parle plus et mieux que les tableaux rassemblés sous vos yeux.

Je ne saurais commenter chacun d'eux comme ils le mériteraient, faute de temps, mais il n'est pas sans intérêt d'en tirer quelques déductions philosophiques, chacun y apportant la sienne.

Du nombre des habitants du globe et de la densité des populations, si différente en ses diverses parties, n'est-il pas permis de conclure que la population du monde peut et doit s'accroître, qu'il y a large place pour cette augmentation dont l'Europe a donné l'exemple, et que celle-ci peut déverser son trop-plein sur les contrées moins favorisées; et n'est-ce pas une déduction saine et réconfortante pour l'humanité que d'envisager l'étendue du champ ouvert à son accroissement et à son activité?

Puis vient le tableau des religions.

Cette statistique approximative n'est-elle pas, à elle seule, un enseignement de l'ordre le plus élevé? Les considérations qui s'y rattachent nous conduiraient trop loin; mais je suis certain que chacun y puisera un sentiment de liberté et de tolérance envers toute religion, chacune d'elles représentant une si formidable masse de sentiments professés par l'humanité que le respect s'impose.

Certes, l'avenir n'appartient pas au passé, et chaque ouvrier a le droit de travailler à un édifice nouveau, mais la foi échappe, comme tous les problèmes qui se rattachent à l'inconnu, aux procédés scientifiques, et, en cette matière, le temps seul peut modifier ce que le temps a édifié.

Le dénombrement comparé de la population des diverses contrées du globe terrestre comme statistique élémentaire sociale, son rapprochement des surfaces occupées, peut et doit être, en bien des occurrences, un enseignement profitable, qu'il convient de compléter par une étude plus approfondie des terres habitables et habitées et des conditions qu'y rencontre l'existence humaine.

La connaissance générale élémentaire n'en est pas moins nécessaire.

Plus significatif et plus précis doit être l'enseignement de cette même statistique sociale de la population des grandes villes du globe à vingt-cinq ans d'intervalle. On y voit, en cette période, naître de toutes pièces des villes considérables, œuvre de notre civilisation, comme l'avenir en créera encore, comme Toronto, dans l'Amérique du Nord, et Port-Saïd, aux confins de l'Asie et de l'Afrique.

D'autres villes, comme Londres, Paris, Berlin, Vienne,

Saint-Pétersboucg, Moscou, Bruxelles, Pesth, New-York, Brooklyn, San Francisco, Buenos-Ayres, Rio-de-Janeiro, Santiago, Melbourne, Sydney (les renseignements manquent pour l'Asie), ont vu s'accroître en ces dernières années, leur population dans des proportions considérables; comme si, à l'accroissement du grand corps qui s'appelle le monde terrestre, devait correspondre un agrandissement du cerveau que ces capitales et ces grandes villes représentent, véritable cerveau, aujourd'hui que la pensée du monde se condense par le télégraphe, qui, plus encore que la vapeur, a dû contribuer à ces développements extraordinaires.

Si, quittant la statistique sociale ou démographie, nous parcourons les résultats de la statistique économique, nous trouvons dans le développement des lignes télégraphiques et des chemins de fer (sur des données non comparables à la vérité, car, pour les comparer, il faudrait en rapprocher les surfaces et la population) la preuve de la prépondérance de la civilisation européenne sur les destinées du monde et sur le progrès humain. La France y tient une grande place et la Chine une si petite qu'elle laisse un doute sur les destinées d'une civilisation qui, assure-t-on, a précédé la nôtre.

La surface des océans par rapport à la surface des continents produit un étonnement profond, qui a provoqué autour de notre globe des réflexions philosophiques bien originales sur les origines et les causes de la création du monde.

Nous avons même entendu exprimer cette idée que, toute chose devant avoir sa raison d'être, la surface des océans avait été calculée par le grand Maître de l'univers de manière à assurer aux terres émergeant de l'océan une surface d'eau et d'évaporation suffisante pour donner au sol les pluies nécessaires à sa fécondité. Nous reproduisons l'explication sous toutes réserves.

Le temps nous manque pour aborder l'examen des tableaux du mouvement commercial des divers États. Le lion d'Angleterre y pose sa griffe maîtresse. La population coloniale de la Grande-Bretagne équivaut presque au cinquième de la population du globe, c'est-à-dire aux trois quarts de la population de l'Europe.

La France, avec 38 millions d'habitants, y marche de pair avec l'Allemagne et ses 46 millions d'habitants et avec les États-Unis, qui comptent plus de 60 millions d'habitants.

Par contre, la Chine, avec 430 millions d'habitants, n'offre à l'examen que le sixième du mouvement commercial de la France, un peu moins que la Suisse avec moins de 3 millions d'habitants. Disons, à ce propos, que le développement du mouvement commercial de la Suisse et de la Belgique par rapport à leur population est un des plus considérables, témoignage d'activité intéressant à savoir et à retenir.

La statistique de la navigation à voile et à vapeur est disproportionnée avec la statistique du mouvement commercial.

Elle prouve que pour l'Angleterre, la Norvège, l'Italie, la navigation est une industrie mise au service des autres nations. Une statistique plus détaillée amènerait à reconnaître que, pour la marine à vapeur, la grande navigation française se rapproche sensiblement plus de la grande navigation anglaise, et si, pour le tonnage général de la marine à vapeur, l'Angleterre dépasse neuf fois la marine française, cette proportion n'est plus que de deux fois et demie pour la grande navigation. Les mêmes tableaux conduiraient à reconnaître le développement formidable accompli en ces dernières années par la marine allemande.

Le résultat statistique de la production de la houille n'étonnera personne. L'Angleterre n'a de rivale, à longue distance, que les États-Unis. Il en est de même pour la fonte de fer, où la France gagne plusieurs rangs, par rapport à sa production comparative de la houille.

Pour tirer profit des tableaux statistiques de la production annuelle des céréales et des vins, il faudrait entrer dans des détails que notre causerie ne comporte point.

Disons en passant, cependant, que la France est tributaire de l'étranger, pour le blé, de quelques millions d'hectolitres, correspondant aux besoins de ses semailles, c'est-à-dire d'environ 15 millions d'hectolitres : mais le progrès en la matière marche à grands pas; les besoins des semailles diminuent avec les procédés de culture et la récolte augmente d'intensité : la France produira le blé dont elle aura besoin sans augmenter les surfaces cultivées.

La statistique des vins est de 1887; elle n'est déjà plus vraie pour la France par rapport à l'Italie, d'après les renseignements de 1888, car la France a repris son premier rang à 100,000 hectolitres près.

Nous laisserons à une parole plus exercée et plus humoristique que la nôtre, le soin d'interpréter la statistique des correspondances par lettres et par télégrammes; nous pensions, avant d'avoir recueilli ces renseignements, que la France occupait un rang plus élevé dans ces proportions de correspondances par cent habitants.

Ces divers tableaux peuvent et doivent nous apprendre à être modestes, même en traversant cette admirable Exposition qui fait en ce moment de Paris le centre du monde.

Comme le dit M. de Vogüé dans le très charmant article qu'il a bien voulu consacrer à notre Globe dans la *Revue des Deux Mondes*[1] : « Soyons modestes; observons

---

(1) Numéro du 15 juillet 1889, p. 451 et suiv.

plutôt les dernières mailles du filet qui tendent à s'accrocher ailleurs, et resserrons les mailles chez nous. »

J'ajouterai : « Et, pour les resserrer, connaissons les points de leurs attaches. »

Si, parmi mes auditeurs, j'ai fait naître ou se développer le sentiment de l'utilité, de la nécessité de comprendre parmi les bases de notre enseignement moderne la géographie et la statistique, j'aurai atteint le but que M. Cotard et moi nous nous sommes proposé : de travailler à leur vulgarisation.

Une magnifique statue, emblème des conquêtes des générations qui nous ont précédés à la fin du siècle dernier, représente non loin d'ici une réduction du colosse de Bartholdi, dont la France a fait hommage aux États-Unis : la Liberté, tenant à la main le flambeau qui doit éclairer le monde.

Je suis sûr d'être d'accord avec vous tous en disant, pour terminer, que le rôle de notre génération et de celles qui la suivront est de fournir à la Liberté la lumière dont elle a besoin pour accomplir sa destinée, et que, parmi les éléments de cette lumière, la géographie et la statistique doivent prendre une des premières places.

LES ASSOCIATIONS DU ·TRAVAIL

en France et à l'Étranger (1)

Si peu autorisé que je puisse me sentir de traiter devant vous, messieurs, le sujet assigné à notre causerie d'aujourd'hui, je l'aborde avec la confiance d'une pro-

---

(1) Conférence faite au Palais du Trocadéro, le 21 août 1889.

fonde conviction, dans l'intérêt que présente à notre époque la question des associations du travail.

Quand il me fut demandé de m'inscrire parmi les conférenciers de notre grande Exposition, je me suis dit que, puisque les circonstances et mon goût personnel m'avaient entraîné vers l'étude du développement des associations du travail, je ne pouvais choisir un sujet qui méritât autant de trouver sa place parmi ceux qui doivent être traités dans nos réunions internationales.

En cette matière comme en quelques autres, nous avons été devancés par d'autres nations; mais le rôle de la France est de perfectionner et de vulgariser quand elle n'improvise pas, et si nous avons tardé dans cette voie des associations du travail, j'ai le ferme espoir que notre société française, fidèle à sa destinée, saura, par le soin, par la méthode qu'elle y apportera, donner aux associations du travail des bases solides et sûres dont profiteront même ceux qui nous ont devancés.

Je ne vous ferai ici, messieurs, ni l'historique ni l'apologie des associations : l'homme, à ses origines, a vite compris que, seul, il est à peu près impuissant, et qu'en unissant ses efforts à ceux de ses voisins, de ses frères, il peut tout entreprendre.

L'association a revêtu, dans les siècles qui nous ont précédés, diverses formes et, comme le veut la logique humaine, ses efforts ont été orientés vers le profit des membres qui en faisaient partie.

Or, en remontant dans le passé, nous trouvons l'association réduite à très peu de membres, ayant tous plus ou moins comme but de s'assurer une certaine suprématie sur les autres. De là sont nées les castes qui, dans l'ordre religieux comme dans l'ordre politique ou social, résument l'histoire ancienne des associations.

Chaque progrès nouveau de l'humanité a été marqué par l'extension des associations et par la participation à leur profit d'un plus grand nombre d'individus. Ce caractère de l'association est si vrai, qu'un des effets, bien inattendus, de la Révolution dont nous célébrons le centenaire, a été de proscrire les associations, d'en refuser le droit commun, pour faire cesser cette sorte d'aristocratie qui, du petit au grand, régissait les sociétés du passé.

La loi du 17 juin 1791, qui supprima les maîtrises et jurandes, interdit aussi, par crainte de voir renaître les corporations oppressives du passé, toute revendication professionnelle fondée sur des intérêts communs, toute manifestation faite en leur nom. Bien que cette prohibition fût sanctionnée des peines les plus graves, d'assez nombreux syndicats de patrons et plusieurs sociétés ouvrières eurent, pendant la première moitié de ce siècle, une existence de fait que M. Nadaud tenta vainement, en 1849, de rendre légale, mais c'est en 1864 seulement que l'Empire, pour donner quelque gages au monde du travail fit, par la loi du 25 mai, abolir le délit de coalition puni par le Code, qui n'était pourtant que l'usage de la liberté la plus respectable : celle de travailler.

Malgré cette loi, nous ressentons encore si profondément les effets de notre passé aristocratique que, de nos jours même, on n'ose proclamer la liberté de toutes les associations par crainte d'en voir surgir ou se développer de contraires à notre esprit moderne.

En un mot, la liberté d'association n'existe pas en France, puisqu'elle est encore limitée par certaines exigences et certaines règles qui sont pour beaucoup d'entre elles une véritable entrave, alors que cette liberté de l'association est ou devra être la base de toutes les libertés, la base de la seule organisation vraiment démocratique à laquelle nous puissions aspirer.

Je voudrais vous donner un exemple de ces sujétions autocratiques des associations du passé. Je l'emprunte au dix-huitième siècle. La corporation de la confection du vêtement, celle des tailleurs, excluait toute intervention de la femme dans la confection des costumes féminins, et c'est d'une ordonnance de 1754 seulement que date la faculté pour les femmes en France de travailler au costume des dames, et encore cette licence est-elle limitée aux vêtements du dessous, les tailleurs se réservant le costume de dessus à l'exclusion de tous autres.

De cet exemple, si bizarre qu'il soit, mais topique ce semble, vous pouvez déduire toutes les exceptions, tous les privilèges dont les associations, même ouvrières, voulaient se prévaloir aux dépens de la liberté.

Certes, nous sommes loin aujourd'hui de cet état de choses: mais, pour s'être agrandi, le champ des exceptions est resté encore très ouvert et personne ne méconnaîtra que les associations du travail sont singulièrement plus difficiles à constituer aujourd'hui que les associations du capital, qui jouissent fort heureusement depuis quelques années, et au profit de notre prospérité nationale, de presque toutes les libertés.

Cette comparaison m'amène dans le cœur même de notre sujet, à savoir : l'opposition, pour ne pas dire l'antagonisme des intérêts, qui semble naître à chaque intervention de ces deux éléments nécessaires de la production : le capital et le travail.

C'est la grande querelle qui agite cette fin de siècle entre deux ferments ne pouvant guère se passer l'un de l'autre.

Traiter cette question ici nous entraînerait fort loin. D'ailleurs sa solution doit se commander puisqu'elle est nécessaire ; puisque le capital ne peut produire sans le travail. A ce titre, le travail peut se considérer comme plus indépendant ; mais, comme son but est aussi le capital, on ne saurait porter atteinte à l'un sans nuire à l'autre.

Au surplus, comme je le disais tout à l'heure, le capital a su obtenir le droit d'association, grâce auquel s'accomplissent toutes les grandes œuvres de notre époque, et en France ce même droit est restreint pour le travail.

Mais la question ainsi posée, si compliquée qu'elle soit encore, apparaît assez simple, car si le but des associations du travail n'avait été que la protection de ses intérêts vis-à-vis le capital, la solution serait vraisemblablement en France, comme elle l'est en d'autres pays, singulièrement plus avancée.

En France, c'est par la lutte qu'on a commencé, et je pourrais presque dire que l'on poursuit l'œuvre de la réorganisation sociale.

La guerre a-t-elle été allumée et entretenue par les résistances du capital à abandonner la moindre de ses prérogatives ou bien par l'impatience des représentants du travail, désireux non seulement d'atteindre le but mais même de le dépasser? Le fait est que la tendance à l'affranchissement du travail, qu'on a appelée le socialisme, est devenue aujourd'hui une sorte d'épouvantail, et dans le monde où l'on ne réfléchit guère à ces questions, c'est-à-dire dans la très grande majorité des esprits, le mot socialiste est devenu presque l'équivalent de communiste, de révolutionnaire, etc., alors qu'en réalité la tendance dont je parle se devrait plus simplement appeler la question sociale, c'est-à-dire celle qui doit dominer toutes les autres.

Car, si l'humanité s'agite, dans l'ordre politique, comme dans tout autre, ce n'est exclusivement que pour améliorer les conditions de son existence.

Autrefois, c'est une petite minorité qui pouvait se prévaloir de ses droits au bien-être. Pour la masse tenue en dépendance par l'absence d'instruction, par une infériorité soigneusement entretenue, choyée même par les privilégiés, son bien-être était, à très peu près, assimilable à celui que la Société protectrice des animaux réserve à ses protégés.

Aujourd'hui, malgré le souci des privilégiés de la naissance ou de l'intelligence de sauvegarder, sinon d'augmenter leurs prérogatives, la masse du peuple des travailleurs est devenue majeure. Elle intervient par le suffrage universel aux décisions qui règlent les destinées de tous, et elle veut être écoutée au même titre que les autres. On a beau fermer les oreilles ou chercher à étouffer sa voix, ce que la société lui contestera de droit légitime au bien-être commun, elle le saura bien prendre.

Le problème se pose donc nettement :

Ou la question de notre réorganisation sociale se résoudra par une étude sérieuse, par une méthode équitable avec le concours de tous les intéressés ;

Ou elle se dénouera par la force et le désordre.

C'est ce dilemme ainsi posé qu'il faut envisager, sans perdre de vue que, pour assurer la première solution, il faut s'en occuper non seulement au nom de la sécurité de tous, mais aussi au nom de tous les intérêts des privilégiés ou des autres. L'instruction dont la France s'est dotée depuis dix-huit ans ne peut et ne doit avoir de plus grand résultat.

Je viens de parler de la question sociale en France. Il importe, ce semble, de voir par quelles phases elle est passée chez les peuples les plus voisins de nous par leur situation géographique et par leurs mœurs, et c'est dans les institutions des associations du travail que nous devrons trouver l'enseignement que nous cherchons (1).

____

(1) Consulter à cet égard :

Lavollée : *Les Classes ouvrières en Europe*; A. Villard : *Le Socialisme moderne; son dernier état;* Hipp. Passy : *Histoire du travail;* divers articles parus dans l'*Économiste français*, le *Journal des économistes*, etc.

Commençons par :

L'Angleterre.

Les associations ou unions de métiers « *Trade's Unions* » remontent à la fin du dix-huitième siècle. Leur situation légale est celle-ci :

Toute association faite entre ouvriers ou patrons pour soutenir les intérêts communs de ses membres, même par la grève, pourvu qu'elle ne soit pas accompagnée de violences, est licite. Ce privilège n'est pas concédé aux seuls ouvriers ; c'est la loi commune de l'Angleterre. Une loi avait été faite à la fin du siècle dernier qui enlevait ce droit d'association aux seules unions d'ouvriers : elle a été abrogée en 1824.

De plus, ces sociétés peuvent former une personne morale, à condition de faire enregistrer leurs statuts par un fonctionnaire spécial, le *registrar*. La seule obligation imposée aux associés est de faire connaître chaque année au *registrar* le nombre de leurs membres et le chiffre de leur capital. Celui-ci dresse du tout un rapport présenté chaque année au Parlement.

La justice n'a pas à intervenir dans les débats intérieurs entre associés.

Une loi de 1871, modifiée en 1876, prévoit et punit les cas de violence et de pression que les unionistes peuvent exercer, soit sur leurs camarades non adhérents, soit sur ceux qui voudraient se retirer contre la volonté de la majorité.

Les unions ne sont pas toutes semblables ; les unes ne comprennent que les ouvriers d'une même ville ; d'autres sont provinciales ou nationales. Certaines ont même des branches à l'étranger, sur le continent, et jusqu'en Amérique ou en Australie.

Il y a aussi les unions de patrons, qui se sont fondées

soit pour balancer l'influence des unions d'ouvriers, soit pour régler la production et les prix.

Quelle est l'organisation des unions anglaises? Les petites se gouvernent directement; les membres, étant peu nombreux et proches, se réunissent périodiquement. Quant aux grandes unions qui ont des branches nombreuses, chaque loge, en principe, a son administration et ses finances à part. Les décisions importantes, telles que prononcé ou clôture d'une grève, sont prises par un comité central formé des délégués des branches. L'organisation, du reste, varie avec les sociétés.

Dans quel sens s'est exercée leur influence? M. Paul Leroy-Beaulieu les condamne dans *la Question ouvrière au dix-neuvième siècle* (1).

Voici l'avis du *Times*, cité dans l'*Économiste français* du 27 septembre 1884.

Les Trades Unions se sont fait une place dans l'organisation sociale du pays. Il se peut bien que ces sociétés n'aient pas toujours été sages dans leurs visées, ni circonspectes dans leur manière de poursuivre leurs intérêts; mais, à cette heure, personne ne leur dénie le droit d'agir suivant leurs lumières dans les limites d'une liberté réglée et tolérante... Les Trades Unions sont devenues les organes constitués des classes ouvrières; elles parlent au nom de ces classes, et leur voix a d'autant plus d'autorité qu'elle est affranchie du joug politique. Il y a, en effet, des unionistes très conservateurs, tandis que d'autres sont très libéraux...

Depuis quelques années, il se produit dans les unions de métiers un changement profond qui modifie leur physionomie. Elles cessent d'être sociétés de combat pour devenir sociétés de secours. Il en résulte que lorsqu'une union, ayant malades, pensionnés, veuves et orphelins à sa charge, se met en grève, ce ne peut jamais être sans les plus graves motifs.

---

(1) Voir l'ouvrage du comte de Paris: *les Associations ouvrières en Angleterre*, 1869-1873.

En résumé, l'Angleterre, avec son génie social très différent du nôtre, a plus d'un demi-siècle d'avance sur nous dans *certaines formes* du progrès social, je dis : certaines. Elle nous offre aussi l'exemple d'une société organisée sur des bases plus larges au profit de certains travailleurs : leur production et leur prospérité n'en souffrent pas, bien au contraire, et les conditions du travail y gagnent singulièrement.

Allemagne.

La *Gewerbe Ordnung*, publiée sous sa forme dernière le 1ᵉʳ juillet 1883, est la base de la législation du travail en Allemagne. Aux termes de ce code, tout habitant de l'un des États dont se compose l'Empire peut exercer librement n'importe quel métier ou profession sans être tenu de subir aucun examen, de faire aucun apprentissage. Jusqu'alors l'entrée dans une corporation était facultative ; mais une loi de 1884 l'a rendue, en quelque sorte, obligatoire, en décidant que « les patrons qui n'appartiennent pas à une corporation ne pourront plus avoir d'apprentis ».

Un titre spécial du code industriel allemand est consacré aux corporations industrielles : *Innungen von gewerbetreibenden.*

Depuis 1886, le Conseil fédéral a le droit d'accorder aux corporations la qualité de personnes civiles.

Toutefois, leur action ne s'exerce que sous le contrôle du pouvoir administratif et des autorités municipales. Celles-ci sont investies d'un droit général de surveillance, notamment en ce qui concerne les contestations au sujet de la réception et de l'exclusion des membres (à la suite de la perte des droits civils), l'élection du conseil d'administration, les droits et les devoirs de ce dernier.

C'est en présence des autorités municipales que doivent avoir lieu les assemblées tenues par les corporations et ayant pour objet la modification de leurs statuts ou leur dissolution. C'est seulement sous leur sanction que deviennent exécutoires les délibérations des assemblées corporatives portant acquisition, vente d'immeubles, constitution d'hypothèque ou emprunt à plus d'une année d'échéance. Quant aux votes portant modification des statuts ou dissolution de la corporation, ils ne sont définitifs que sous réserve de l'approbation de l'autorité administrative supérieure, etc.

Une loi votée en 1881 a réglementé l'organisation et le fonctionnement des unions corporatives nouvelles (*Neue Innungen*), c'est-à-dire de celles qui viendraient à se former désormais. D'après cette loi, ceux qui exercent à titre indépendant un métier peuvent se constituer en union corporative (*Innung*) pour la défense de leurs intérêts professionnels communs.

La mission de ces nouvelles unions est de développer l'esprit de corps, ainsi que de maintenir et de fortifier l'honneur professionnel parmi leurs membres; de favoriser l'établissement de relations cordiales entre maîtres et compagnons; d'assurer à ceux-ci une hospitalité convenable et de s'occuper de leur placement; de pourvoir à l'organisation de l'apprentissage ; enfin, de régler par la voie de l'arbitrage les contestations entre leurs membres et les apprentis. Ces corporations peuvent s'occuper encore d'autres objets dans l'intérêt commun de leurs membres, et notamment de la création d'écoles professionnelles, de la formation d'exploitations en commun, de l'établissement de caisses de secours et de retraites, etc.

En Allemagne, les conditions du travail sont réglées librement entre les patrons et les ouvriers ; les grèves et coalitions sont licites, sauf dans le cas où les grévistes usent de violences ou menaces. Il est interdit aux patrons de faire à leurs ouvriers aucune vente à crédit.

Dans certains États allemands, la législation rend obligatoire la constitution d'associations de prévoyance ayant pour objet d'allouer des pensions et de procurer assistance aux associés et à leurs familles.

Une loi récente du 1er mai 1889, votée par le Parlement allemand, renouvelle la législation relative aux associations formées en vue de favoriser certaines industries. Ces sociétés seront anonymes et à responsabilité limitée ou illimitée. Mais cette loi n'entre en vigueur que le 1er octobre prochain, et l'on ne peut encore apprécier ses effets.

Ne quittons pas l'Allemagne sans rappeler l'extraordinaire mouvement coopératif créé par Schulze-Delitzsch, qui a su utiliser le crédit par la solidarité en groupant les plus petites ressources. A la fin de 1887 l'Allemagne comptait environ 5,000 sociétés coopératives, groupant 2 millions de membres.

Italie.

En Italie, l'industrie a pour caractères distinctifs de s'exercer fréquemment à domicile et d'employer un grand nombre de femmes et d'enfants. L'ouvrier des provinces méridionales de l'Italie est un des plus mal payés et des plus misérables du monde entier, tandis que, dans la vallée du Pô, la beauté du climat, le bon marché des denrées, la frugalité naturelle à la race, permettent aux ouvriers de vivre heureux avec des ressources limitées.

Dans la haute Italie, l'esprit d'association est très développé, et les sociétés de secours mutuels abondent en Piémont, en Lombardie, en Toscane.

L'une de leurs créations les plus heureuses est l'instilution des *Banques d'honneur*, qui font aux associés des prêts modiques, dont le taux varie de 1 à 2 francs jusqu'à 300 francs au maximum, et qui sont remboursés par petits acomptes. Il paraît que ces prêts, qui remplacent, pour le sociétaire, le recours au mont-de-piété, sont ponctuellement remboursés.

Ceci m'amène à vous dire quelques mots des associations coopératives créées dans ce pays par M. Luzzatti, dès 1864, sous le nom de *Banques populaires*. Le principe sur lequel reposent ces banques est la mutualité : les clients sont les actionnaires. Leurs opérations consistent en prêts à découvert jusqu'à concurrence du double du montant des actions possédées par l'emprunteur, qui doit toujours être un actionnaire. Les actions dépassent rarement une valeur nominale de 25 à 50 francs.

D'après un rapport lu au Congrès tenu à Bologne le 30 octobre dernier, il y a actuellement en Italie 450 à 500 banques populaires.

Les associations coopératives ont aussi, dans ce pays, une importance qu'il convient de noter : elles seraient, d'après le même document, au nombre d'un millier, dont 405 de consommation, 176 industrielles, 63 de construction, etc...

Suisse.

En Suisse, les associations ouvrières ont reçu un développement prodigieux. Dans presque tous les cantons il existe des sociétés, dites d'utilité publique, qui dirigent ou subventionnent des institutions charitables, encouragent les entreprises industrielles, développent l'instruction, etc.

Une des plus célèbres est la Société dite du Grütli, fondée en 1838, et qui a pour but l'éducation du peuple et l'indépendance du peuple. Elle a ouvert pour ses membres des cours de français, d'écriture, de dessin, de chant, de tenue de livres, etc..., fondé des caisses de secours et d'épargne, des cantines.

Ces diverses associations poursuivent en général l'amélioration de la situation matérielle et morale des ouvriers suisses. D'autres, fort nombreuses, se consacrent à une œuvre particulière : l'éducation des orphelins, la garde des enfants, le placement des ouvriers sans travail, etc...

Les sociétés de consommation sont au nombre de 155.

Certaines associations ont pour but de faciliter aux ouvriers l'écoulement des articles qu'ils ont fabriqués et même de leur faire quelques avances. Ce sont les *gewerbe-hallen* ou bazars, où l'ouvrier a la faculté de déposer l'article fabriqué par lui et dont il ne peut se défaire : on lui donne une avance représentant une portion de la valeur de cet article.

Belgique (1).

Les associations et institutions ouvrières sont très nombreuses en Belgique. Elles ont été fondées : les unes par le gouvernement ou par l'initiative privée avec son intervention, les autres sous le patronage des chefs d'industrie. Je citerai : *La Caisse générale d'épargne*, constituée en 1865 sous la garantie de l'État; la *Caisse générale des retraites*, fondée en 1868. Les caisses de prévoyance pour les ouvriers mineurs sont aussi très nombreuses.

Les associations coopératives belges remontent à une trentaine d'années. Des banques populaires, actuellement au nombre de dix-sept, procurent à leurs membres,

---

(1) Consulter : *La législation du travail en Belgique*, étude annexée à un travail de M. de Ramaix, intitulé : *La réforme sociale et économique en Europe*, Bruxelles, 1889.

par leur crédit collectif, les capitaux dont ils ont besoin
pour leurs affaires industrielles, commerciales et domestiques. Le capital social de ces banques est formé de
parts de 200 francs, qui peuvent être acquittées par versements mensuels très minimes de 1 franc ou même de
50 centimes; il atteint deux millions. Comme dans les
banques populaires fondées en Italie par M. Luzzatti, les
membres des banques belges ne sont responsables personnellement que jusqu'à concurrence de leur apport.

La Belgique est un des pays où l'*Internationale* a
acquis le plus de puissance. Cette association n'y compte
pas moins de huit centres d'action ou fédérations, et
elle y travaille, avec autant d'activité que de succès,
à susciter des conflits entre patrons et ouvriers, surtout
dans les centres producteurs de la houille. Quelle que
soit d'ailleurs l'action qu'elle exerce sur les rapports
du travail avec le capital, on ne sait rien de positif sur
son organisation dans ce pays, sur le nombre de ses
adhérents ni sur les véritables chefs qui les dirigent.

Le gouvernement a institué, en 1886, une grande
commission ayant pour objet de s'enquérir de la situation
du travail industriel dans le royaume, et d'étudier les
mesures qui pourraient l'améliorer. Parmi ces mesures,
je citerai une loi de 1887, qui a organisé en Belgique des
conseils de l'industrie et du travail dans les localités où
l'utilité en a été constatée (1). On a abandonné l'idée mise
en avant des Bourses de travail et on l'a remplacée par
ces conseils, dont le principal objet est d'aplanir les
différends entre patrons et ouvriers.

Suède.

L'ouvrier suédois a l'esprit d'association très développé. Non seulement il a créé depuis longtemps, dans

---

(1) Voir aux *Annexes* de la présente brochure, page 292.

toutes les grandes villes, des sociétés de secours mutuels pour les cas de maladie ou de mort, mais il a encore, dans ces dernières années, fondé des *unions de métiers* et des associations coopératives. Les sociétés de production réussissent très bien en Suède. Ce fait s'explique par l'esprit d'indépendance de l'ouvrier suédois, toujours disposé à risquer ses économies pour échanger sa situation de subordonné contre la position moins subalterne de co-entrepreneur.

Des associations coopératives de consommation se sont constituées au moyen d'émission d'actions.

Les associations ayant pour objet le progrès intellectuel et moral de leurs membres sont nombreuses et prospères.

Autriche.

En Autriche, les corporations avaient été abolies par la loi du 20 décembre 1859. La loi du 15 mai 1883 les rétablit pour les métiers de petite industrie, en même temps qu'elle exige comme condition de l'exercice de ces métiers un certificat d'apprentissage et de capacité. La corporation est obligatoire pour les patrons, qui seuls en sont membres, tandis que les ouvriers sont de simples « adhérents ». Elle est gouvernée par un conseil et une assemblée de patrons. Quant à l'assemblée des ouvriers, elle n'a que des attributions très restreintes et rigoureusement limitées. Enfin, c'est l'autorité qui arrête le périmètre des corporations, qui, au besoin, les établit d'office, approuve leurs statuts, institue des commissaires spéciaux pour les surveiller, etc. En somme, cette loi de 1883 ne fait que consacrer l'inégalité entre patrons et ouvriers en conférant aux premiers des privilèges exorbitants et en laissant les seconds dépourvus de tout moyen de résistance. On sait d'ailleurs qu'en Autriche les ouvriers ne jouissent d'aucun droit poli-

tique. En outre, la petite industrie, qui se prête particulièrement à l'organisation corporative, a conservé
dans cet empire une grande importance. Le terrain
semblait donc favorablement préparé. Malgré cela, les
premiers résultats de l'expérience ne sont rien moins
qu'encourageants.

Pour assurer le fonctionnement de la loi du 15 mars
1883, une loi du 17 juin 1884 a institué un corps d'inspecteurs d'industrie, investis de pouvoirs très étendus.

Une autre loi du 8 mars 1885 limite, dans la grande
industrie, le nombre des heures de travail et contient
plusieurs autres dispositions destinées à protéger soit la
petite industrie contre les empiètements de la grande,
soit les ouvriers contre les exigences des patrons.

Mais, même en présence d'une telle réglementation,
l'esprit d'association est très développé en Autriche.
Ainsi que le fait remarquer M. Lavollée, dans son bel
ouvrage sur les classes ouvrières en Europe, l'essor des
associations ouvrières dans ce pays a coïncidé avec
l'introduction du régime parlementaire. Les associations ouvrières y ont une organisation et des tendances
variables selon la race de ceux qui les composent.

Pays-Bas.

Au contraire de l'Autriche, les Pays-Bas se font
remarquer, du moins jusqu'à présent, par l'absence de
toute intervention législative dans les questions qui
intéressent la classe ouvrière. Les engagements d'ouvriers, par exemple, se font en toute liberté, sans limita-
tion quelconque.

Cette non-intervention de l'État s'explique par deux
causes. La Hollande n'étant pas un pays de grande
industrie, la question sociale y a moins d'acuité que
partout ailleurs ; d'autre part, le nombre des institutions

fondées par les patrons pour améliorer le bien-être physique et moral de leurs ouvriers y est très grand.

Bien que l'Internationale ait des ramifications dans le pays, les grèves y sont assez rares, et cependant dans ces dernières années, une hausse générale des salaires s'est réalisée.

Il n'y a pas en Hollande d'unions de métiers. Les seules associations ouvrières connues sont des cercles d'ouvriers, qui ont pour objet unique de créer, dans chaque corps de métier, un fonds de secours. La loi permet à ces associations de discuter librement toutes les questions qui se rattachent aux rapports des ouvriers avec les patrons; mais elle interdit absolument toute manifestation hostile, tout acte de pression ou d'intimidation.

Russie (1).

Nous retrouvons en Russie le régime des corporations obligatoires.

Sauf quelques exceptions peu nombreuses, tout Russe exerçant un métier ou une profession doit se faire inscrire sur la liste d'une corporation. L'objet de ces corporations est défini par la loi; leurs membres peuvent, soit exercer personnellement un travail manuel comme petits patrons, soit embaucher des ouvriers et tirer profit de leur travail, soit louer leur main-d'œuvre à des fabriques ou usines, soit louer à la fois leurs bras et leurs instruments de travail, soit entreprendre des travaux à forfait. La corporation, considérée comme personne morale, peut entreprendre collectivement les mêmes opérations.

Dans toute ville où existe une corporation, il est

---

(1) Consulter : *Les Artèles et le mouvement coopératif en Russie*, conférence de M. W. Longuinine au cercle Saint-Simon, 1886, et *Institutions pour l'amélioration de la condition des classes ouvrières en Russie*, mémoires présentés au Congrès d'hygiène de Bruxelles.

interdit à quiconque n'a pas fait apprentissage et ne possède pas de certificats réguliers de s'intituler maître de métier, d'avoir des compagnons ou apprentis et de mettre une enseigne.

Dans les fabriques, compagnons et apprentis sont directement placés sous l'autorité commune du patron. Tout individu de condition taillable, c'est-à-dire n'appartenant pas aux classes privilégiées, et ayant reçu un passeport et un permis régulier, est autorisé à se louer pour les travaux de fabrique. Il ne peut quitter celle-ci avant l'expiration du terme convenu sans l'assentiment de son patron. Il ne peut exiger aucune augmentation. Les patrons ne peuvent, de leur côté, ni réduire arbitrairement la paye de leurs ouvriers avant l'expiration des contrats, ni les obliger à accepter un payement en nature.

En dehors de ces cadres officiels, l'initiative individuelle et l'esprit d'association ont créé de toutes parts, jusque dans les rangs des plus infimes travailleurs, des sociétés ouvrières ou *artèles*, qui sont nombreuses et florissantes. Les sociétés de crédit mutuel ou banques populaires ont fait dans le pays de rapides progrès.

Chine.

Je veux aussi vous parler de l'organisation du travail en Chine. Ne souriez pas ! La Chine est, par excellence, le pays du travail. On y lit dans les édifices publics des maximes comme celle-ci : « Si un homme vit dans l'oisiveté, un autre homme meurt de faim. » En Chine, tout le monde sait plusieurs métiers : quand l'un ne va pas, l'on se reporte sur un autre. Dans ce pays essentiellement agricole, l'industrie est rarement séparée de l'agriculture. Le cultivateur transforme lui-même ses cannes à sucre, son chanvre, ses cocons de vers à soie.

Le travail se fait généralement aux pièces ou à l'entreprise, et il y a bien plus d'individus travaillant pour leur compte ou associés aux bénéfices que de salariés

Les patrons et les ouvriers forment des corporations séparées, où toutes les contestations sont réglées par arbitrage, et qui assistent leurs membres dans le besoin. Ces corporations ont des coutumes qui rappellent celles des corporations de notre ancienne France. Ainsi, elles sont placées chacune sous le patronage d'une divinité. L'apprenti passe compagnon après un stage de trois ans et n'est reçu maître qu'après avoir exécuté un chef-d'œuvre.

Enfin, un genre d'association très fréquent en Chine permet à tout travailleur de bonne volonté d'obtenir le crédit et les avances qui lui sont nécessaires. C'est une organisation très curieuse à étudier, et je ne puis mieux faire que de vous renvoyer dans ce but à l'excellent ouvrage d'un de nos anciens consuls en Chine, M. Simon, qui abonde en renseignements sur la famille, le travail, le gouvernement et les mœurs des Chinois (1).

États-Unis.

Cet exposé ne serait pas complet si je ne disais au moins quelques mots des États-Unis. Sur cette terre de liberté, qui compte déjà plus de 60 millions d'habitants, où le nombre des ouvriers agricoles et industriels représente 60 0/0 de la population qui travaille, et où plus d'un président de la République est sorti de la classe ouvrière — Lincoln avait été fendeur d'échalas — les associations sont nombreuses et puissantes. Elles peuvent s'organiser sans frais et sans autorisation préalable; elles

---

(1) G.-Eug. Simon : la *Cité chinoise*, 1 vol., aux bureaux de la *Nouvelle Revue.*

jouissent de la personnalité civile. Les plus importantes sont formées par les ouvriers et employés des chemins de fer, qui sont, aux États-Unis, au nombre de 420,000 environ. Telles sont : la Fraternité des chauffeurs, la Fraternité des machinistes, la Fraternité des serre-freins, etc.

Mais la plus puissante et aussi la plus remarquable de ces associations est celle des Chevaliers du travail (*Knights of labor*).

Fondé en 1869, par Uriah Stevens, cet ordre ne fut réellement organisé qu'en janvier 1878. Mais à ce moment il ne comprenait encore que quelques milliers de membres. Son fondateur, aujourd'hui décédé, ayant donné sa démission en 1879, fut remplacé par M. Powderly, encore actuellement grand maître de l'ordre, qui, en mars 1886, comptait trois millions d'adhérents.

Leur organisation est curieuse à connaître.

A la base sont les assemblées locales, composées de dix membres au moins, dont trois quarts doivent être des ouvriers à gages ou des cultivateurs. Ne peuvent faire partie de l'ordre, les marchands ou détaillants de liqueurs fortes, ni les avocats, banquiers ou agents de change.

L'objet de l'assemblée locale, que les statuts prennent soin de distinguer des « trades unions » ou corps de métier, est *d'assister ses membres dans leurs efforts pour améliorer leur condition moralement, socialement et au point de vue de l'aisance que procure l'épargne.*

C'est pour ainsi dire une société en commandite, où tous les membres doivent mettre une part égale de temps et d'argent en vue de « faire avancer la cause de l'humanité et d'alléger le fardeau d'un travail écrasant ».

Les délégués de cinq assemblées locales, au moins, forment l'assemblée de district. Dans chacun des États ou territoires, il peut être établi une assemblée d'État, dès que dix assemblées locales au moins auront été fondées.

Les assemblées d'État et de district envoient des représentants, en nombre proportionné à leur importance, à une assemblée générale qui tient des sessions régulières. Les assemblées locales ont leurs maîtres, maître adjoint, secrétaire et trésorier. Le chef de tous les Chevaliers du travail se nomme maître ouvrier général (general master workman).

Cette organisation générale connue dans ses grandes lignes, il importe de retracer le but que poursuivent les Chevaliers du travail. Leur constitution récemment revisée est à cet égard des plus explicites.

Voici comment elle débute :

Le développement alarmant et le caractère agressif du pouvoir entre les mains des grands capitalistes et des corporations, sous le système industriel de notre époque, vont inévitablement — et sans aucune espérance de retour à des temps meilleurs — conduire la masse des travailleurs à la pauvreté et à la dégradation.

Il devient d'une impérieuse nécessité, si nous désirons jouir des biens de cette vie, d'empêcher cette injuste accumulation et ce pouvoir pour mal faire de richesses concentrées en quelques mains.

Cet objet tant désiré ne peut être accompli que par les efforts combinés de ceux qui suivent le commandement divin : « Par la sueur de ton visage, tu mangeras ton pain. »

Avec cet objet en vue, nous avons formé l'ordre des *Knights of labor* dans le but d'organiser et de diriger le pouvoir des masses industrielles. Ce n'est pas un parti politique, c'est plus que cela, car en lui se concentrent les aspirations et les mesures nécessaires au bien-être du peuple entier.

Ces préliminaires posés, les Chevaliers du travail demandent à l'État :

L'établissement d'un bureau de statistique du travail, afin d'arriver à un aperçu correct de l'éducation et de la condition morale et matérielle des masses ouvrières;

La réserve, en faveur des occupants ou colons actuels, des terres publiques qui sont l'héritage du peuple. Pas un arpent de terre pour les chemins de fer ou autres spéculateurs ou bien les land-lords étrangers;

L'abrogation de toutes les lois qui ne portent pas également sur le capital et le travail;

L'adoption de mesures ayant pour objet de pourvoir à la santé et à la sûreté des ouvriers employés dans les manufactures, les mines et les industries du bâtiment; aussi leur assurant une juste indemnité en cas d'accidents qui seraient dus à l'absence des sauvegardes nécessaires;

La reconnaissance par voie d'incorporation de tous ordres et autres associations organisés par les classes ouvrières pour améliorer leur condition et protéger leurs droits;

Le vote de lois ayant pour objet de forcer les corporations de payer leurs employés chaque semaine en monnaie légale, argent comptant pour tout le travail de la semaine précédente, et de garantir aux ouvriers et journaliers, le premier gage ou hypothèque sur le produit de leur travail pour le montant entier de leurs salaires;

· L'abolition de tout système de contrat à forfait pour les travaux nationaux, provinciaux ou communaux;

Le vote de lois établissant un système d'arbitrage entre patrons et employés, et donnant force de loi aux décisions des arbitres;

La défense d'employer les enfants au-dessous de quinze ans dans les boutiques, mines et manufactures de toutes sortes;

La défense également de louer le travail des prisonniers à des particuliers pour leurs usines;

L'établissement d'un impôt gradué et progressif sur les revenus.

Ils demandent enfin au gouvernement fédéral :

La suppression des banques nationales et le cours forcé d'un papier national; ils réclament la défense de l'importation du travail étranger par contrat, le rachat par le gouvernement des chemins de fer, télégraphes et téléphones.

Ils terminent en disant :

Nous tâcherons de joindre nos propres efforts, à l'effet :

De fonder des établissements de coopération de telle sorte que le système actuel de gages soit remplacé par un système industriel de salaires coopératifs;

D'assurer aux deux sexes la même paye pour le même travail;

D'obtenir la réduction graduelle des heures de travail à huit heures par jour, afin de jouir en quelque sorte des bienfaits de l'adoption de machines pour remplacer la main-d'œuvre;

De persuader les patrons de s'en remettre à l'arbitrage pour la solution de toutes les difficultés qui peuvent surgir entre eux et leurs employés, de sorte que les rapports sympathiques entre eux soient raffermis et les grèves rendues inutiles.

L'Association a son budget, qui dépasse en recettes 225,000 dollars (près de 1,200,000 francs) et un organe spécial : *The Journal of united labor*.

La politique est soigneusement exclue de l'Association. M. Powderly disait un jour : « Nous avons une manière de traiter ceux qui, comme quelques-uns l'ont fait, entrent dans nos rangs dans un but politique : nous les expulsons. » Les opinions religieuses sont également laissées à l'écart.

Les statuts ne sont pas moins hostiles aux grèves qu'à la politique. Ils ont organisé, en vue des grèves, un fonds d'assistance alimenté par une cotisation de 25 centimes par mois et par tête; mais ils déclarent en même temps que les « grèves sont déplorables dans leurs effets et contraires aux meilleurs intérêts de l'ordre ».

Ailleurs il est dit :

Aucune grève ne pourra être commencée sans le consentement du Comité exécutif du district... sous peine, pour les grévistes, d'être privés des secours du fonds d'assistance.

Dans un rapport sur les grèves que vient de publier le commissaire des questions sociales aux États-Unis, pour la période 1881-1886, les quatre cinquièmes des grèves sont attribués à l'influence des Chevaliers du travail; mais ceux-ci, dans un volume de plus de 600 pages, qui est exposé à la section d'économie sociale, et qui résume les discussions d'une assemblée générale tenue en 1887, se défendent énergiquement d'avoir pris aucune part dans les grandes grèves de 1886.

A côté de cette vaste association, grandit celle de la *Fédération américaine*, qui comprend plus de 3,000 trades unions et compte environ 650,000 membres. Elle est organisée sur la base de l'indépendance respective des associations individuelles, chacune d'elles dirigeant ses propres affaires, la fédération n'intervenant que dans les questions générales qui les intéressent toutes et pour lesquelles une action d'ensemble est nécessaire.

En résumé, les associations du travail en Amérique sont nombreuses et considérables; si aucune d'elles peut-être ne saurait nous servir de modèle, elles comportent toutefois de grands et utiles enseignements dont nous devons profiter.

La liberté du travail, aux États-Unis comme en Angleterre, a une conséquence assez inattendue, celle d'arrêter le travail à de certains moments. L'habitude de chômer le dimanche est poussée à l'extrême, au point que tous les magasins sont fermés, que les voyageurs ne peuvent se faire servir, que la circulation des trains est interrompue ou très amoindrie. Ce repos du dimanche est sanctionné par la loi, mais il est surtout imposé par les mœurs.

Ce n'est pas tout. Aux États-Unis, en entrant au service de quelqu'un, un domestique stipule qu'il sera libre tel jour de la semaine ou du mois, ou à telle heure du jour, et cette clause est fidèlement observée de part et d'autre. Est-ce à cet usage qu'il faut attribuer la meilleure éducation, l'instruction même dont font preuve parfois les domestiques aux États-Unis? Je me borne à poser la question.

Cette rapide revue des associations ouvrières à l'étranger achevée, revenons à la France.

Une loi du 21 mars 1884 y a permis l'association, sans autorisation du gouvernement, des personnes exerçant la même profession, des métiers similaires ou des professions connexes. Ces syndicats professionnels peuvent librement se concerter pour l'étude de leurs intérêts, ester en justice, faire emploi des cotisations, constituer des caisses spéciales de secours mutuels et de retraites, créer des offices de renseignements pour les offres et les demandes de travail.

Quelles ont été les conséquences de cette loi sur le mouvement corporatif? Une statistique publiée tout récemment par le ministère du commerce (1) ne nous donne à cet égard que de brefs renseignements. Avant 1884, on connaissait officiellement l'existence de 530 chambres syndicales.

On sait qu'il existe aujourd'hui, en France et en Algérie, 2,322 syndicats professionnels, soit 557 syndicats agricoles et 1,765 syndicats industriels ou commerciaux.

Ce dernier chiffre se décompose en 877 syndicats patronaux, 819 syndicats ouvriers et 69 syndicats mixtes. Dans le seul département de la Seine, on compte 393 syndicats : 240 de patrons, 136 d'ouvriers, 10 syndicats mixtes et 7 syndicats agricoles. Ces chiffres datent d'hier, je n'aurais pas pu les donner il y a huit jours.

Combien de membres comprennent ces différentes associations professionnelles ?

Ce renseignement très utile n'est pas donné. Il est malheureusement trop certain qu'il s'est fondé un grand nombre de syndicats en dehors des prescriptions de la loi. Ces groupes corporatifs jouissent, en fait, grâce à une tolérance abusive de la part de l'administration, des mêmes avantages et privilèges que les syndicats légalement constitués.

. Nous espérions trouver dans l'exposition de la section d'économie sociale, à l'esplanade des Invalides, des renseignements assez abondants pour pouvoir nous rendre compte du mouvement corporatif et des moyens employés par les ouvriers de notre pays pour la défense de leurs intérêts. Notre espoir a été quelque peu déçu. Ce-

---

(1) *Annuaire des syndicats professionnels*, chez Berger-Levrault. Voir aux annexes de la présente brochure, page 275.

pondant plusieurs comités départementaux, notamment ceux de la Gironde, du Rhône et du Nord, ont consigné dans d'intéressants rapports les résultats de leurs enquêtes sur l'organisation du travail dans les régions qu'ils représentent.

D'instructifs développements figurent dans l'introduction rédigée par M. Aymard, vice-président de la chambre de commerce de Lyon. Dans cette ville d'industrie, on compte à l'heure actuelle 48 syndicats de patrons, 80 syndicats d'ouvriers et 10 syndicats mixtes.

A Bordeaux, ville plutôt commerçante, il y a 79 syndicats, dont 31 patronaux, 47 ouvriers et 1 mixte.

On voit par ces quelques chiffres que le mouvement corporatif créé par la loi de 1884. déjà important, sera facile à développer.

Quand l'expérience sera venue aux ouvriers — et la pratique de l'association et de la liberté la leur donnera rapidement — il faudra encore les aider à trouver des capitaux.

La ville de Paris (1) et l'État (2) ont déjà fait quelque chose en leur faveur en admettant largement les associations à l'exécution des travaux entrepris pour leur compte et en les dispensant du cautionnement.

L'État doit faire plus encore.

Ce n'est pas que je sois un adepte du socialisme d'État, ni grand admirateur de la tutelle administrative, mais je pense que, dans notre organisation sociale actuelle, de même que l'État intervient dans l'instruction de tous les citoyens, de même il y a de nombreux et pressants motifs de rendre la protection légale plus efficace en fait, en matière industrielle. — Cette intervention relative et provisoire de l'État est un moyen qui ne voile pas l'objectif vers lequel nous marchons : la liberté.

---

(1) Délibération du Conseil municipal du 26 juillet 1882.
(2) Décret du 4 juin 1888.

Dans cet ordre d'idées, tout effort, même divergent, qui nous rapproche du but, doit être approuvé et encouragé. C'est ainsi que j'envisage l'institution de la Bourse du Travail excellente en soi comme réunissant, centralisant en quelque sorte les corporations ouvrières, mais qui, déviée de son but, et trop souvent orientée vers la politique, n'a pas donné les résultats qu'on était en droit d'en attendre (1).

L'organisation des Chevaliers du travail, que je n'ai pu qu'esquisser à grands traits, est, de toutes les formes d'association, celle qui s'adapterait peut-être le mieux au génie français comme impliquant le moins cette spécialisation à laquelle notre race est réfractaire. Les dangers que cet ordre puissant n'a pas su éviter pourraient l'être dans un pays comme le nôtre, où le gouvernement est plus puissamment organisé.

Les statuts des Chevaliers du travail sont remplis d'aspirations élevées et d'idées justes. Je fais une exception, toutefois, en ce qui concerne la guerre déclarée au capital.

C'est là une erreur économique.

La solution de la question sociale est dans le rapprochement du salaire et du capital, de l'ouvrier et du patron.

J'ai tenté de jeter les bases de ce rapprochement nécessaire à la prospérité nationale, en saisissant la Chambre, il y a plusieurs années, d'une pétition à laquelle avaient adhéré plusieurs de mes collègues du Conseil municipal, et qui tendait à la création de chambres du travail, et transitoirement d'un conseil supérieur du travail (2), assurant aux travailleurs une représentation légale et perma-

---

(1) Les rapports et discussions qui ont précédé la création à Paris de la Bourse du travail sont reproduits dans un *Annuaire* publié par la commission exécutive de cet établissement, et où l'on trouve aussi les conditions de son fonctionnement et quelques-uns de ses résultats.

(2) Voir ci-dessus, pages 19 et suiv.

nente, accréditée auprès des pouvoirs publics et auprès des travailleurs eux-mêmes.

Ce projet a été pris en considération; il attend, pour être adopté, que les questions d'affaires et de travail aient le pas sur les questions politiques.

J'ai terminé, heureux si j'ai pu, par cette causerie sur l'organisation du travail dans notre pays et à l'étranger vous intéresser, Mesdames et Messieurs, aux questions ouvrières.

Un homme d'État anglais a dit : « Le dix-neuvième siècle sera appelé dans l'histoire le siècle des ouvriers. » Je me permets d'ajouter : L'ère de la philanthropie est passée; celle de la solidarité commence.

LES

CONDITIONS SOCIALES DU TRAVAIL EN FRANCE

à la fin du siècle dernier et de nos jours (1).

. . . .

C'est de la fin de ces deux siècles (xviiie et xixe) que je me propose de vous entretenir ce soir au point de vue des conditions sociales du travail, ce rapprochement ayant pour objet d'examiner quels progrès a réalisés notre organisation sociale moderne au profit du travail

------

(1) Conférence faite le 19 mars 1890, dans le grand amphithéâtre de l'École des hautes études commerciales.

et des travailleurs, c'est-à-dire au profit de la grande majorité des Français.

Est-il besoin de vous dire que sur 38 millions d'habitants environ que compte la France, 36 millions vivent de leur travail et 2 millions seulement de leurs revenus? Constatons tout d'abord que ce même et premier renseignement nous manque pour la fin du xviiiᵉ siècle, car la statistique sociale est de date tout à fait récente; mais il est à présumer que la proportion des Français vivant de leur travail était moindre en 1790 que de nos jours.

Cette lacune de renseignements sur le siècle passé se retrouvera sur bien des points de l'examen que nous nous proposons de faire des conditions sociales comparées du travail à un siècle de distance. L'histoire, telle qu'on l'a écrite jusqu'à ces derniers temps, n'était guère l'histoire des Français, mais plutôt la description des guerres ou des faits et gestes de la cour et de l'administration générale; elle s'occupait fort peu de la condition du peuple, et c'est seulement dans ce siècle que cette étude a été tentée par quelques érudits.

Profitons-en pour noter déjà le grand, l'immense progrès accompli par notre société moderne : ce progrès consistant à connaître l'état social de la nation, connaissance sans laquelle tout problème économique ou social semble inabordable.

Nous ne nous arrêterons pas aux diverses qualifications que notre société moderne donne aux orientations diverses des efforts faits vers l'amélioration des conditions sociales du travail, socialisme d'État, socialisme indépendant. Nous ne parlerons, si vous le voulez bien, que des résultats acquis, des progrès accomplis dans le cours des cent années qu'embrasse notre examen.

Prenons à sa *naissance* l'homme, le travailleur, l'ouvrier, l'artisan, le prolétaire, au premier degré de l'échelle du bien-être, c'est-à-dire la très grande majorité des travailleurs à leur entrée dans la vie, et notons tout d'abord qu'à ce point de vue des *naissances* l'avantage appartient au siècle passé.

Sans entamer la discussion de ce sujet, nous admettrons que l'accroissement de population est un ferment de prospérité, et nous ajouterons qu'en 1789, dans la classe des travailleurs, un enfant de plus était le bienvenu au foyer : c'était un concours de plus donné au travail dont vivait la famille. Le nombre des enfants était, dans la seconde moitié du dernier siècle, de 4 par famille ; il n'est plus aujourd'hui que de 2.07.

Cette diminution dans l'accroissement de la population est à coup sûr une des conséquences bizarres du progrès accompli dans l'amélioration que nous relèverons plus loin des conditions de la vie sociale.

Un plus grand souci du bien-être, une certaine ambition de posséder le capital sous une forme productive peu connue du passé, ont amené les bourgeois d'abord, les artisans, les ouvriers de ville et de campagne ensuite, à restreindre leur famille ; les uns, jaloux de laisser à leurs enfants une part plus forte de leur avoir ; les autres, désireux de ne pas accroître leurs charges.

Les lois d'égalité dans l'héritage ont contribué au développement de cette tendance, résultat médiocre d'une loi équitable que nous ne discutons pas ici.

En fait, et pendant le cours du xix° siècle, l'accroissement de la population en France a été aussi peu en rapport que possible avec l'expansion de ses forces agricoles, industrielles et commerciales.

Les guerres meurtrières de l'Empire, de cette époque où chaque fils devenait chair à canon, ont pu, pendant le premier tiers de ce siècle, entraver cet accroissement, malgré le mot féroce de Napoléon au soir d'une bataille où des milliers de morts jonchaient la terre :

« Une nuit de Paris comblera ces pertes » Mais, sur l'ensemble de la période que nous embrassons, ces vides, si formidables qu'ils aient pu être, n'ont exercé qu'une action insignifiante.

Dans cet ordre d'idées, notre siècle a enregistré un progrès considérable, le progrès de l'hygiène, correspondant à la prolongation de la vie humaine, ce qui est de tous les progrès le moins contestable.

Il y a cent ans, la vie moyenne était de vingt-huit ans neuf mois;

Actuellement elle est, à partir de la naissance, de quarante ans dix mois pour les hommes, de quarante-trois ans cinq mois pour les femmes.

Remarquons, en passant, cette différence entre les sexes. Elle constitue, mesdames, un privilège de plus qui vous est acquis sur nous.

Ce progrès correspond à une augmentation de la vie moyenne de deux mois par an; dans cent ans, si la progression continuait, la vie moyenne serait de soixante ans.

Mais que la jeunesse qui m'écoute ne prenne pas trop vite confiance en cette espérance; on a supprimé bien des causes d'insalubrité, et ce gain sur la mort ne saurait être indéfini.

Le souci plus grand, plus éclairé, de l'existence de tous les êtres est un progrès indubitable répondant à une aspiration humanitaire; nous n'hésitons donc pas à le qualifier de progrès absolu. D'autres pourront vous dire qu'en favorisant la vie à des êtres chétifs, peu aptes aux luttes, on travaille à la dégénérescence de la race : discuter cela nous entraînerait trop loin de notre sujet. Est-ce peut-être là destinée des sociétés humaines de s'épuiser par leur progrès même.

Sans soutenir aucune thèse, et à propos de cette prétendue dégénérescence de la race, laissez-moi vous citer quelques chiffres tirés de la statistique de la conscription française de la classe de 1887 (1).

```
Nombre de conscrits . . . . . . . . . . . .   308,245
Exemptés définitivement pour infirmités . .    33,282
Classés pour faiblesse dans les services
    auxiliaires. . . . . . . . . . . . . . .    18,263
Ajournés à nouvel examen . . . . . . . .       40,166
```

Soit environ 3 jeunes gens sur 10 qui n'ont pas été reconnus aptes au service militaire à 21 ans; c'est un tiers de la race menacé de faiblesse par atavisme ou autre cause.

Ces proportions étaient-elles les mêmes au siècle dernier? Tout nous porte à croire qu'elles étaient différentes : la mortalité devait être singulièrement plus grande sur les enfants en très bas âge; on en peut juger par les chiffres cités plus haut, comme moyenne de la vie humaine en France.

Laissons à d'autres le soin de traiter cette question toute spéciale, mais retenons de la comparaison des Français à leur naissance la faiblesse de l'accroissement de la population, et l'augmentation de la durée moyenne de la vie, pendant le siècle, qui s'est écoulé depuis 1790.

De la naissance passons à l'*enfance*. Je ne dirai rien des premières années, dont l'intérêt se rattache étroitement et exclusivement à l'hygiène, à la vie proprement dite, pour arriver, sans autre transition, à l'âge de raison du travailleur...

Ici s'enregistre un progrès presqu'aussi admirable que la prolongation de la vie, progrès dont l'effort est plus particulier aux dernières vingt années : nous voulons parler de l'hygiène morale, de l'instruction, qui, aujourd'hui, se répand si largement sur tous les enfants, don-

---

(1) *Annuaire statistique de la France*, 1889.

nant à chacun d'eux une valeur relative qui n'a plus
d'égale ou de termes de comparaison dans le passé du
siècle dernier.

Ici le progrès n'est ni contestable ni contesté par personne ; c'est la vie morale donnée au plus grand nombre
d'êtres possible, c'est la vie sociale substituée à la vie
sauvage.

Tout ce que nous pourrions dire à ce sujet n'appren-
drait rien à aucun de vous. C'est l'œuvre des vingt dernières années, saluons-la ! S'il en résulte un certain
trouble transitoire dans l'équilibre des diverses conditions
sociales, envisageons ces troubles comme une des phases
de l'évolution que tous nous devons souhaiter, espérer et
encourager.

Faut-il opposer à cette appréciation du progrès certains
tableaux où l'auteur recherche l'ombre en négligeant la
lumière, comme celui que je trouve dans l'ouvrage de
M. Paul Leroy-Beaulieu sur la *répartition des richesses et
la tendance à une moindre inégalité des conditions* : « Ce
qui va entretenir et développer le paupérisme, dit cet
économiste, c'est le lycée ou le collège gratuits (1). »

Mais passons.

Au siècle dernier, pour la grande majorité des travailleurs, celle que nous devons considérer, l'enfance était
une période semi-animale ; le droit à l'ignorance n'était
pas contesté, c'était la préparation à la servitude des
classes pauvres vis-à-vis des autres classes : l'enfant
masculin attendait dans sa végétation passive son tour de
service ; quant aux jeunes filles, elles attendaient, sans
autres aspirations, le rôle qui leur est réservé, celui de
perpétuer la race.

Certes, à ce tableau réaliste il y avait des exceptions, et
l'histoire a enregistré plus d'un homme éminent sorti des

---

(1) Troisième édition, p. 550.

rangs des plus basses classes; mais l'exception, en l'espèce, n'est pas ce qui nous occupe : elle est partout dans l'humanité.

Dès longtemps, au surplus, et aux temps les plus reculés, bon nombre d'esprits se préoccupèrent de l'inégalité des conditions sociales.

La religion, dans son admirable organisation que l'histoire nous révèle, était l'instrument de ses bienfaits; elle avait pris l'enfance sous sa protection et elle exerçait cette protection fort largement, mais fort insuffisamment.

A la fin du règne de Louis XV, on comptait, dans les vingt quartiers de Paris, pour 600,000 habitants, 157 maîtres, 160 maîtresses d'école; les paroisses entretenaient des écoles, dites de charité, au nombre de 95. Toutes ces écoles étaient sous l'autorité du chantre de Notre-Dame, dignitaire du chapitre.

Partout l'instruction religieuse primait l'instruction proprement dite. Ce n'en était pas moins un pas énorme fait vers le progrès actuel.

A Paris, en 1889 et pour une population de 2,350,000 habitants, nous comptons 1,507 maîtres et 1,968 maîtresses d'école (1). La population des écoles a certainement décuplé par rapport au nombre d'habitants, et il n'est pas exagéré de dire qu'à un siècle de distance le bienfait de l'instruction a été, lui aussi, décuplé, et cela dans la France entière.

Que dire de plus significatif des progrès accomplis, quand on compare ce qu'est l'adulte instruit par rapport à l'adulte ignorant; c'est l'indépendance de l'individu qui apparaît par rapport aux autres, c'est le décuplement des forces de l'humanité et à coup sûr un accroissement de son bonheur.

Ce que nous venons de dire de l'enfance s'applique éga-

____

(1) Le personnel des écoles enfantines et des écoles maternelles est compris dans ce chiffre.

lement à l'*adolescence* : période d'enseignement secondaire pour les uns, d'enseignement primaire supérieur ou d'enseignement professionnel pour les autres.

Au siècle dernier, l'instruction primaire, très réduite, était, comme nous le rappelions tout à l'heure, surtout religieuse ; ses programmes, réduits aux connaissances rudimentaires, n'étaient pas aussi étendus que ceux d'aujourd'hui. Quant à l'instruction secondaire, elle était très brillante, mais entièrement ou presque exclusivement littéraire et forcément limitée à un très petit nombre d'individus. L'instruction scientifique était si restreinte qu'elle était presque nulle : ceux qui la poursuivaient étaient des exceptions, ce qui n'a point empêché notre pays de produire des savants dont le nom reste attaché au progrès.

Aussi bien le champ scientifique était-il fort restreint ; la chimie n'était pas née ; — il est de grands pays comme la Chine où on ne l'enseigne point encore, — et vous savez quel rôle joue la chimie à notre époque dans l'industrie, la thérapeutique et dans tant d'autres branches du progrès humain.

La physique, M. Gariel a expliqué savamment ici même, il y a quinze jours, les progrès qu'elle avait faits pendant ces cent dernières années ; la physique n'existait pour ainsi dire pas, sinon comme germe, avec les mathématiques, dans quelques rares et éminentes intelligences.

Quant à l'instruction professionnelle, c'est une innovation de ces dernières années ; elle est entrée dans le domaine public général aujourd'hui, et une bonne part de l'honneur de cette introduction appartient au Conseil municipal de Paris, qui, pour faire triompher cet enseignement, a eu bien des résistances à vaincre.

C'est l'instruction professionnelle qui remplace aujourd'hui l'apprentissage d'autrefois, l'apprentissage, cette sorte d'éducation qui empruntait un caractère tout spécial à l'organisation des maîtrises, des jurandes, des corporations.

L'apprentissage durait de six à huit ans, suivant les professions. C'était une sorte d'adoption : le maître ne payait pas l'apprenti ; mais il le logeait, le nourrissait, l'entretenait, lui enseignait son état.

L'adolescent particulièrement intelligent et laborieux y trouvait sa voie, comme la trouvent partout les natures fortement trempées ; mais la moyenne, cette grande majorité des travailleurs, était condamnée à rester dans l'obscurité.

Ceux qui luttaient pour la vie n'avaient à leur service que leurs forces vives et personnelles, la société ne les aidait que très peu.

Dans le même temps, d'ailleurs, apparaissait le plus grand progrès du travail en notre siècle : la vapeur et les machines venaient centupler nos forces de production, accroître nos ressources, notre bien-être, permettant à tous, ou presque tous, de se vêtir, de se chauffer, de s'éclairer, quelle que soit la modicité de leur salaire.

Les points de comparaison nous manquent pour parler des machines au siècle dernier et de nos jours. Dans le deuxième quart de ce siècle, la manufacture apparaît de toutes parts avec ses avantages, ses exigences, son asservissement particulier. Mais, pour montrer les progrès formidables de l'usage des machines, il suffit de remonter à cinquante années ; en 1840, les machines à vapeur (chemins de fer et bateaux non compris) étaient en France au nombre de 2,590, représentant 34,000 chevaux-vapeur.

Aujourd'hui, nous avons 54,300 machines, représentant 732,780 chevaux-vapeur, dont M. de Foville évalue le travail à celui de trente millions d'hommes (1).

____

(1) Voy. *l'Économiste français* du 9 février 1878.

Si on y ajoute les bateaux et les locomotives, le nombre des machines est de 68,300 et leur force en chevaux-vapeur de 4,597,232. C'est plus de cent fois ce qui existait il y a cinquante ans.

La production industrielle de la France s'est accrue dans des proportions non moins importantes. Tolosan, en 1788, l'évalue à 931 millions ; M. Spuller, dans son rapport à la commission d'enquête sur la crise parisienne, la fixe, pour 1884, par des calculs bien déduits, aux alentours de 16 milliards 324 millions.

Si je place ici ces observations sur l'importance du rôle des machines, c'est que c'est à la période de l'adolescence, c'est-à-dire de l'accession de l'homme aux profits et aux soucis du travail, que correspond cette transformation profonde des conditions sociales du travail.

En abordant la période de la vie du travailleur qui succède à l'adolescence, c'est-à-dire le moment de son accession à la virilité, *à l'âge d'homme*, nous nous trouvons de nos jours en face de l'un des fléaux de notre civilisation européenne ; je veux parler du service militaire, fléau rendu nécessaire par la rivalité des nations et l'importance de plus en plus grande donnée aux revendications internationales, comme nombre d'individus à consacrer à la défense du sol.

Au siècle dernier, le métier de soldat était une profession, et le tribut imposé à la population pour la guerre prélevait une quantité notablement moindre de citoyens, non seulement par rapport à l'importance des armées, mais encore par suite du maintien sous les drapeaux des mêmes hommes pendant dix, vingt ou trente ans.

La conscription et, de nos jours, le service militaire obligatoire ont été, sont ou seront une des causes les plus profondes de la transformation de notre état social.

Combien sont et restent différentes, en effet, les conditions du travail professionnel, agricole, commercial, industriel, lorsqu'elles sont soumises à une interruption de travail même réduite à trois années !

Certes, et en cette occurrence la comparaison ne saurait être favorable à notre époque, le service militaire obligatoire pour un grand nombre ou pour tous est un pas fait en arrière; c'est une sorte d'esclavage sous une forme civilisée et égalitaire, esclavage que nous nous imposons avec la conviction de sa nécessité, et que nous imposent les rivalités des nations européennes, rivalités d'autant plus graves et intenses que les nations se sont accrues en nombre et en puissance.

Les conditions du travail ne sauraient manquer de souffrir de cette interruption dans l'effort qu'il sollicite à l'un des moments de la vie les plus propices à son épanouissement, à sa production utile.

On se demande si ces mêmes conditions du travail n'ont pas perdu de ce chef une partie du terrain gagné d'autre part par l'enseignement.

N'en voyons-nous pas une preuve saisissante dans la concurrence qui commence à s'élever formidable entre l'ancien et le nouveau monde, entre l'Europe et l'Amérique? Là-bas, de l'autre côté de l'Atlantique, l'armée n'existe pour ainsi dire pas. L'impôt du sang, de la guerre, qui est pendant les longues années de paix l'impôt du travail, est pour ainsi dire nul, alors que, chez nous, dans l'Europe civilisée, cet impôt prélève pendant trois ans la part notable que l'on sait de notre population masculine, et certainement plus de 10 pour 100 de nos forces vives de production; et je ne parle ici que du prélèvement direct, car cette proportion doit doubler tout au moins par le trouble indirect qu'elle cause au travail national.

Si à cela nous ajoutons le prélèvement inouï que chaque année l'état de guerre occasionne sur notre épargne nationale par l'impôt, par le budget de la guerre, qui est, avec celui de la marine, de près d'un milliard, soit le tiers environ de notre budget total national (1), on appréciera ce que coûte une guerre même heureuse par sa préparation encore plus que par ses conséquences.

Après vingt ans de paix, une guerre représente certainement un capital de trente milliards de francs, perdus, inutilisés, et un capital de 1 milliard 800,000 journées de travail.

Quelles conquêtes peuvent contrebalancer de pareils sacrifices?

C'est en ces résultats désastreux pour l'humanité qu'il est permis de placer l'espoir de la paix : vainqueurs ou vaincus aujourd'hui, en Europe, sont frappés d'un mal incommensurable.

Mais rentrons dans notre sujet des causes sociales du travail ; la question militaire y devait intervenir, puisqu'elle pèse d'un si grand poids sur nos destinées.

Là ne s'arrêtent point les conséquences de notre état militaire; une de celles qui méritent d'attirer notre attention dans la question qui nous occupe, est le dépeuplement de nos campagnes au profit des villes.

C'est, je crois, un des résultats indéniables de la conscription, qui arrache l'ouvrier de la campagne à ses travaux, que de l'attirer dans les villes après son service militaire accompli, — la vie des villes attire ceux qui l'ont pratiquée; et il n'est pas sans intérêt de donner à cet égard quelques chiffres pour préciser l'importance de cette transformation sociale de la population française.

Je vous indique ci-après les chiffres de population des principales villes de France.

Ce n'est que depuis 1846 que les recensements distin-

---

(1) Budget total de la France pour 1890 : 3,770,044,039 francs.
Budget de la guerre : 735 millions.
Budget de la marine : 221 millions.

guent avec précision les populations urbaines et les populations rurales ; on nomme urbaine toute commune dont la population agglomérée dépasse 2,000 habitants.

Or, en 1846, la population urbaine représentait 24,42 pour 100 de la population totale ; en 1886, la proportion est de 36 pour 100 pour la population urbaine. Si ce mouvement continuait, en 1920 la population urbaine égalerait la population des campagnes.

Ces indications présentent un intérêt particulier en les appliquant à certaines villes.

En 1789.	Rouen avait.	65,000 habitants.
1886.	—	107,000 —
1789.	Le Havre avait.	15,000 —
1886.	—	112,000 —
1789.	Saint-Étienne avait. . . .	9,000 —
1886.	—	118,000 —
1789.	Nantes avait.	65,000 —
1886.	—	127,000 —
1789.	Toulon avait.	55,000 —
1886.	—	148,000 —
1789.	Lille avait.	50,000 —
1886.	—	188,000 —
1789.	Bordeaux avait.	83,000 —
1886.	—	241,000 —
1789.	Marseille avait.	76,000 —
1886.	—	376,000 —
1789.	Lyon avait.	139,000 —
1886.	—	410,000 —

Ces neuf villes n'avaient que 550,000 habitants en 1789, aujourd'hui elles comptent 1,820,000 habitants.

Certes, de grandes causes d'ordre économique et général ont eu et conservent leur influence prépondérante et majeure sur ce mouvement général de la dépopulation des campagnes au profit des villes dans tout le globe, et la conscription dont nous parlions tout à l'heure n'y exerce qu'une influence partielle ; mais c'est un coefficient de plus dû à une cause étrangère à la transformation économique, et, partant, anormale.

Au surplus, le mouvement de la dépopulation des campagnes au profit des villes avait commencé dans la dernière partie du siècle dernier avec la transformation de l'industrie et la création des manufactures.

Deparcieux et les physiocrates en parlent longuement, et, parmi ces derniers, Quesnay, dans ses articles « Fermiers » et « Grains » de l'*Encyclopédie*.

Les cahiers transmis aux États généraux par les divers ordres demandent des mesures restrictives au mouvement d'émigration vers les villes.

La Convention avait même voté une loi aux termes de laquelle les serviteurs agricoles avaient droit à une pension sur l'État après un certain nombre d'années de service dans les fermes.

Nous reviendrons un peu plus loin sur l'une des causes de la dépopulation des campagnes au profit des villes : l'absence d'assistance et d'associations, de solidarité dans les campagnes.

Si nous nous sommes étendus un peu longuement sur ces questions de la population au moment d'examiner les conditions du travail à l'âge d'homme des travailleurs, c'est que c'est à cette période que l'influence de la transformation se fait le plus vivement sentir.

Jusqu'ici nous n'avons encore rien dit des *salaires*. On peut déduire de ce qui vient d'être exposé que la quotité du salaire dans l'examen de la transformation des conditions du travail pendant ces cent dernières années ne joue qu'un rôle relatif ; les bases de l'organisation du travail ne sont plus les mêmes.

Le premier objet qui se présente à l'attention quand on s'occupe des conditions du travail et des ouvriers est cependant et tout naturellement le salaire.

Est-il besoin de rappeler que ses formes les plus fréquentes sont le salaire à la journée, à l'heure, et le salaire à la tâche ou aux pièces?

La transformation du salaire à la journée en salaire à l'heure n'est pas de date très ancienne, de 1848, je crois. Le salaire à la tâche a été de tous les temps.

Avant 1848, le travail des ateliers était communément de douze heures ou plus ; on en réclama la réduction à dix heures. Après une certaine résistance, les patrons reconnurent que dix heures de travail étaient un maximum comme qualité du travail, ils constatèrent rapidement que l'ouvrier produisait autant en dix heures qu'en douze heures : c'était justice. C'est de cette réduction du travail à dix heures que date le salaire à l'heure, par un simple déplacement de virgule approprié au système décimal.

Cette durée du travail fixée à dix heures est-elle le maximum du progrès ? Ici la question est complexe, car cela dépend et de la nature du travail et de la vigueur des individus.

Au-dessous de dix heures, la loi est plus difficile à établir. Dans certaines professions spécialement pénibles, comme celle du mineur, par exemple, travaillant dans des galeries étroites, mal aérées, ou encore comme celles de certains métiers exigeant un effort permanent, la durée de travail de dix heures est exagérée, et on peut admettre que, pour celles-ci, le travail de huit heures serait tout aussi productif. C'est ce qui a amené les ouvriers anglais à la fameuse formule dite *des quatre huit* : huit heures de travail, huit heures de repos, huit heures de sommeil et huit shellings (10 fr.) de salaire. La formule est simple, mais elle ne saurait être d'une application générale et absolue, car l'homme peut en certaines professions fournir dix heures de travail, et il a le droit de se réclamer de cette faculté pour accroître son gain en conséquence. Quant à l'importance du salaire, elle ne saurait être uniforme.

Le salaire à la journée ou à l'heure a augmenté pendant ces dernières années d'une façon considérable en France.

Pour les mineurs d'Anzin, par exemple :

```
En 1820 il était de    400 francs par an.
   1860      —         800        —
   1880      —        1,070       —
```

En 1886, les salaires de la grande industrie étaient :

Dans les départements :

```
Ouvriers majeurs. . . . . . . .    3 fr. 56.
Ouvriers aux machines. . . .       4 fr. 04.
Manœuvres. . . . . . . . . . .     2 fr. 94.
```

Dans le département de la Seine, où tout est plus cher, logement, nourriture, impôt, les salaires sont plus forts. Voici quels ils étaient, en moyenne :

```
Ouvriers majeurs. . . . . . . . .    5 fr. 01.
Ouvriers aux machines. . . . .       5 fr. 67.
Manœuvres. . . . . . . . . . .       3 fr. 61.
```

Ces chiffres sont un peu plus élevés actuellement.

Si l'on considère les salaires de la petite industrie, on trouve qu'à Paris la moyenne des salaires des hommes oscille entre 5 fr. 80 et 7 fr. 40.

Dans les autres villes de France, les salaires ordinaires sont aujourd'hui de 3 fr. 50. En 1853, la moyenne était de 1 fr. 90.

A l'enquête sur la crise industrielle ouverte par la Chambre en 1884, M. Dietz-Monnin a évalué l'augmentation du prix de la main-d'œuvre à 60 pour 100 depuis trente ans.

Les professions dans lesquelles les salaires se sont le

plus élevés à Paris sont celles qui touchent à l'industrie du bâtiment, qui fait vivre 175,000 personnes.

Dans quelques professions, l'écart entre les salaires de Paris et ceux de la province est très faible. Ainsi les cordonniers ont 3 fr. 05 en province et 3 fr. 50 à Paris. Dans d'autres métiers, l'écart va du simple au double, et quelquefois au delà. Les maçons ont en province 3 fr. 70, à Paris 8 francs ; les couvreurs 8 francs à Paris, 4 francs en province ; les boulangers 3 fr. 60 et 7 francs ; les tailleurs de pierre 4 francs et 8 fr. 50, etc., ce qui prouve que les salaires ne suivent pas toujours les oscillations du prix des choses nécessaires à la vie, car l'écart des prix n'est pas aussi prononcé entre Paris et la province que ne l'est l'écart des salaires.

Nous mettons sous vos yeux un tableau comparatif des salaires de la petite industrie à un siècle d'intervalle ; ce sont tout au moins des indications approximatives.

Nous y avons joint les consommations moyennes d'un habitant de Paris en 1789 et en 1888, et la composition de la population de la France, par groupes professionnels (1).

Je n'ai parlé jusqu'ici que des salaires des hommes adultes ; ceux des apprentis échappent aux relevés exacts. D'ailleurs on ne fait plus d'apprentis. Les conditions de l'apprentissage, dans les ateliers où il existe encore, ne sont plus du tout ce qu'elles étaient autrefois. Le contrat d'apprentissage est l'exception. Rien n'est plus rare que de trouver l'apprenti logé et nourri chez les patrons ; ce n'est plus qu'un petit ouvrier.

Il y a là, dit-on, une cause de faiblesse pour nos industries contre lesquelles des municipalités clairvoyantes ont tenté de réagir. A Paris et dans beaucoup de villes ont été créées des écoles d'apprentissage pour les profes-

____

(1) Voy. ces tableaux aux *Annexes* de la présente brochure, pages 304 et 312.

sions du fer et du bois, et des écoles professionnelles en vue de former des ouvriers pour les industries de la région. Des patrons et des syndicats sont entrés dans la même voie. Enfin, le législateur a sagement introduit le travail manuel dans le programme des écoles primaires. Espérons que cet enseignement technique portera ses fruits et conservera à notre patrie son bon renom industriel.

Je n'ai pas encore parlé du salaire des femmes. Il n'est pas moins intéressant à étudier que celui des hommes.

A la fin du xviii° siècle, le travail des femmes était presque nul en dehors des fonctions domestiques. Aujourd'hui, dans la grande industrie, les femmes tiennent une place importante, la loi, jusqu'à présent, du moins, ne leur interdisant que les travaux souterrains. Il est même certaines fabriques, les tissages, les moulineries de soies grèges, où le nombre des femmes employées est plus considérable que celui des hommes.

On s'est demandé si cet emploi industriel de la femme est vraiment profitable à la société. Ce n'est que par des soins incessants, — dit-on, — et par une surveillance continuelle, qu'elle peut parvenir à bien diriger l'éducation de ses enfants. Certes, il vaudrait mieux voir les femmes au foyer qu'à l'atelier; mais que l'on songe combien sont encombrées les professions féminines et combien peu d'états sont accessibles à leur bon vouloir et à leur dextérité.

Notons d'ailleurs que la population féminine est notablement plus considérable en France que la population masculine, de 130,000 environ, sans parler du célibat imposé à certaines professions, qui vient augmenter cette disproportion considérablement.

Au surplus, on l'a dit avec raison : *n'importe quelle industrie est meilleure que la misère*. Depuis quelques années, les femmes ont trouvé des débouchés nouveaux à leur travail dans certaines administrations publiques : postes et télégraphes, chemins de fer et dans les établissements de crédit. C'est qu'elles ont, sans parler de leur habileté de main, plus d'esprit de discipline que les hommes, et, ce qui est décisif pour beaucoup de patrons, elles se contentent de moindres salaires. Dans la grande industrie, les salaires des femmes sont de 2 fr. 70 à Paris et de 1 fr. 80 en province. Dans la petite industrie, — et dans cette catégorie, on range les blanchisseuses, brodeuses, corsetières, giletières, lingères, modistes, piqueuses de bottines, — le salaire ordinaire est de 3 francs environ ; il dépasse rarement 4 fr. 50. Ce chiffre est atteint par les dentellières et les blanchisseuses.

Bien que ces salaires aient, depuis trente ans, bénéficié d'une augmentation sensiblement égale à celle du salaire des hommes, c'est-à-dire 65 pour 100 en province et 40 pour 100 à Paris, ils sont notoirement insuffisants pour la femme isolée et sans ressources autres.

J'ajoute que l'équité voudrait que le taux de leurs salaires fût plus rapproché de celui du salaire des hommes. Mais l'étude du problème du travail féminin nous conduirait trop loin, et je ne puis que vous engager à lire ce qu'ont écrit à ce sujet un économiste, M. Paul Leroy-Beaulieu, auteur du *Travail des femmes au* XIXe *siècle*, et un penseur, M. Jules Simon, auteur de l'*Ouvrière*.

Le tableau comparatif des salaires de la petite industrie en 1790 et en 1890, que nous mettons sous vos yeux (1), fait ressortir les augmentations notables qu'ont subies les salaires pendant ces cent années.

Les causes de ces augmentations sont multiples, je n'en relève ici que la conséquence, qui est sans contredit une amélioration des conditions du travail.

____

(1) Voy. p. 310.

En dehors des causes économiques d'ordre général, les salaires sont influencés par deux causes principales : les chômages et les grèves.

L'enquête faite par la Chambre de commerce en 1872 sur la situation des industries parisiennes révèle que, sur 265 industries étudiées, 63 étaient soumises à la morte-saison. A l'enquête parlementaire de 1884, un grand nombre d'industries ont été déclarées soumises au chômage d'une durée plus ou moins longue :

Les doreurs sur bois et les entrepreneurs de couverture et plomberie, 1 mois;

Les marbriers, colleurs de papiers peints, 2 mois;

Les peintres en bâtiments, de 2 à 4 mois;

Les charpentiers et tailleurs de pierres, 4 mois, etc.

Le rapport de M. Spuller évalue au cinquième le nombre des ouvriers sujets au renvoi pour chômage normal. Les ouvriers non congédiés sont, de leur côté, exposés à des diminutions de journées. Je ne parle pas des chômages anormaux ou chômages de crise.

Les uns et les autres peuvent rencontrer un remède efficace dans les combinaisons de la mutualité et des institutions de prévoyance.

Il y a aussi le chômage volontaire du lundi. Celui-là, les institutions économiques sont à peu près impuissantes à combattre ses effets.

Notons aussi le chômage procédant de l'affluence dans la ville, et surtout à Paris, de la demande de travail, par rapport aux offres de travail.

Du fait de l'ignorance du besoin du travail dans la ville naît un inéquilibre souvent funeste : cette ignorance est encore telle que pour peu d'industries il est possible, même aujourd'hui, d'apprécier les disproportions entre l'offre et la demande. Sans chiffre certain, je noterai par exemple, les ouvriers boulangers, comme présentant à notre époque, à Paris, une demande de travail, un nombre de travailleurs de 40 p. 100 au moins plus élevé que les besoins du travail.

On voit, dès lors, combien certains prix de journée sont illusoires, par la discontinuité forcée du travail pour un très grand nombre d'ouvriers.

Le seul remède à cette situation est la connaissance aussi exacte que possible, constamment mise à la disposition de tous, des besoins du travail, c'est la statistique mensuelle, hebdomadaire du travail qui reste à établir : nous y marchons.

Les grèves sont l'arme la plus puissante dont disposent les ouvriers pour amener les patrons à augmenter le taux de leurs salaires, pour s'opposer à une baisse ou obtenir une réduction de la durée du travail.

Leur légitimité est incontestable; leur légalité n'est reconnue que depuis vingt-cinq ans (1). Le fait de refuser le travail n'était pas puni par le Code pénal, mais la coalition, c'est-à-dire l'entente préalable, était un délit puni d'amende et de prison. Aujourd'hui les ouvriers, comme d'ailleurs les patrons, peuvent se concerter librement, à la condition que la coalition ne soit pas suivie de menaces, violences ou voies de fait.

L'ancien régime a connu les grèves, surtout au cours du xviiiᵉ siècle.

Je citerai notamment les grèves des ouvriers tisseurs de Lyon en 1744, celles des tailleurs, des papetiers, des imprimeurs de Paris, en 1789.

Depuis la Révolution, et malgré les lois prohibitives des coalitions, elles sont devenues plus fréquentes, plus longues et plus dommageables à l'industrie. Si l'abrogation de ces lois n'a pas eu pour effet, à la fin de ce siècle, de diminuer le nombre des grèves, celles-ci, il faut le reconnaître, ont, à part de déplorables exceptions, perdu

____

(1) Lois des 25 mai 1864 et 21 mars 1884, art. 1ᵉʳ.

leur caractère violent. Mais ont-elles été efficaces? Ici encore la statistique va nous permettre de répondre.

De 1874 à 1885, selon un relevé publié il y a quelques mois par le ministère du commerce, le nombre des grèves en France a été de 804. Sur 753 examinées au point de vue des résultats obtenus, 427, soit 57 p. 100, ont totalement échoué; 206, ou 27 p. 100, ont abouti à l'adoption des vœux des grévistes; 120, soit 16 p. 100, se sont terminées par une transaction. La proportion des échecs absolus est, on le voit, considérable; mais voici des chiffres qui complètent tristement ceux-là.

On a calculé que, dans les grèves qui se sont terminées par le succès des grévistes et où ceux-ci parviennent à faire augmenter de 10 p. 100 leurs salaires, il leur faut travailler 160 jours pour regagner simplement ce que l'interruption du travail leur a enlevé. Que deviennent ceux qui échouent?

D'une façon générale, les grèves doivent donc être répudiées. J'attends de plus féconds résultats, pour les revendications ouvrières, du droit d'association reconnu aux ouvriers par la loi de 1884 sur les syndicats professionnels, bien que cette loi n'ait pas encore produit tous ses effets. Le patron, sachant qu'il a devant lui, non un ouvrier isolé, mais des hommes qui, en face d'un abus, se concertent, se coalisent et peuvent compromettre sa situation industrielle, est plus accessible aux revendications légitimes. Le louage des ouvriers est ainsi devenu un contrat véritablement libre, débattu entre deux parties également fortes. A cet égard, la loi de 1884 sur les syndicats professionnels comptera parmi les meilleures de la troisième République.

La condition de l'ouvrier, améliorée par l'augmentation de son salaire, l'a été aussi par la réduction des heures de travail. Au début des manufactures, la journée allait jusqu'à 15, 16 et 17 heures.

La loi du 9 septembre 1848 a fixé la durée maxima de la journée de travail à douze heures. Jusqu'en ces dernières années, cette disposition légale était restée sans sanction, mais une loi de 1883 a chargé les inspecteurs du travail des enfants de s'assurer de son observation dans les usines et ateliers qu'ils visitent ; en fait, la journée, dans la plupart des corps d'état, est de onze ou même dix heures.

La tendance de certains groupes ouvriers est, comme je le disais tout à l'heure, d'obtenir, avec un salaire égal, la réduction de la journée à huit heures.

Je crois qu'en cette matière il ne saurait y avoir de règle absolue. Dans la limite compatible avec les forces et la dignité humaines, on doit travailler comme il est besoin et autant qu'il est besoin. Est-il certain que, dans l'hypothèse de la journée réduite obligatoirement à huit heures, l'ouvrier consacrera le temps qu'il aura de libre à développer son intelligence et à étendre son instruction ? La productivité du travail n'en sera-t-elle pas diminuée ? Questions très graves, qu'on ne résout pas par rescrit, et qui ne comportent pas une solution uniforme.

En ce qui concerne la France, songeons toujours que nous avons à lutter contre une formidable concurrence étrangère.

Ce que j'ai dit du salaire ne serait pas complet si je ne parlais de sa puissance d'achat, en d'autres termes, du prix des denrées.

On a souvent cherché à dresser le budget d'une famille d'ouvriers. Le Play, dans ses *Ouvriers européens*, a appliqué à cette recherche sa méthode expérimentale.

Les évaluations plus récentes de la commission d'enquête de la société industrielle de Mulhouse, publiées il y a quelques années dans le journal l'*Économiste français*, fixent ainsi qu'il suit la proportion moyenne des choses nécessaires à la vie dans un budget ouvrier composé du père, de la mère et de deux enfants.

Logement. . . . . 15 pour 100
Vêtement . . . . 16 pour 100
Nourriture. . . . . 61 pour 100
Dépenses diverses (instruction, soins
    médicaux, etc...). . . . . 8 pour 100

Mes recherches m'ont amené à reconnaître, d'accord avec les auteurs de plusieurs publications spéciales, que la hausse du prix de ces divers objets a été et reste à Paris comme en province inférieure à la hausse des salaires.

Ainsi le prix du pain n'a pas varié sensiblement depuis un siècle; le prix des vêtements a notablement baissé. Ce qui a augmenté, c'est le prix de la viande et du vin, mais la consommation ne s'en est pas moins accrue, indice certain de l'amélioration des conditions de l'alimentation, et, partant, de la santé et du bien-être. Voici d'ailleurs la comparaison, à cent ans de distance, des prix des principales denrées de consommation.

	En 1789 (1)	En 1888 (2)	
		PARIS	DÉPARTEMENTS (moyenne)
Pain blanc (les 4 livres)	14 sous 6 deniers soit 0 fr. 72	0 fr. 72	0 fr. 64
Bœuf (la livre)	8 sous 7 deniers soit 0 fr. 43	0 77	0 79
Mouton (la livre)	8 sous (environ 0 fr. 40)	0 90	0 89
Porc (la livre)	12 sous (environ 0 fr. 59)	0 74	0 76

(1) D'après Husson : *Les Consommations de Paris.*
(2) D'après le Bulletin du Ministère de l'Agriculture. Les prix de la viande pour Paris sont ceux du marché de la Villette.

A la veille de la Révolution, la consommation de la viande de boucherie était, en France, de 17 kilogrammes par habitant et par an; elle est aujourd'hui de 30 kilogrammes. A Paris, cette consommation a passé de 56 kilogrammes à 69 kilogrammes.

Je me hâte de dire que cette moyenne est encore notablement inférieure à celle de 300 grammes par jour que les physiologistes reconnaissent comme nécessaire à une alimentation rationnelle.

Quant au pain, vous remarquerez, dans le tableau des consommations annuelles d'un habitant de Paris en 1789 et en 1888 (1), la notable diminution, d'un siècle à l'autre, des quantités moyennes consommées. Cette réduction est compensée par une augmentation de la consommation de la viande et des autres denrées, ainsi que par l'amélioration de la qualité. Le pain blanc, il y a cent ans, ne figurait que sur la table des gens aisés. Aucun ouvrier aujourd'hui, si pauvre soit-il, ne voudrait manger de pain bis.

La consommation du vin, — toujours à Paris (pour les villes de province les renseignements ne remontent qu'à quelques années), — qui était, il y a cent ans, de 121 litres par an et par habitant, est aujourd'hui de 195 litres.

La consommation de la bière a pris un développement considérable; elle est de 11 litres par habitant à Paris, celle du cidre est de 8 litres.

Mais les besoins, eux aussi, ont augmenté, et, avec eux, la consommation de certaines denrées considérées comme de luxe. A l'enquête de 1884, le préfet de police a signalé, comme un signe des temps, le grand nombre d'écailles d'huîtres ramassées le matin à la porte des marchands de vins des quartiers de la périphérie. Ce n'est qu'une boutade; mais ce qui doit donner plus à

____

(1) Voy. p. 312.

réfléchir, c'est l'accroissement de la consommation de
l'eau-de-vie. Elle n'était, au début de ce siècle, que de
8 litres par an et par habitant; malgré l'élévation considérable des droits et des prix, elle a, depuis vingt ans,
plus que doublé, sans compter que les exigences fiscales
ont fait disparaître presque complètement de la consommation parisienne les eaux-de-vie en nature.

L'augmentation des impôts directs ou indirects tient
une place importante dans l'accroissement du prix des
denrées d'alimentation. Actuellement, l'impôt proprement dit moyen par tête est en France, Paris non compris,
de 69 francs. A Paris, il faut ajouter à ce chiffre environ
107 francs. On ne peut malheureusement, même d'une
manière approximative, établir à cet égard de comparaison avec le passé. Sous l'ancien régime, le tiers payait à
lui seul presque tout l'impôt, et l'importance de ses
charges variait selon qu'il s'agissait de pays d'États ou
d'élections.

Certes, aujourd'hui, une partie de ces charges est
reversée sur ceux qui les supportent en améliorations et
en progrès d'ordre général, mais l'impôt de l'octroi, si
séduisant par la facilité de perception, apparaît toujours
comme un des moins équitablement répartis qui se puisse
maintenir, en même temps qu'il fausse la balance économique de la production et de la consommation.

Le logement des travailleurs à Paris est une question
plus embarrassante peut-être que celle de la nourriture.
Des données certaines nous manquent sur les conditions
du logement en 1789; mais nous pouvons constater que
depuis trente ans les conditions du logement ont été profondément modifiées, comme augmentation de charges
pour les locataires et comme conditions générales.

Nous admettons que, parmi ces conditions, celles de
l'hygiène ont été améliorées, mais bien peu : nos grandes
et belles maisons bourgeoises modernes, pourvues d'eau

et de gaz, laissent bien loin derrière elles la quantité formidable de logements mal aérés, insuffisants, malsains souvent, qui subsistent encore. Sait-on que dans notre magnifique Paris, sur 80,000 maisons, 22,108 seulement sont aujourd'hui éclairées au gaz, et 45,000 seulement pourvues d'eau de source? On peut, en outre, affirmer, avec les chiffres sous les yeux, que la surface des constructions habitées ne s'est pas accrue dans la même proportion que la population. Il en est résulté des agglomérations qui, dans certains quartiers de Paris, ont atteint les proportions les plus élevées.

La suppression de l'enceinte fortifiée de Paris, et la création de nouvelles voies de transport économiques, sont parmi les progrès les plus importants à attendre de l'avenir.

La transformation de Paris avec de grandes avenues, de nouveaux boulevards, en améliorant les logements bourgeois, a apporté dans les logements très modestes des ouvriers une modification très sensible. Autrefois, dans bien des maisons des plus beaux quartiers, les logements d'un même immeuble se louaient à des prix fort différents, et il n'était pas rare de trouver, dans la même maison, des logements de 2, 3 et 4,000 francs, et d'autres de 200 à 300 francs.

Cette promiscuité tend à disparaître presque complètement, non sans quelques désavantages. Aujourd'hui les nouveaux quartiers spacieux, aérés, ne comportent plus de logements de 300 francs par an, et pourtant il subsiste à Paris plus de 400,000 logements de moins de 300 francs de loyer par an (1). Se doute-t-on de ce que peut être à Paris un logement de ce prix?

Je n'ignore pas que, dans certaines régions, le cam-

---

(1) Exactement, sur 810,468 locaux d'habitation à Paris, il y en a 404,694 payant un loyer de 1 à 299 fr. (Statistique au 1er janvier 1890 dressée par le service des contributions directes de la ville de Paris.)

pagnard habite souvent des masures auprès desquelles les mansardes de nos sixièmes étages paraîtraient confortables. Mais l'ouvrier des villes, au contraire de celui des champs, passe ses journées dans des locaux étroitement confinés.

Il lui faudrait, de retour chez lui, trouver un appartement aéré et sain.

Ces conditions de salubrité font souvent défaut, et la question du logement ouvrier est encore à résoudre. Le loyer a renchéri depuis le commencement de ce siècle. Je doute que le logement se soit beaucoup amélioré.

Mais l'heure nous presse, et je m'aperçois que j'ai dû omettre plusieurs questions qui touchent de près à la condition des ouvriers.

Je me reprocherais pourtant de ne pas dire quelques mots de l'évolution économique inaugurée par les grands magasins il y a une trentaine d'années. Le grand magasin, à Paris du moins et dans les villes importantes, est entré dans les mœurs. Ces immenses bazars n'appartiennent ni à la grande ni à la petite industrie. La science économique ne s'est pas encore occupée d'eux. Sont-ils ou non un bienfait? Je parle, bien entendu, au point de vue social.

Nous assistons à un phénomène semblable à celui qui a suivi le développement des machines. Les auteurs de la première moitié de ce siècle, Sismondi entre autres, ont dépeint la misère et les colères produites parmi les ouvriers par la substitution des machines aux bras. La transition opérée, on n'a pas tardé à reconnaître que les machines, en déchargeant les hommes des tâches les plus fatigantes (pour ne citer que ce résultat), avaient eu une action bienfaisante. Comme les machines, les grands magasins ont fait baisser les prix de beaucoup d'objets devenus accessibles aux petites bourses. Cependant, au point de vue social, on leur adresse un reproche.

Les nombreux commis nécessaires au fonctionnement du grand magasin auraient pu, dit-on, en d'autres temps, fonder des maisons, devenir patrons : ils ne seront jamais que des salariés et des sous-ordres dans une grande société anonyme.

Cela est vrai dans une certaine mesure. Reste à savoir si la condition matérielle de ces sous-ordres n'est pas préférable à celle du petit boutiquier qui végète, attendant de rares clients. On ne peut contester que les sociétés propriétaires des grands magasins ont, dans un esprit d'intérêt bien entendu, assuré à leurs employés des avantages très réels et très appréciés.

L'objection perd ainsi beaucoup de sa force.

J'aurais encore à dire quelques mots du rôle des étrangers dans le travail national. Mais ce sujet est si plein de difficultés que je ne puis le traiter ce soir; je me bornerai à en indiquer la portée par quelques chiffres du tableau que je mets sous vos yeux.

ÉTRANGERS EN FRANCE

Anglais	36,134
Allemands	100,114
Austro-Hongrois	11,817
Belges	482,261
Hollandais	37,149
Italiens	264,548
Espagnols	79,550
Portugais	1,292
Suisses	78,584
Russes	11,980
Scandinaves	2,423
Américains	10,253
Autres nationalités	10,406

ÉTRANGERS A PARIS

Anglais, Écossais, Irlandais	12,804
Américains du Nord et du Sud	6,414

Allemands   30,229
Austro-Hongrois   5,206
Belges   45,649
Hollandais   16,341
Italiens   22,549
Espagnols   3,832
Portugais   317
Suisses   23,781
Russes   7,062
Suédois   1,179
Grecs   508
Roumains   888
Turcs et Africains   939
Chinois   150
Autres nationalités   1,805

Les étrangers sont en France au nombre de 1,126,531, soit 2,97 pour 100 habitants.

A Paris, ils sont, d'après le recensement de 1886, au nombre de 180,253, soit 8 pour 100 habitants. On a remarqué que, parmi les professions qui dans cette ville font vivre un nombre considérable d'étrangers, il en est plusieurs qui passent pour être plus particulièrement parisiennes, par exemple : l'ébénisterie, l'orfèvrerie, la ciselure sur métaux, etc. J'ajouterai que l'ouvrier étranger est, non pas à Paris, mais dans certaines provinces du midi et du nord de la France, devenu une nécessité pour certaines industries et pour l'agriculture elle-même ; sans leur concours on verrait bien des exploitations industrielles et agricoles péricliter.

Il nous reste encore une question à examiner, une des plus importantes, qui, à elle seule, exigerait une longue causerie ; je la traiterai brièvement, pour ne pas mettre votre attention à une trop longue épreuve : je veux parler de la dernière période de la vie des travailleurs, *de la vieillesse*, où intervient l'incapacité de travail, l'infirmité, la maladie.

Les renseignements nous manquent pour dire avec

précision ce qu'était, il y a cent ans, l'assistance publique, c'est-à-dire l'organisation, par la communauté, des secours à apporter au travailleur vieux, malade ou infirme.

Au siècle passé, l'hospitalisation se pratiquait peu à l'état d'organisation sociale, la charité publique ou privée y contribuait pour la plus large part: aussi cette organisation, ne reposant sur aucune base précise, était-elle très incomplète, alors qu'en d'autres pays, comme certaines provinces d'Italie, par exemple, qui nous avaient devancés dans le libre et intelligent souci de la chose publique, l'hôpital et l'hospice suffisaient si abondamment à tous les besoins des villes qu'aujourd'hui ils suffisent encore, sans aucun accroissement, à des besoins certainement plus nombreux.

En France et à Paris, les progrès dans l'assistance publique ont été trop peu sensibles, et c'est à bon droit que les travailleurs inscrivent ces améliorations au premier rang de leurs revendications.

Quelques chiffres cependant permettent d'établir que Paris est entré largement dans la voie des améliorations, en ces dernières années surtout. Ces chiffres seront plus éloquents qu'une longue dissertation :

La France compte en 1886, 1,657 hôpitaux et hospices, renfermant 74,000 lits de malades et 60,000 lits d'infirmes et d'incurables.

Ces établissements disposent d'un budget de 114 millions.

Sur cette somme, la ville de Paris seule, absorbe 40 millions.

Ce chiffre de 40 millions correspond à un budget d'assistance publique de 16 francs par habitant et par an.

Ce même budget n'est plus, pour le reste de la France, que de 74 millions, ce qui ne correspond plus qu'à 2 francs par habitant.

Si, de cette dernière proportion, l'on déduit les grandes villes comme Lyon, par exemple, où l'assistance est plus développée qu'à Paris, on voit combien peu il reste pour la campagne ; c'est là un des secrets de leur dépopulation.

Comment en serait-il autrement ? De nos jours, l'ouvrier des campagnes connaît et visite les villes, ce qu'il ne faisait guère au siècle passé ; il apprend qu'en ville le malade, l'infirme, le vieillard, trouvent tant bien que mal une assistance qui fait défaut aux campagnes, et, comme cette assistance répond aux besoins les plus incessants de la vie des familles, l'habitant des campagnes y trouve une raison de plus d'affluer dans les villes en proportion souvent très supérieure aux besoins de ces mêmes villes. C'est le cas pour Paris, où chacun sait qu'on ne meurt ni de froid ni de faim, qu'on y trouve l'assistance médicale, etc., toutes choses encore inconnues, ou à peu près, dans les campagnes.

Mais l'assistance publique n'est qu'une faible part des efforts faits pour l'amélioration du sort des travailleurs dans leur vieillesse.

Les sociétés de secours mutuels, au nombre aujourd'hui de 8,633 en France, les caisses d'épargne, les caisses de retraites pour la vieillesse, les assurances, ont pris et prennent chaque jour un développement plus considérable, bien qu'encore très insuffisant.

Ces bienfaits, dus à la pratique de l'association, n'atteignent encore, pour ainsi dire, que les villes, et je suis sûr de ne pas m'éloigner de la vérité en disant que leur proportion entre les villes et les campagnes doit se rapprocher de la proportion que je donne ci-dessus pour l'assistance publique.

L'assistance dans les villes est à perfectionner ; l'assistance dans les campagnes reste à créer au profit de notre travail national, souvent troublé par les agglomérations exagérées des villes et par la désertion des campagnes.

Ce que l'assistance publique ne peut faire, l'association doit y pourvoir; c'est là peut-être un des plus grands, des plus importants bienfaits à attendre des syndicats, des associations, qui, fort heureusement, naissent et se développent, de nos jours, dans les campagnes comme dans les villes.

Dans les campagnes, l'association, plus difficile, mérite d'être plus encouragée encore; les syndicats agricoles, qui se développent aujourd'hui, sont un premier pas fait vers ce progrès.

Au surplus, ces questions sont à peine connues aujourd'hui, la nécessité seule les enseigne à chacun; je ne crains pas de dire que la nécessité nous oblige à les enseigner à tous, et s'il est un progrès initial à souhaiter, c'est de voir introduire dans les programmes d'instruction primaire et secondaire de nos enfants de toute condition, la connaissance de ces éléments de la démographie moderne d'où dépend le sort de chacun, et cela avec autant de profit pour notre vie sociale nationale que la connaissance de l'histoire du passé ou de la géographie du monde.

C'est à la génération qui nous suit qu'il appartiendra de consacrer, de développer ces améliorations rapides et nécessaires; nous leur laissons un progrès qui ne saurait être méconnu et qu'a traduit si exactement dans son discours d'ouverture de notre Exposition universelle, le 6 mai 1889, le Président de la République, M. Carnot, en disant :

« Au point de vue social, on peut traduire le progrès « par cette éloquente formule : la vie humaine accrue, la « mortalité abaissée. »

C'est là, Mesdames et Messieurs, l'œuvre de notre siècle,

œuvre dont nos générations ont le droit d'être fières, en
en retenant le ferme propos de regarder comme à peine
ébauché le progrès social, au développement duquel chacun doit apporter son tribut de concours et de souci,
pour conserver à la France le rang qui lui appartient
dans l'histoire du monde et de la civilisation.

ÉTUDE

SUR LA QUESTION

DES

BUREAUX DE PLACEMENT

(Mars 1890) (1)

> « Lisez l'histoire de tous les pays, et vous verrez que ce sont de misérables questions de boire et de manger qui ont troublé le monde depuis qu'il existe. »
>
> MATHIEU (de la Drôme), 1848.

La Chambre vient d'être saisie de deux propositions de loi relatives au placement des employés et ouvriers de toutes professions.

L'une, présentée par MM. Dumay et Joffrin, organes du parti ouvrier possibiliste, demande l'abrogation des décret et ordonnance de police qui réglementent l'industrie du placement. Le placement gratuit serait fait, à l'avenir, par l'entremise des bourses de travail, des syndicats ouvriers ou groupes corporatifs, ou, à leur défaut, par les municipalités.

L'autre proposition, assez longuement motivée, émanant de MM. Mesureur et Millerand, ne supprime les bureaux de placement par le retrait de l'autorisation donnée à leurs directeurs qu'à mesure qu'un Bureau municipal ou une

____

(1) Étude faite avec le concours de M. de Pontich.

Bourse de travail pourvoira au placement gratuit des employés et ouvriers. Cependant, comme ces établissements ne fonctionnent ou ne fonctionneront que dans les grandes villes, l'exposé des motifs prévoit que le placement gratuit pourra être fait par d'autres institutions : syndicats ouvriers ou patronaux, sociétés professionnelles, etc...

La différence entre les deux propositions se résume ainsi : la première supprime d'abord les bureaux de placement et semble imposer le placement gratuit aux municipalités ou aux groupes corporatifs; la seconde ne prononce la suppression des bureaux qu'autant que le placement gratuit est assuré.

Avant d'examiner ces diverses solutions, il convient d'exposer l'organisation et la réglementation des bureaux, les faits qui leur sont reprochés, et de rappeler la campagne entreprise contre eux.

Historique.

On trouve des traces de l'existence de bureaux de placement dans une ordonnance de 1351 relative aux *recommanderesses* qui fournissaient des chambrières et des nourrices. Sous Henri IV fut fondé un « bureau de rencontres » dont le titre indique la destination. Théophraste Renaudot, qui fonda la première gazette, obtint (sous Louis XIII) un privilège pour l'établissement d'un bureau d'adresses, ayant, entre autres objets, le placement des domestiques.

Les diverses créations tentées dans le même but aux siècles suivants paraissent s'être heurtées à l'opposition des jurandes, et il semble que les bureaux de placement n'aient jamais fonctionné que pour les ouvriers et employés non groupés en corporations : valets, femmes de chambre, nourrices, etc... Avec son organisation du travail si différente de celle de notre époque, l'ancien régime ne peut servir d'enseignement sur la question des bureaux de placement.

Pendant la première moitié de ce siècle, la préfecture de police, se fondant sur les articles 2 et 10 de l'arrêté des consuls du 12 messidor an VIII, confisqua, en l'an XII, l'industrie des bureaux de placement. Il fallut une autorisation pour gérer un bureau. Malgré cette immixtion de l'autorité, on avait eu beaucoup à se plaindre des placeurs, car, au début de la Révolution de 1848, le gouvernement provisoire et le préfet de police reçurent plusieurs députations d'ouvriers qui réclamaient énergiquement la suppression des bureaux de placement. Ceux-ci furent supprimés officiellement, mais continuèrent à fonctionner clandestinement, et c'est à l'aggravation des abus produits par cet état de choses que l'on doit la réglementation encore en vigueur, qui date du 25 mars 1852.

Réglementation actuelle.

Le décret du 25 mars 1852, qui règle l'institution des bureaux de placement, — et qui a force de loi, ayant été rendu à l'époque où le chef de l'État réunissait le pouvoir exécutif et le pouvoir législatif — se propose, dit le préambule, « de régulariser et de moraliser l'institution des bureaux de placement dans l'intérêt des classes laborieuses ». On ne peut nier que ses dispositions soient très sévères, aggravées comme elles l'ont été par une ordonnance de police, spéciale à Paris, du 5 octobre suivant (signée Piétri).

Il faut d'abord une permission pour tenir un bureau de placement. Le local lui-même doit être agréé « dans l'intérêt de l'hygiène, de l'ordre et de la sûreté ». La forme des registres elle-même est réglementée. Les conditions mises à l'autorisation peuvent à chaque instant être modifiées, et les infractions punies du retrait de l'autorisation.

Les tarifs sont réglementés, et ils ne sont pas uniformes pour les placeurs, mais déterminés pour chacun par l'arrêté même d'autorisation.

Le tarif accorde en moyenne au placeur :

3 p. 100 sur les gages annuels des domestiques ;
5 p. 100 sur les appointements annuels des employés ;
20 p. 100 sur le premier mois d'un employé ;
Un droit fixe de 25 à 50 centimes pour ce qu'on appelle les journées d'extra.

Le tarif doit être affiché dans tous les bureaux de placement.

Les bureaux ne se font jamais payer d'avance. Ils ont toutefois la faculté de se faire remettre, à titre d'avance sur le droit de placement, une somme qui varie ordinairement de 2 francs à 5 francs, dont quittance doit être donnée, et qui devra toujours être restituée à la première réquisition du déposant qui renonce à être placé par l'entremise du bureau où aura lieu l'inscription.

Les griefs.

On reconnaît assez volontiers que, si les prescriptions du décret du 25 mars 1852 et surtout de l'ordonnance de police étaient strictement observées, les bureaux seraient à l'abri de tout reproche.

Cependant, dès 1881, la question de la suppression des bureaux de placement était posée au Conseil municipal.

En 1886, une *ligue* se forma pour la suppression de ces bureaux. Elle était composée de représentants des Chambres syndicales des professions tenant surtout à l'alimentation, et, d'après les évaluations faites alors, comptait environ 30,000 adhérents. On n'a pas oublié l'agitation dont elle donna le signal et qui provoqua dans la rue des scènes de désordre que la police dut réprimer (juin 1886).

Il y avait alors, à Paris, 450 bureaux de placement autorisés.

Il convient de passer en revue les griefs formulés contre les placeurs.

1° *Inobservation des tarifs.* — Les plaignants disent que, plusieurs ouvriers se présentant pour une place à prendre, le placeur la met à l'enchère et la donne au plus offrant; qu'ils sont souvent obligés de faire un don à l'employé du placeur. Quand le placé a travaillé huit jours, il doit le cinquième de son mois au placeur; s'il est renvoyé le neuvième jour, il lui faudra, quand il sera replacé, repayer le cinquième de son mois. Les garçons limonadiers, au cours de la campagne entreprise par la ligue en 1886, assuraient que, étant donné le peu de stabilité de leurs emplois, la moyenne annuelle de l'argent que chacun d'eux est obligé de laisser au placeur s'élève à 80 et même 100 francs.

Les placeurs répondent que le paiement n'est acquis qu'après un délai déterminé qui est, pour les domestiques, de huit jours. Ce délai, disent-ils, est plus que suffisant pour s'assurer si la place convient, ou non; d'ailleurs, en vertu de son expérience personnelle, l'ouvrier a les renseignements du patron, en sorte qu'au bout de deux ou trois jours d'essai, il est raisonnablement fixé; s'il reste moins de huit jours, il ne doit rien.

2° *Manœuvres pour multiplier les droits de placement.* — On accuse les placeurs de s'entendre avec les patrons pour faire renvoyer leurs employés au bout de quelque temps et les obliger à venir payer de nouveau au bureau de placement pour avoir un autre emploi; — de placer de préférence les mauvais ouvriers qui, étant plus souvent renvoyés, ont plus souvent recours au bureau; — d'avilir les salaires en offrant aux patrons des employés à meilleur marché que ceux qu'ils emploient, etc.,.

Les placeurs répondent que, quand les patrons ont de bons ouvriers, ils les gardent; que si un bureau de placement en plaçait trop souvent de mauvais, on ne viendrait plus lui en demander. Ils ajoutent que, pour provoquer le départ de l'ouvrier dans le but de percevoir double droit, il faudrait que le placeur eût pour complices ses propres victimes : l'ouvrier et le patron; — qu'en supposant même que le placeur arrive à faire sortir l'ouvrier de sa place, il est peu probable que celui-ci reviendrait chez le placeur qui l'a berné.

3° *L'institution des bureaux de placement est une source d'horreurs.* — Ce terme a été prononcé dans la séance du 24 novembre 1886 du Conseil municipal, par M. Joffrin, qui ajoutait : « Sous promesse de places, on fait venir des « jeunes filles, et on les livre aux maisons de tolérance de « Paris ou de l'étranger. Il y a une quantité d'agences « Tricoche, de comtois, — c'est le terme consacré, — qui « embauchent et débauchent, encaissent des primes et « réduisent à la misère quantité de pauvres diables. »

Les placeurs répondent en demandant qu'on ne confonde par leurs bureaux autorisés avec les agences interlopes; — que leur moralité fait l'objet d'une enquête préalable à l'autorisation qu'ils reçoivent de la préfecture de police, etc...

Les éléments de la question nettement posés, il convient d'aborder les solutions proposées.

Les solutions.

On peut les résumer ainsi :

1° Abrogation pure et simple du décret de 1852, et liberté absolue du placement;

2° Placement par les Chambres syndicales ;

3° Établissement de Bourses du travail ;

4° Bureaux de placement municipaux.

1° *Abrogation pure et simple du décret de 1852.* — En faveur de cette abrogation, on fait valoir, outre les considérations développées plus haut, celle-ci : que l'investiture donnée aux placeurs par le Préfet de police est un appât trompeur pour le public et donne un vernis d'honnêteté à des officines qui souvent en sont dépourvues.

Mais l'on objecte qu'en donnant à l'industrie du placement la liberté absolue de s'exercer, en permettant au premier venu d'ouvrir un bureau de placement, on risque de retomber dans les abus auxquels la réglementation de 1852 a eu précisément pour but de mettre un terme. Si cette réglementation, pourtant sévère, est inefficace, qu'adviendra-t-il le jour où l'autorité ne pourra plus intervenir?

Aussi le système de la liberté absolue a-t-il peu de partisans.

C'est pourquoi la proposition Dumay-Joffrin, qui tend avant tout à l'abrogation du décret de 1852, sauf à charger ensuite les Chambres syndicales et, au besoin, les municipalités, d'organiser le marché du travail, est dangereuse, en ce que son adoption désarmerait l'autorité dans les villes où les Chambres syndicales, où les municipalités n'auront pu ou voulu créer des bureaux de placement.

En Angleterre, la liberté absolue de placement existe. Mais les Trade's Unions, dans le but principal de soustraire leurs membres à l'exploitation de ces bureaux, ont organisé des bureaux spéciaux à chaque syndicat, avec un secrétaire permanent et les moyens de publicité nécessaires.

Placement par les Chambres syndicales. — Il ne peut s'agir évidemment, dans ce système, d'un monopole constitué au profit des seules Chambres syndicales. Ce monopole constituant une véritable expropriation à l'encontre des bureaux de placement existants, que les titulaires ont payés souvent d'une somme très élevée (des bureaux se sont vendus 80,000 francs à Paris), il faudrait indemniser les placeurs. Mais, même en passant sur cet inconvénient, il ne faut pas perdre de vue qu'il y a des corps de métiers en dehors des Chambres syndicales. Conférer à celles-ci un privilège exclusif, ce serait empêcher une catégorie de travailleurs fort nombreux de trouver emploi de leurs bras. Ce serait presque revenir au système oppressif des corporations aboli en 1791 au nom de la liberté.

Quant à permettre aux syndicats, par une disposition de loi spéciale, d'organiser le placement de leurs adhérents, une telle disposition est inutile, car l'article 6 de la loi du 21 mars 1884 sur les syndicats professionnels porte que les syndicats peuvent librement créer et administrer des offices de renseignements pour les offres et les demandes de travail (1).

Mais jusqu'à présent ce droit attribué aux syndicats, et qu'ils exerçaient en fait avant 1884, ne semble pas avoir produit les résultats qu'on s'en était promis.

Les statistiques suivantes, publiées en 1886, le prouvent. L' « Étoile », société de secours mutuels et de prévoyance des garçons restaurateurs et limonadiers, n'a recruté en 21 ans que 3,452 adhésions, réduites par les démissions à 1,200 environ.

La Chambre syndicale des ouvriers pâtissiers, qui pour-

---

(1) Mais ce droit est ou devrait être exercé par les seuls syndicats formés en vertu de la loi de 1884. Les groupes corporatifs et les syndicats fictifs doivent être considérés comme des particuliers et soumis à la patente des placeurs et à l'autorisation préfectorale.

rait compter 5 ou 6,000 adhérents, n'a recruté que 294 adhésions.

J'ai exposé ailleurs (1) les difficultés qu'éprouvent les ouvriers boulangers à se placer, leurs griefs contre les placeurs.

La société de secours mutuels des gens de maison, fondée en 1848, n'a, en 38 ans, recruté que 1,970 adhérents, sur environ 100,000 dont se compose la corporation à Paris.

Une des raisons qui peuvent expliquer ce peu d'empressement des ouvriers à se syndiquer en vue du placement est le prix relativement élevé de la cotisation, plus élevé souvent que le prix à payer au placeur. Ce prix, d'ailleurs, est payé une fois pour toutes et, si l'ouvrier reste longtemps dans la même place, finit par s'amortir, tandis que la cotisation est due chaque année aux syndicats.

C'est néanmoins dans les syndicats que le monde ouvrier trouvera sa constitution économique pour sa défense ; mais il faut encourager leur développement mieux que par des dispositions légales. Il faut d'abord les tirer des pauvres logis où jusqu'ici ils ont végété et leur donner le prestige d'une installation officielle. C'est à quoi tend l'institution des Bourses du travail, le troisième mode de placement à examiner.

3° *Les Bourses du travail.* — Il ne sera question ici que de celle de Paris. Marseille, Saint-Étienne et Nîmes ont créé des Bourses du travail et plusieurs autres grandes villes se proposent d'en faire autant ; mais les résultats obtenus par les institutions déjà fondées ne sont pas connus, tandis que l'on peut apprécier les services déjà rendus par l'annexe A ouverte rue Jean-Jacques-Rous-

---

(1) Voyez ci-dessus, page 140.

seau au mois de février 1887, et qui publie périodiquement
un Bulletin officiel et un Annuaire.

D'après les dernières statistiques communiquées,
140 Chambres syndicales ou groupes corporatifs étaient
représentés à la Bourse du travail. Mais l'Annuaire est assez
sobre de détails sur les résultats du placement. Cependant, le bureau des garçons limonadiers arrive à placer
2/5 de ceux qui font des demandes; le bureau des coif-
feurs, 1/3; celui des tailleurs, 1/6; celui du bâtiment,
25 p. 100. En résumé, en près de deux ans, de l'ouverture de l'annexe au 1er janvier 1889, 32 corporations
avaient procuré 9,283 places à demeure et 4,649 places
d'extra.

Il y a tout lieu de croire que ces résultats ne feront que
s'affirmer. D'une part, l'achèvement prochain de la Bourse
centrale (place de la République) et l'ouverture de nouvelles annexes dans les quartiers ouvriers faciliteront le
groupement des travailleurs et les démarches des
employeurs et des employés; d'autre part, les discussions
qui ont mis obstacle jusqu'ici au bon fonctionnement de
l'annexe A perdront à la longue de leur acuité.

Trois tendances se manifestent en effet, à l'heure actuelle, à la Bourse du travail.

Les blanquistes voient surtout dans cette institution un
centre d'organisation économique du prolétariat.

Les possibilistes cherchent à en faire une force organisée à la dévotion de leur parti et de leur politique.

D'autres enfin entendent créer simplement un marché
du travail.

Ces dissensions se sont traduites lors de l'élection de la
Commission administrative qui, par le fait de l'absten-
tion d'un certain nombre de Chambres syndicales, se
trouva entièrement composée de possibilistes.

Les abstentionnistes, pour justifier leur attitude, faisaient valoir que telle association syndicale, la boucherie,

par exemple, qui comptait plus de 2,000 adhérents, n'avait qu'un délégué, tandis que tel autre groupe corporatif, celui des peintres, notamment, comptait aussi un délégué pour 50 ou 60 adhérents.

Une réglementation étudiée par une commission du Conseil municipal, et qui sera prochainement soumise à cette assemblée, confiera l'administration de la Bourse à une commission nommée par les corporations en raison de l'importance des éléments syndiqués représentés.

4° *Les bureaux de placement municipaux.* — Le premier Bureau de placement municipal est celui qui a été instituée à la mairie de Levallois-Perret par M. Trébois, maire. Bien que cette commune ait une population de près de 40,000 habitants, le Bureau municipal ne faisait guère, d'après les dernières statistiques, que 300 placements par an.

En avril 1884, le Conseil municipal invita l'Administration à mettre, dans chaque arrondissement de Paris, un local à la disposition des Chambres syndicales ouvrières pour y installer un bureau de renseignements où un agent desdites sociétés aurait reçu et communiqué les offres et demandes d'emplois.

Les quelques locaux municipaux où l'installation d'un représentant des Chambres syndicales a eu lieu sont restés à peu près déserts, et la tentative du Conseil municipal n'a pas eu de suite.

Depuis l'agitation créée par la ligue contre les bureaux de placement, plusieurs bureaux municipaux ont été ouverts à Paris par les soins des municipalités, notamment dans les I, III, V, VI, XIV, XV, XVII, XVIII° arrondissements.

Ce dernier, fondé en juin 1887, est le plus ancien. Il est ouvert tous les jours à la Mairie de sept heures et demie à neuf heures et demie du soir. Du 15 juin 1887 au 15 juin

1889, il y a eu 7,995 demandes d'emplois et 1,785 placements.

Tous ces bureaux sont essentiellement gratuits. Ils n'ont aucun loyer à payer, et les frais qui leur incombent consistent dans une allocation supplémentaire à fournir à des employés, et dans certaines dépenses de publicité.

Ils ont reçu du Conseil municipal en 1889, une subvention de 1,500 francs chacun.

L'installation dans les mairies a l'avantage de mettre le bureau de placement à la portée des ouvriers et des patrons et d'offrir aux uns et aux autres un lieu naturel de rendez-vous.

Mais l'on peut se demander si des agents administratifs sont suffisamment aptes à provoquer l'offre et la demande, s'ils connaissent les besoins du marché, s'ils ont la capacité professionnelle nécessaire pour concilier les prétentions de l'ouvrier et celles du patron. Les représentants des syndicats, au contraire, par leur expérience professionnelle, sont des intermédiaires tout désignés pour assortir l'offre à la demande. Ils le seront d'autant mieux que la Bourse du travail devra, dans son organisation définitive, publier hebdomadairement les principaux prix du travail, tant à Paris que dans les grands centres, et renseigner les intéressés sur l'état des rapports entre l'offre et la demande, au point de vue de l'insuffisance du nombre des ouvriers nécessaires pour satisfaire aux demandes.

Conclusion.

Mettre en tête de liste de préoccupation de nos assemblées les questions relatives à l'organisation du travail, questions au moins aussi importantes que celles qui concernent les finances, le commerce et l'industrie; constituer, au même titre que cela a déjà été fait pour les diverses branches de l'activité nationale, un conseil supérieur du travail, des Chambres de travail, en un mot, assurer à ces institutions, destinées à fonctionner librement sous la seule impulsion des intéressés, le bénéfice de l'ingérence gouvernementale initiale, ingérence sans laquelle dans notre état social actuel tous progrès de ce genre seraient plus que difficiles, sinon impossibles. En orientant tous ces efforts vers la liberté, faciliter les associations, les constitutions de syndicats, etc.

Quand ces résultats seront obtenus, la suppression des bureaux officiels (ou autres de forme protectrice) de placement aura lieu *ipso facto*, et le législateur n'aura plus besoin d'intervenir.

ANNEXES

CONSTITUTION

DU CONSEIL SUPÉRIEUR DU TRAVAIL

Rapport au Président de la République française.

Paris, le 22 janvier 1891.

Monsieur le Président,

Dans sa séance du 4 novembre dernier, la Chambre des députés a inscrit dans le budget de 1891, après mon acceptation, une somme de 25,000 francs pour la création d'un conseil supérieur du travail.

Ainsi que j'ai eu l'honneur de l'exposer à la Chambre, ce conseil supérieur, établi dans des conditions analogues à celles des autres corps consultatifs existant près de mon ministère, sera essentiellement un instrument d'études pour examiner les projets et pour préparer les solutions sur lesquelles le Parlement aura à se prononcer ; il est destiné à fournir d'une manière également rapide et sûre les renseignements concernant les questions ouvrières, que l'on n'a pu obtenir jusqu'ici qu'en ouvrant des enquêtes longues et coûteuses, enquêtes dont les résultats n'ont pas répondu, la plupart du temps, à l'effort déployé.

Chargé d'apporter au ministre auprès duquel il est placé toutes les lumières dues à la compétence spéciale des membres qui le composent et qui doivent représenter tous les éléments de la production industrielle, il doit demeurer pour les pouvoirs publics un appui indépendant, éclairé et impartial; il ne doit pas être l'organe exclusif des revendications ou des intérêts d'une classe particulière. L'envisager sous ce dernier aspect, ce serait infirmer d'avance toute l'autorité de ses délibérations.

D'autre part, destiné à étudier en toute connaissance de cause les différentes solutions possibles des questions qui lui seront soumises, il importe que ce conseil renferme les porte-paroles les plus autorisés des divers systèmes en présence; il importe également que des représentants des principales industries, et autant que possible des régions variées de la France, y trouvent place.

Pour répondre à ces préoccupations, j'ai pensé que le conseil supérieur du travail pourrait être composé pour un tiers de membres du Parlement et, en général, de personnes particulièrement versées dans les matières économiques et sociales; et, pour les deux autres tiers, en nombre égal, de patrons et d'ouvriers. Pour ces derniers, le choix porterait principalement sur des membres des conseils des prud'hommes, secrétaires généraux de syndicats, anciens délégués, etc., c'est-à-dire sur des ouvriers déjà désignés par leurs camarades, par conséquent possédant leur confiance et pouvant, à juste titre, faire connaître leurs besoins et apprécier judicieusement les mesures propres à améliorer la situation des travailleurs.

Dans ces conditions, j'estime que le conseil supérieur du travail répondrait aux nécessités actuelles et serait un auxiliaire fécond et utile pour mener à bien les projets de réforme que mon ministère a mission d'étudier.

Si vous approuvez cette manière de voir, je vous prie, monsieur le Président, de revêtir de votre signature les deux projets de décrets ci-joints.

Veuillez agréer, monsieur le Président, l'hommage de mon respectueux dévouement.

Le ministre du commerce, de l'industrie et des colonies,

JULES ROCHE.

Décrets

Le Président de la République française,
Sur le rapport du ministre du commerce, de l'industrie et des colonies,

DÉCRÈTE :

ART. 1er. — Il est établi près du ministre du commerce, de l'industrie et des colonies, et sous sa présidence, un conseil supérieur du travail.

ART. 2. — Ce conseil est composé de cinquante membres nommés par décret, sur la proposition du ministre du commerce et de l'industrie, et choisis parmi les membres du Parlement, les industriels, les ouvriers, les membres des chambres syndicales, des associations patronales ou ouvrières, des groupes corporatifs, des conseils de prud'hommes, et d'une manière générale, parmi les hommes spécialement versés dans les questions économiques et sociales.

Sont, en outre, membres de droit :
Le directeur du commerce intérieur ;
Le directeur de l'enseignement technique ;

Le directeur des chemins de fer au ministère des travaux publics ;

Le directeur des routes, de la navigation et des mines au ministère des travaux publics ;

Le directeur chargé du service des sociétés de secours mutuels au ministère de l'intérieur ;

Le directeur général de la Caisse des dépôts et consignations ;

Le président du conseil municipal de Paris ;

Le directeur général des travaux de la ville de Paris ;

Le président de la Chambre de commerce de Paris ;

Le président du tribunal de commerce de Paris ;

Les vice-présidents et les secrétaires du conseil supérieur seront désignés par le ministre et nommés par arrêté ministériel.

ART. 3. — Les membres du conseil sont nommés pour deux ans.

Le renouvellement a lieu par moitié tous les ans ; à la première réunion du conseil, l'ordre de sortie sera réglé par voie de tirage au sort.

Les membres sortants peuvent être renommés.

ART. 4. — Le conseil se réunit sur la convocation du ministre du commerce et de l'industrie, qui fixe l'époque, la durée et l'objet de chaque session. Le ministre peut également former une commission permanente, prise dans le sein du conseil supérieur.

ART. 5. — Le conseil peut, avec l'autorisation du ministre, procéder à des enquêtes et entendre toutes les personnes qu'il jugerait en état de l'éclairer sur les questions qui lui sont soumises.

ART. 6. — Il peut être alloué aux membres du conseil, par une décision spéciale du ministre, des jetons de présence et une indemnité de déplacement.

Art. 7. — Le ministre du commerce, de l'industrie et des colonies est chargé de l'exécution du présent décret.

Fait à Paris, le **22 janvier 1891**.

CARNOT.

Par le Président de la République :

Le ministre du commerce, de l'industrie et des colonies,

JULES ROCHE.

———

Le Président de la République française,

Vu le décret du **22 janvier 1891**, portant création du conseil supérieur du travail,

Sur le rapport du ministre du commerce, de l'industrie et des colonies,

DÉCRÈTE :

Art. 1er. — Sont nommés membres du conseil supérieur du travail :

MM.

CHALLEMEL-LACOUR, vice-président du Sénat.
JULES SIMON, sénateur.
TOLAIN, sénateur.
WADDINGTON, sénateur.
BAÏHAUT, député.
BURDEAU, député.
JAMAIS, député.
MESUREUR, député.
DE MUN, député.
PIERRE LEGRAND, député.
RICARD, député.

Léon Say, député.

Siegfried, député.

Thévenet, député.

Appert (Léon), verrier à Clichy (Seine).

Barailley, ouvrier constructeur de navires, maire de Lormont (Gironde).

Barrafort (Jules), cuisinier, membre du conseil de prud'hommes de Paris.

Bertrand (Frédéric), président du comité des chambres syndicales de la ville de Paris et du département de la Seine. (Industrie et bâtiment.)

Bessand (Paul), administrateur des magasins de la Belle-Jardinière, à Paris.

Beudin, coassocié de la maison Leclaire, entreprise de peinture, à Paris.

Boude (Frédéric), raffineur de soufre, membre de la chambre de commerce de Marseille.

Buisson, tisseur, syndic de la chambre syndicale des tisseurs lyonnais, à Lyon.

Chappée (Auguste), fondeur, secrétaire de la chambre de commerce du Mans.

Charcosset (Henri), chapelier, ancien conseiller prud'homme, à Paris.

Delahaye (Victor), mécanicien, ancien délégué à la conférence de Berlin.

Denis Poulot, ancien président de la société des anciens élèves des écoles nationales d'arts et métiers, ancien maire du XIe arrondissement, inspecteur régional de l'enseignement technique.

Depasse (Hector), publiciste, ancien conseiller municipal de Paris.

Deville (Jean), bijoutier, ancien conseiller prud'homme. à Paris.

Favette (Louis), docteur en droit.

Finance (Isidore), peintre en bâtiment, membre du conseil des prud'hommes, membre de la commission des logements insalubres, à Paris.

GIBAULT (Charles), ingénieur constructeur, ancien élève des écoles d'arts et métiers, à Paris.

HENRY, ingénieur en chef des mines, directeur du matériel et de la traction au chemin de fer P.-L.-M.

JANIN (Claude), tapissier, membre du conseil de prud'hommes de Paris.

KEUFER (Auguste), typographe, secrétaire général de la fédération française des travailleurs du livre, à Paris.

LAMENDIN (Arthur), secrétaire général du syndicat des ouvriers mineurs du Pas-de-Calais.

LIÉBAUT (Arthur), constructeur-mécanicien, membre du comité consultatif des arts et manufactures et du conseil de perfectionnement du Conservatoire national des arts et métiers.

LINDER, inspecteur général des mines, vice-président du conseil général des mines.

MARGUERY, président de la chambre syndicale des restaurateurs et limonadiers du département de la Seine.

MARTELIN, filateur à Saint-Rambert-en-Bugey (Ain).

MAZURIEZ, fabricant de sucre, membre du conseil général de l'Aisne, à Crécy-sur-Serre (Aisne).

MOTTEROZ (Claude), administrateur-directeur des imprimeries réunies, à Paris.

PORCHÉ (Jean), charpentier en bâtiments, membre du conseil de prud'hommes de Paris.

PARENT, ingénieur en chef du matériel et de la traction aux chemins de fer de l'État.

POISSONNIER (César), tisserand, ancien vice-président du conseil de prud'hommes de Rouen.

PRADES, administrateur délégué du syndicat des employés de chemins de fer, à Levallois-Perret.

RIDANIER (Cyprien), ferblantier, secrétaire de la Bourse du travail de Paris.

Rochet père, contremaître tisseur, à Lyon.

Rondet, secrétaire de la fédération des mineurs de Saint-Etienne.

Seydoux (Jean), membre de la chambre de commerce de Cambrai et du conseil supérieur du commerce et de l'industrie, au Cateau.

Villard (Th.), ancien conseiller municipal de Paris, président de la société du travail professionnel en France.

Art. 2. — Le ministre du commerce, de l'industrie et des colonies est chargé de l'exécution du présent décret.

Fait à Paris, le 22 janvier 1891.

Carnot.

Par le Président de la République :

Le ministre du commerce, de l'industrie et des colonies,

Jules Roche.

LE CONSEIL SUPÉRIEUR DU TRAVAIL (1)

La création d'un nouveau rouage gouvernemental mérite toujours la plus grande attention. Non seulement il produira des effets sur le monde extérieur, mais il en produira aussi sur les autres pièces du mécanisme où il a été introduit ; il en modifiera plus ou moins le poids relatif, la vitesse et l'allure ; il fera le travail qu'on lui demandait plus ou moins bien, mais il fera aussi un travail qu'on ne lui demandait pas. On assistera à toute une série de changements, dont on a constaté l'origine, mais dont on ne peut fixer le terme.

L'institution du « Conseil supérieur du Travail » nous a paru, en ce sens, un événement digne d'être noté : il s'est fait sans bruit ni apparat, il y a quelques semaines, dans le courant de février, mais les observateurs n'ont pas manqué d'être très frappés de l'apparition du phénomène et ils se sont mis à examiner curieusement la tournure qu'il allait prendre.

Rien ne se crée dans le monde : tout est en vie et en mouvement. Lorsque nos lunettes perfectionnées nous font découvrir une planète, elle était déjà, avant que nous l'ayons vue. Il est vraisemblable qu'une molécule nouvelle, qui ferait, on ne sait comment, irruption dans notre système planétaire, l'ébranlerait plus ou moins et amènerait des changements d'abord imperceptibles qui auraient, dans la suite des siècles, une portée incalculable.

Notre Conseil supérieur du travail est une molécule nouvelle dans l'État républicain. Elle pourrait être détruite, comme elle a été créée, moins facilement néanmoins, car elle vit aujourd'hui, et le plus humble orga-

---

(1) Extrait d'un article inséré dans la *Nouvelle Revue* du 15 mai 1891.

nisme, dès qu'il a commencé de vivre, se défend, proteste et crie si on veut le briser. J'aime à croire que cette institution durera ; elle se développera avec la durée, modifiant ses manières d'être, modifiant bien des choses autour d'elle, et elle produira, peu à peu, des effets qu'on ne saurait prévoir.

Sans chercher à imaginer ce qui se passera plus tard, nous voudrions essayer de dire comment et pourquoi le Conseil supérieur du travail a été institué ; quel intérêt social et politique il nous présente en sa forme actuelle. Les ouvriers qui y ont été appelés ne l'estiment pas à son prix, et le gouvernement qui a eu la sagesse hardie de les y appeler n'apprécie peut-être pas assez lui-même la valeur et le caractère de sa démarche. Aucun esprit philosophique ne s'offensera de cette remarque, M. Jules Roche moins que personne : il sait que l'un des emplois supérieurs de l'esprit est dans ces retours sur soi-même et dans l'examen approfondi de ce que l'on a fait au feu de l'action, lorsque le loisir vous en est ensuite accordé.

Ce que l'on a appelé « le quatrième État » est aujourd'hui formé, on n'en saurait disconvenir. Ce monde nouveau qui se préparait confusément et dans la nuit, depuis les premiers commencements de notre organisation industrielle, qui cherchait à rassembler ses éléments épars, est arrivé à un point de consistance suffisante. Le quatrième État est fait, non seulement en France, où il semble venir à sa place et à son heure, mais dans les pays mêmes où le troisième État n'a pas eu le temps d'atteindre à son entier développement.

Ceci est grave pour eux et ils en éprouveront des embarras que nous aurons peut-être la chance d'éviter. On a dit que nous avions fait le suffrage universel trop tôt ; c'est possible, quoique de pareils jugements soient difficiles à établir ; mais l'expérience achevée, non sans déchirements et désastres, nous avons maintenant l'avantage de posséder une vaste étendue de terrain déblayé. La situation est tout autre si des forces nouvelles se manifestent dans un système de liberté où les voies sont ouvertes, où toute spontanéité trouve à se donner carrière et à suivre la loi naturelle de son développement ou si elles commencent à toucher au maximum de leur tension sous un régime encore fermé et pour ainsi dire sous cloche.

Quoi qu'il en soit, le quatrième État est fait et il sait qu'il est fait, il a pris conscience de lui-même : dès lors il a des droits à exercer qui sont devenus légitimes, des satisfactions à réclamer qui ne peuvent plus lui être refusées. Le droit naît de la conscience acquise par un long et pénible travail. Quand la personnalité est formée, personnalité individuelle, personnalité collective, elle possède à ce moment, et par le fait même, les droits que confère la vie intelligente et libre. Au prix de quels travaux, de quels combats, de quels malentendus sanglants et tragiques, depuis plus de cent ans, le monde ouvrier a conquis sa personnalité? Nous le savons. La société ouvrière est faite désormais et on ne la défera pas. Lorsque n'étant rien, sans ressources, sans argent, sans instruction, elle est arrivée, à travers tant d'obstacles, au degré de maturité et d'influence où nous la voyons, il serait absolument chimérique de penser qu'on l'obligera à rétrograder. Nous entendons dire quelquefois que nous sommes dans une période de crise qui passera; point du tout, pourquoi passerait-elle? Elle se développera au contraire et il dépend de nous qu'elle ne soit pas une crise, mais un développement régulier de la civilisation.

Si une force nouvelle, intelligente et consciente, est née dans le monde, c'est un enrichissement pour le monde, un accroissement de vie, de jouissances, et de dignité morale pour tous ceux qui auront l'esprit d'en profiter; quant à détruire, à disperser cette force nouvelle, il n'y faut pas songer : l'entreprise serait au-dessus de tous les pouvoirs et, le pourrait-on, ce serait un stupide attentat, une mutilation de l'humanité.

Le temps est fini où l'on semblait avoir quelque raison de dire que la « société » était menacée, qu'elle avait à prendre garde et à se défendre : la société ouvrière, à son tour, a mérité ce nom et ce titre, quand elle a sa discipline, son code, ses usages, sa physionomie, son point d'honneur; quand elle a ses réunions, ses congrès et même ses congrès internationaux, où elle a montré dernièrement un singulier esprit politique et la science parlementaire la plus profonde.....

La société ouvrière ne réclame pas seulement une plus large part des bienfaits de la vie, une diminution du travail et une augmentation du loisir : elle aspire à marquer sa place dans les institutions politiques et parlementaires du monde moderne. Il faudrait avoir bien peu d'éducation historique et politique pour croire que le cadre actuel de nos institutions, nos deux Chambres telles qu'elles sont élues et organisées, nos ministères tels qu'ils fonctionnent et sont répartis, nos grands services publics, nos budgets, nos impôts, tels qu'ils se comportent, que tout ce système se prêtera parfaitement, sans la moindre retouche, à la libre respiration et circulation du quatrième État.

Les États antérieurs, les sociétés précédemment arrivées ont eu les institutions qui leur conviennent. Ces institutions féodales, aristocratiques, bourgeoises, parlementaires, vivent côte à côte, mariées ensemble, enchevêtrées et tordues par les événements. Les unes, affaiblies et à moitié brisées, les autres, dans toute leur verdeur, représentent plus ou moins exactement les corps et les sociétés qui les ont créés. La société ouvrière voudra des institutions ouvrières. Le quatrième État aura à son tour ses organes. Il en a déjà qu'il s'est donné à lui-même : journaux, cercles, réunions, congrès, syndicats. Bourses du travail ; ce sont des organes de l'ordre inférieur et privé, dont il se servira pour conquérir des organes de vie publique et politique. Il aura sa part dans l'organisme gouvernemental, aussi bien que la noblesse et la bourgeoisie. Il vivra de la grande vie officielle, la seule qui compte, qui soit digne d'être enviée et conquise par les corps qui ont conquis premièrement l'existence et la conscience.

Si on appelle socialisme cette poussée d'un monde inférieur vers plus d'existence et plus d'influence, tous les grands corps ont eu leur période de luttes sociales qui a précédé la période de leur organisation politique.

La question sociale, telle qu'elle paraît aujourd'hu posée, a une solution, quoi qu'on en ait dit, une solution pour un temps, comme toutes les solutions de ce monde sans cesse en travail, qui se crée à lui-même de nouvelles questions à mesure qu'il résout les anciennes.

La question sociale actuelle doit avoir pour solution de se résoudre et de se dissoudre en une question politique. Quand les ouvriers auront leur place, leur fonction, leur représentation dans l'organisme politique, la question qui nous tourmente aura changé de caractère. Cette question sociale sera fondue en une autre question qui sera toute politique. Les influences opposées se mesureront, non plus comme aujourd'hui sur le terrain du socialisme, mais sur le terrain de la politique courante, traditionnelle et gouvernementale. Ce socialisme, je ne dis pas toute la dose de socialisme qu'il y a dans l'humanité et dans l'histoire, mais le socialisme d'aujourd'hui sera devenu de la politique ordinaire. C'est la solution de notre question sociale, au sens exact et complet du mot. La solution est cela même, et elle ne peut être autre chose.

J'ose donc ici m'inscrire en faux contre cet aphorisme qu'il n'y aurait pas de solution à la question sociale : il est impossible au contraire qu'il n'y ait pas une solution de notre question sociale.

Si vous entendez, par cette expression, l'amas confus de toutes les misères qui affligent l'humanité, vous n'aurez sans doute que trop de fortes raisons de soutenir qu'une pareille question est sans solution; mais je vous prierai d'observer que vous apportez dans le débat une idée tellement vague et générale que nous n'en pouvons faire le sujet d'aucune discussion utile et que vous prêtez aux mots une étendue et une signification qu'ils n'ont nullement, au cours journalier de nos discussions et de nos luttes. La question sociale de ce temps n'est ni plus ni moins que la lutte de la société ouvrière s'efforçant de conquérir sa place dans la société générale. Cette question-là a ses limites; on peut en faire le tour; on peut la poser et la discuter : certes, elle est posée et, comme toute question posée, elle doit se résoudre et elle ne peut pas ne pas se résoudre.

Lorsque la société ouvrière commencera à posséder officiellement et d'une manière positive la place qui lui revient, lorsque les ouvriers de ce siècle commenceront à tenir, dans la combinaison des forces gouvernantes, le rôle qu'ils sont capables d'exercer, notre question sociale se transformera, se fondra et se résoudra en question politique, comme il est arrivé de toutes les formes de crise sociale antérieures, qui, toutes, les unes après les autres, sont allées se fondant et se résolvant en politique, pour la paix et le progrès du monde.

Le Conseil supérieur du travail est une occasion pour la société ouvrière de s'installer dans la vie officielle et dans le système gouvernemental; il contribue à faire en sorte que la question sociale se résolve en politique, comme un nuage chargé de tonnerre et d'éclairs se résout en une ondée rafraîchissante : c'est là son emploi et son prix.

II

L'institution des conseils supérieurs auprès des divers départements ministériels est ancienne : l'Agriculture, le Commerce, l'Université, l'Assistance publique, les Colonies ont eu successivement leurs conseils supérieurs. On s'est demandé pourquoi le Travail n'aurait pas le sien? Et pourquoi n'aurait-il pas un ministère entier, au même titre que l'Agriculture et le Commerce? J'y vois bien une dificulté, qui est celle de définir le travail. Il ne forme pas une catégorie distincte comme l'Agriculture ou le Commerce : il est dans tout et il anime tout. La civilisation et le gouvernement ont à leurs ordres une infinité de travailleurs en habit noir, qui piochent de la plume, du crayon, du pinceau, plus lourds parfois dans la main que le pic et le marteau, et qui ne réclament pas les *trois-huit!*

Le titre aurait été plus exact peut-être, si le nouveau conseil s'était appelé « Conseil supérieur du travail industriel »; mais ce n'eût pas encore été l'exactitude parfaite et, sans trop approfondir la formule, on s'est mis à rassembler des ouvriers et des patrons, des législateurs, des administrateurs et des philosophes, et on les a chargés d'étudier en commun les questions qui se rapportent à l'organisation du travail.

Il est clair qu'un conseil ainsi composé, avec un tel programme, ne ressemble que par une vaine apparence aux autres conseils supérieurs. C'est tout autre chose de réunir autour d'une table des statisticiens et des commerçants pour s'occuper de commerce, des médecins pour discuter de médecine, des instituteurs et des professeurs pour traiter des questions d'enseignement et pour exercer un pouvoir de discipline sur leurs corporations, ou bien de mettre face à face des ouvriers, des patrons et des législateurs, en les invitant à élucider en commun les questions qui les divisent et qui les rapprochent. Notre Conseil supérieur du travail n'a aucun analogue, je pense, ni dans notre pays, ni dans les autres pays. L'Office du travail institué aux États-Unis, dont on nous dit des merveilles, n'est, avec son puissant outillage et son gros budget, qu'un bureau de fonctionnaires, très habiles sans doute en l'art décevant de la statistique. On nous donnera aussi, sous peu, un Office du travail, mais il ne suppléera pas au Conseil supérieur qui doit garder son indépendance et son originalité. Les Chambres et les Conseils du travail en Belgique sont essentiellement des conseils de prud'hommes et d'arbitres. Nous avons eu, en 1848, « le Comité du travail », où se sont rencontrés Louis Blanc, de Falloux, Bastiat, Tourret, Considérant, Leblond, Waldeck-Rousseau, M. Jules Simon : les ouvriers y sont venus et ils ont été entendus; mais ils n'ont pas fait partie de ce comité, revêtus d'une nomination authentique du gouvernement de leur pays pour y siéger au même titre que les autres membres.

L'idée de former ce Conseil supérieur du travail est venue en droite ligne de l'Hôtel de Ville. Un membre de l'extrême gauche socialiste, M. Vaillant, proposait, en 1884, de constituer une commission municipale du travail, mais il était fort mal accueilli par la majorité, par tout le radicalisme classique. Je priais le Conseil de ne pas repousser la proposition, de la retenir, au contraire, et de la mettre sérieusement à l'étude. M. Mesureur proposait alors de créer une Commission du travail, du commerce et de l'industrie; mais je tenais bon pour une Commission du travail tout court; je ralliais la majorité à ma manière de voir et, après une année d'études, la Commission du travail était instituée conformément aux conclusions de mon rapport. Un peu plus tard, M. Mesureur entrait au Parlement ; il apportait un projet de Conseil supérieur du travail, élaboré de concert avec un autre membre du Conseil municipal, M. Villard, qui en avait, le premier, formulé l'idée. M. Mesureur a poussé le projet avec une énergie tenace et habile, s'arrêtant quand il le fallait, ne dépassant jamais la limite que la politique parlementaire pouvait permettre : il eut le bonheur d'avoir affaire à un ministre éclairé, très libre d'esprit, qui venait lui-même du Conseil municipal de Paris. Et ainsi le Conseil supérieur du travail a certainement son origine au Conseil municipal de Paris.

Mais la Commission municipale du travail s'est attribué spontanément un rôle d'arbitre que le décret du 22 janvier 1891 ne donne pas au Conseil supérieur du travail. La Commission de l'Hôtel de Ville a offert son arbitrage dans les grèves : patrons et ouvriers sont venus à diverses reprises devant elle et, après des négociations longues et délicates, ils se sont quelquefois entendus : ils ont évité la rupture. Le Conseil supérieur du travail ne pourrait-il pas devenir une autorité arbitrale dans ces luttes qui prennent de jour en jour des proportions plus redoutables ?

Il a préparé un projet de loi sur l'arbitrage qui permet aux ouvriers et aux patrons de se choisir des arbitres, s'ils le veulent. Ce n'est pas assez, la question est d'avoir des arbitres et on n'en a pas : le Conseil supérieur pourra peut-être en remplir un jour la fonction.

Le Conseil supérieur, dans sa première session, a préparé d'autres projets sur les bureaux de placement, sur la protection des salaires, et sur cet Office du travail, auquel je faisais allusion plus haut. Son vrai mérite est ailleurs. A vrai dire, pour faire des lois sur l'arbitrage industriel ou sur toute autre question relative aux rapports du travail et du capital, nous avons le Parlement, nous avons le Conseil d'État, qui serait appelé par sa destination à rendre de grands services et qui, par malheur, en rend fort peu à la République et à la démocratie, tourmentée de tant de questions cuisantes; pour organiser des bureaux administratifs, nous avons le gouvernement lui-même avec ses ministres. Le Conseil supérieur du travail a une tâche à remplir qui n'est pas plus de l'ordre législatif que de l'ordre administratif, et cette tâche propre, la plus intéressante, a été le moins aperçue; le décret du 22 janvier 1891 n'en parle pas : il n'en pouvait point parler sans doute. Ceci est d'un ordre plus élevé que les décrets et les lois. Le Conseil supérieur du travail, composé d'ouvriers, de chefs d'industrie, de députés, de sénateurs, de tous les éléments de la vie officielle, doit servir à amener les ouvriers français dans un milieu nouveau pour eux, qui est le milieu où habitent la critique, l'influence et le gouvernement.

Je dirais volontiers que cette institution doit être une école mutuelle d'éducation économique et politique : les législateurs peuvent y apprendre des ouvriers, et les ouvriers peuvent aussi y apprendre des législateurs et des philosophes. Mais ce n'est pas encore de cela qu'il s'agit précisément. Je ne saurais oublier que chaque fois qu'il m'a été permis de parler d'éducation dans ce recueil, — et il n'est point de sujet qui me paraisse contenir plus amplement presque tous les problèmes de ce monde, — j'ai aimé à exposer cette opinion que chacun se fait à soi-même son éducation, hors des écoles et hors des parlements, par l'effort de la conscience en lutte avec la nature, les passions et la vie. Je préfère mille fois à toutes les institutions officielles pour l'éducation du monde ouvrier, le travail lui-même d'abord, et puis les institutions qu'il se donne librement, ses associations, ses congrès, ses syndicats, ses caisses de secours et de défense, alimentées de ses propres deniers.

C'est là, bien mieux que dans le Conseil supérieur, que

les travailleurs trouveront le véritable exercice de leurs facultés, l'instrument de leur éducation professionnelle et politique, dans une discipline volontaire et dans une organisation consentie.

Mais le Conseil supérieur du travail a introduit des ouvriers investis d'un mandat du gouvernement de leur pays dans une assemblée délibérante, avec des patrons et des législateurs. Ce phénomène est le plus digne d'attention que je connaisse : les ouvriers n'en ont pas tenu encore le compte qu'ils devraient et n'en ont point tiré les bénéfices moraux qu'ils pourraient y puiser en foule.

Le même fait s'est produit, avec plus d'éclat, mais d'une manière trop fugitive, lorsque des ouvriers ont été appelés à siéger dans une conférence internationale, par la volonté d'un gouvernement d'empire. Il était bien naturel qu'après avoir pris place dans une conférence diplomatique, les ouvriers voulussent participer à un congrès international, par eux-mêmes imaginé et convoqué, et nous n'avons pas été surpris de voir arriver au congrès des mineurs de l'Europe, à Paris, les mêmes ouvriers que l'empereur allemand avait invités à la réunion internationale de Berlin. C'est la suite familière des choses et le train courant de l'humaine logique.

Des associations ouvrières ont protesté contre le décret qui allait chercher quelques-uns de leurs membres pour les amener au Conseil supérieur avec une délégation d'État : elles ont même obligé ces conseillers à donner leur démission. C'est une erreur de jugement et de politique, qui, à la vérité, ne s'est pas répandue. Les ouvriers les plus clairvoyants ont accepté le mandat gouvernemental. . . . .

. . . .

HECTOR DEPASSE.

TEXTE DES RÉSOLUTIONS

adoptées par le Conseil supérieur du Travail dans sa 1re session (février 1891).

Bureaux de Placement.

I. — Il y a lieu d'abroger le décret du 25 mars 1852 qui rend l'autorisation préalable nécessaire pour l'établissement d'un bureau de placement.

II. — L'industrie des bureaux de placement doit être une industrie libre.

L'administration municipale dans les départements et la Préfecture de police à Paris devront exercer leur surveillance sur les opérations des bureaux de placement; un règlement d'administration publique organisera ce contrôle.

Il y a lieu d'interdire aux bureaux de placement de tenir un cabaret ou un débit de boissons.

III. — On ne peut imposer aux municipalités l'obligation de créer des bureaux de placement.

IV. — Le Gouvernement est invité à demander aux Chambres un crédit destiné à accorder, à titre d'encouragement, des subventions aux syndicats de patrons et d'ouvriers qui créeraient des bureaux mixtes de placement ainsi qu'aux bureaux mixtes qui fonctionnent déjà.

Salaires.

a). — *Paiement des salaires.*

I. — Le payement des salaires devra être effectué en monnaie ayant cours au moins deux fois par mois.

II. — Des avances en espèces, faites par le patron, ne pourront donner lieu à son profit qu'à une retenue du dixième de la somme avancée.

Les acomptes sur un travail en cours ne sont pas considérés comme des avances.

III. — Aucune compensation ne s'opère au profit des patrons entre le montant des salaires dus par eux à leurs ouvriers et les sommes qui leur seraient dues à eux-mêmes pour fournitures diverses, quelle qu'en soit la nature, à l'exception toutefois : 1° des outils ou instruments nécessaires au travail; 2° des matières et matériaux dont l'ouvrier a la charge et l'usage.

b). — *Insaisissabilité et incessibilité des salaires.*

IV. — Les salaires des ouvriers et gens de service ne sont saisissables que jusqu'à concurrence du dixième.

Il en est de même pour la partie des traitements des employés ou commis des sociétés civiles ou commerciales, des administrations publiques, des négociants ou autres particuliers lorsqu'ils ne dépassent pas 2,400 francs par an.

V. — Les salaires et traitements ne pourront également être cédés à un tiers que jusqu'à concurrence du dixième.

VI. — Les dispositions qui précèdent ne concernent pas les cessions ou saisies énoncées dans les articles 203, 205, 206, 207, 214 et 349 du Code civil.

c). — *Procédure de la saisie-arrêt.*

VII. — En matière de saisie-arrêt, la compétence du juge de paix sera substituée à celle du tribunal civil.

VIII. — Les exploits d'huissiers seront remplacés par des lettres recommandées.

IX. — Si le saisissant n'a pas de titre, il doit, dans les vingt-quatre heures de l'envoi de la lettre de saisie, faire délivrer au saisi un avertissement à comparaître devant le juge de paix, qui valide ou lève la saisie. Ce jugement est notifié par lettre simple recommandée au tiers saisi.

X. — Dans les huit jours de la notification à lui faite, soit de la saisie-arrêt, soit du jugement qui la valide, le tiers saisi devra faire connaître au juge de paix, soit par une déclaration au greffe, soit par une lettre : 1° le montant du salaire quotidien ou mensuel du saisi ; 2° ce qui lui est dû en ce moment.

XI. — La contre-dénonciation faite au saisi sera supprimée de même que la demande en validité quand le saisissant a un titre.

XII. — Pour le cas où plusieurs saisies-arrêts sont formées sur les mêmes valeurs, des mesures devront être prises pour éviter, autant que possible, l'accumulation des frais ; et une procédure de distribution par contribution très simple devra être organisée.

d). — *Du privilège garantissant les salaires.*

XIII. — Les salaires acquis aux ouvriers pour les derniers trois mois, et les salaires dus aux employés pour les derniers six mois sont admis, au cas de déconfiture du patron non commerçant, au nombre des créances privilégiées, au termes de l'article 2101 du Code civil.

Office du travail.

Plan général.

L'office du travail a pour mission de rassembler et de vulgariser tous les documents et informations utiles relatifs au travail, à ses rapports avec le capital, aux heures de travail, aux salaires des travailleurs, hommes, femmes et enfants.

Plan détaillé.

Centralisation des renseignements sur la situation et le mouvement du travail en France et à l'étranger.

Divisions par professions en grandes, moyennes, petites industries.

Conditions des ouvriers de l'agriculture; leurs salaires. Grande et petite culture.

Statistiques sur le nombre des établissements relatifs à chacune de ces branches.

Indication du nombre de ces établissements dirigés par le patron lui-même, par des gérants de sociétés anonymes en commandite ou autres et sociétés coopératives.

Nombre d'ouvriers de chaque sexe, d'enfants, d'ouvriers étrangers employés dans ces industries; mouvement dans la proportion des ouvriers et ouvrières employés.

Participation, institutions de prévoyance.

Salaire des hommes, femmes et enfants dans ces industries.

Durée de la journée de travail pour chaque catégorie.

Travail à la journée, aux pièces, à la tâche.

Chômages; leurs causes, leur durée.

Syndicats industriels, agricoles et autres.

Nombre d'ouvriers sans profession définie; leurs conditions sociales.

Des rapports entre ouvriers, employés et patrons.

Causes des conflits entre patrons, employés et ouvriers.

Solutions apportées dans ces conflits : grève, arbitrage, conciliation, lock out.

Nombre d'orphelinats, ouvroirs-refuges, etc., des deux sexes; laïques et religieux; nombre d'enfants; conditions du travail, des salaires, genre d'industrie, entretien, mortalité.

Conditions de l'apprentissage dans les différentes industries, écoles professionnelles et d'apprentissage; leur nombre par profession.

Statistique sur les accidents du travail, maladies et retraites; sécurité et insalubrité des ateliers ou des travaux.

Durée moyenne de l'activité de l'ouvrier dans chaque profession; mortalité. Statistique sur le travail des prisons.

Centralisation des renseignements et des rapports des consulats, des légations, ambassades, chambres de commerce de l'étranger.

Législation étrangère en matière de travail.

Relations avec tous les bureaux similaires de l'étranger, bourses du travail, etc., etc.

Vœux.

I. — Le conseil émet le vœu que le ministre, en constituant le bureau du travail, lui donne tous les organes nécessaires pour assurer un bon et prompt fonctionnement.

II. — Le conseil demande que, à côté des techniciens, hommes de sciences et d'administration, il entre, à titre temporaire, comme agents d'informations délégués pour enquêtes, des praticiens représentant l'élément vital du monde des affaires, c'est-à-dire des chefs d'industrie, des ouvriers et des employés.

Arbitrage.

De l'arbitrage accidentel.

1° Les patrons et les ouvriers ou employés pourront,

soit d'accord, soit séparément, provoquer entre eux un arbitrage sur tout litige relatif à l'établissement des conditions et règlements du travail.

2° Le juge de paix servira d'intermédiaire entre les parties pour constituer le conseil d'arbitrage.

3° Un tiers-arbitre pourra être choisi en dehors de la profession dans laquelle se produit le litige.

4° Le recours à l'arbitrage sera facultatif.

5° Les décisions des conseils d'arbitrage seront déposées au greffe de la justice de paix et affichées, sans frais pour les parties et par les soins de l'Administration : 1° à la porte du prétoire de la justice de paix; 2° à la mairie de chaque commune où a lieu le litige à trancher.

L'affichage le plus étendu des décisions du conseil d'arbitrage pourra se faire par les parties intéressées. Les affiches, qui ne devront contenir que la décision du conseil d'arbitrage, seront dispensées du timbre.

6° Dans le cas où le conseil d'arbitrage n'aura pu se constituer, la même publicité sera faite et mentionnera la demande d'arbitrage de l'une des parties, la réponse ou l'absence de réponse de l'autre partie.

7° Les décisions des arbitres devront, autant que possible, fixer la durée des conventions ou, tout au moins, fixer la durée d'un délai d'avis pour les dénoncer.

Des conseils permanents de conciliation et d'arbitrage.

1° Les patrons et les ouvriers ou employés pourront, dans chaque profession ou métiers similaires, constituer, en se conformant aux articles précédents, des conseils permanents de conciliation et d'arbitrage.

2° Les syndicats professionnels de patrons, d'ouvriers et d'employés régulièrement constitués d'après la loi du

28 mars 1884, pourront constituer entre eux des conseils permanents de conciliation et d arbitrage.

3° L'Administration mettra à la disposition de ces conseils les locaux nécessaires à leurs réunions.

LOI DU 16 AOUT 1887

Instituant en Belgique les Conseils de l'industrie et du travail.

Léopold II, roi des Belges,
A tous présents et à venir, salut.

Les Chambres ont adopté et nous sanctionnons ce qui suit :

ARTICLE PREMIER. — Il est institué, dans toute localité où l'utilité en est constatée, un conseil de l'industrie et du travail.

Ce conseil a pour mission de délibérer sur les intérêts communs des patrons et des ouvriers, de prévenir et, au besoin, d'aplanir les différends qui peuvent naître entre eux.

ART. 2. — Il se divise en autant de sections qu'il y a dans la localité d'industries distinctes, réunissant les éléments nécessaires pour être utilement représentées.

ART. 3. — Les conseils sont établis par arrêté royal,

soit d'office, soit à la demande du conseil communal ou des intéressés, patrons ou ouvriers.

L arrêté fixe l'étendue et les limites de leur ressort et détermine le nombre et la nature de leurs sections.

Art. 4. — Chaque section est composée, en nombre égal, de chefs d'industrie et d'ouvriers, tels qu'ils sont définis par la loi organique des conseils des prud'hommes. Ce nombre est fixé par l'arrêté qui institue le conseil. Il ne peut être inférieur à six, ni excéder douze.

Art. 5. — Les ouvriers choisissent parmi eux, suivant le mode et dans les conditions fixées par la loi des prud'hommes, les délégués qui doivent les représenter dans le sein de la section. Ils désignent en même temps des suppléants.

Art. 6. — Si les chefs d'industrie sont en nombre plus considérable que celui qui est fixé pour faire partie du conseil, ils désignent parmi eux ceux qui doivent les représenter. Si le nombre est insuffisant, il est complété par des chefs d'industrie similaire, pris dans les localités voisines et désignés par la députation permanente.

Dans l'un ou l'autre cas, des suppléants seront désignés.

Art. 7. — Le mandat des chefs d'industrie et celui des ouvriers est de trois ans. Il peut être renouvelé. En cas de décès, démission, départ de la circonscription ou abandon de l'industrie qui est exercée au moment de l'élection, les suppléants sont appelés en fonctions dans l'ordre déterminé par le nombre de voix qu'ils ont obtenues.

Si un délégué convoqué fait défaut à trois reprises, il est considéré comme démissionnaire.

ART. 8. — Chaque section se réunit au moins une fois par an, au jour et dans le local indiqués par un arrêté de la députation permanente du conseil provincial.

La section est, en outre, convoquée extraordinairement par la députation, à la demande soit des chefs d'industrie, soit des ouvriers.

ART. 9. — Chaque section choisit dans son sein un président et un secrétaire. A défaut de président élu par la majorité des membres présents ou en son absence, la section est présidée par le plus âgé des membres présents. Dans le même cas, le plus jeune remplit les fonctions de secrétaire.

ART. 10. — Lorsque les circonstances paraissent l'exiger, le gouverneur de la province, le bourgmestre ou le président convoque, à la demande soit des chefs d'industrie, soit des ouvriers, la section de l'industrie dans laquelle un conflit s'est produit. La section recherche les moyens de conciliation qui peuvent y mettre fin. Si l'accord ne peut s'établir, la délibération est résumée dans un procès-verbal qui est rendu public.

ART. 11. — Le roi peut réunir le conseil de la circonscription en assemblée plénière, pour donner son avis sur des questions ou des projets d'intérêt général relatifs à l'industrie ou au travail et qu'il jugerait utile de lui soumettre.

Il peut aussi réunir plusieurs sections appartenant soit à la même localité, soit à des localités différentes.

Cette assemblée élit son président et son secrétaire. A défaut de président ou de secrétaire élu par la majorité des membres présents, ou en leur absence, le conseil est présidé comme il est dit à l'article 9. Il en est de même du secrétaire.

Art. 12. — L'arrêté royal convoquant l'assemblée plénière, de même que les arrêtés du gouverneur ou de la députation permanente convoquant une section, indiquent l'ordre du jour et fixent la durée de la session. Aucun objet étranger à l'ordre du jour ne peut être mis en délibération.

Lorsque le nombre des patrons présents n'est pas égal à celui des délégués ouvriers, le plus jeune membre de la catégorie la plus nombreuse n'a que voix consultative.

Les séances ont lieu à huis clos, mais le conseil ou la section peut décider que les procès-verbaux des délibérations seront rendus publics.

Art. 13. — Le gouvernement peut nommer un commissaire pour assister à l'assemblée plénière, y faire telles communications qu'il jugera utiles, et prendre part aux débats, s'il y a lieu, sur les questions soumises ou les mesures projetées.

Art. 14. — Les communes du siège de l'institution sont tenues de fournir les locaux nécessaires à la tenue des séances du conseil ou des sections.

Art. 15. — Une indemnité est allouée par jour de session aux membres du conseil réunis en assemblée plénière ou de plusieurs sections. Elle est fixée par la députation permanente et supportée par le budget provincial.

Donné à Ostende, le 16 août 1887.

Léopold.

LOI DU 21 MARS 1884

sur les Syndicats professionnels.

ARTICLE PREMIER. — Sont abrogés la loi des 14-27 juin 1791 et l'art. 416 du Code pénal (1).

Les art. 291, 292, 293, 294 du Code pénal et la loi du 18 avril 1834 ne sont pas applicables aux syndicats professionnels.

ART. 2. — Les syndicats ou associations professionnelles, même de plus de vingt personnes exerçant la même profession, des métiers similaires, ou des professions connexes concourant à l'établissement de produits déterminés, pourront se constituer librement sans l'autorisation du Gouvernement.

ART. 3. — Les syndicats professionnels ont exclusivement pour objet l'étude et la défense des intérêts économiques, industriels, commerciaux et agricoles.

ART. 4. — Les fondateurs de tout syndicat professionnel devront déposer les statuts et les noms de ceux

______

(1) « De cette abrogation résultent les conséquences suivantes :

1° Le fait de se concerter, en vue de préparer une grève, n'est plus un délit ni pour les syndicats de patrons, d'ouvriers, d'entrepreneurs d'ouvrage, ni pour les ouvriers, entrepreneurs d'ouvrage, patrons non syndiqués ;

2° Cessent d'être considérées comme des atteintes au libre exercice de l'industrie et du travail les amendes, défenses, prescriptions, interdictions prononcées par suite d'un plan concerté. » (Circulaire ministérielle du 25 août 1884).

qui, à un titre quelconque, seront chargés de l'administration ou de la direction.

Ce dépôt aura lieu à la mairie de la localité où le syndicat est établi, et, à Paris, à la préfecture de la Seine.

Ce dépôt sera renouvelé à chaque changement de la direction ou des statuts (1).

Communication des statuts devra être donnée par le maire ou par le préfet de la Seine au procureur de la République.

Les membres de tout syndicat professionnel chargés de l'administration ou de la direction de ce syndicat devront être Français et jouir de leurs droits civils.

Art. 5. — Les syndicats professionnels régulièrement constitués, d'après les prescriptions de la présente loi, pourront librement se concerter pour l'étude et la défense de leurs intérêts économiques, industriels, commerciaux et agricoles.

Ces unions devront faire connaître, conformément au deuxième paragraphe de l'art. 4, les noms des syndicats qui les composent.

Elles ne pourront posséder aucun immeuble ni ester en justice.

Art. 6. — Les syndicats professionnels de patrons ou d'ouvriers auront le droit d'ester en justice.

Ils pourront employer les sommes provenant des cotisations.

Toutefois, ils ne pourront acquérir d'autres immeubles que ceux qui seront nécessaires à leurs réunions, à leurs bibliothèques et à des cours d'instruction professionnelle.

---

(1) Cette disposition n'est pas prescrite à peine de nullité des actes passés par le syndicat. (Cour de Paris, 20 janvier 1886.) — Les pièces à déposer sont exemptes du droit et de la formalité du timbre. (Décision du ministre des finances du 21 juillet 1884.)

Ils pourront, sans autorisation, mais en se conformant aux autres dispositions de la loi, constituer entre leurs membres des caisses spéciales de secours mutuels et de retraites (1).

Ils pourront librement créer et administrer des offices de renseignements pour les offres et les demandes de travail.

Ils pourront être consultés sur tous les différends et toutes les questions se rattachant à leur spécialité.

Dans les affaires contentieuses, les avis du syndicat seront tenus à la disposition des parties, qui pourront en prendre communication et copie.

Art. 7. — Tout membre d'un syndicat professionnel peut se retirer à tout instant de l'association, nonobstant toute clause contraire, mais sans préjudice du droit pour le syndicat de réclamer la cotisation de l'année courante.

Toute personne qui se retire d'un syndicat conserve le droit d'être membre des sociétés de secours mutuels et de pension de retraite pour la vieillesse à l'actif desquelles elle a contribué par des cotisations ou versements de fonds.

Art. 8. — Lorsque les biens auront été acquis contrairement aux dispositions de l'article 6, la nullité de l'acquisition ou de la libéralité pourra être demandée par le procureur de la République ou par les intéressés. Dans le cas d'acquisition à titre onéreux, les immeubles seront vendus, et le prix en sera déposé à la caisse de l'association. Dans le cas de libéralité, les biens feront retour aux disposants ou à leurs héritiers ou ayants cause.

---

(1) Les membres d'un syndicat professionnel qui voudraient bénéficier des avantages réservés aux sociétés de secours mutuels approuvées ou reconnues devront se pourvoir conformément aux lois spéciales sur la matière. (Circulaire du 5 août 1884.)

Art. 9. — Les infractions aux dispositions des articles 2, 3, 4, 5 et 6 de la présente loi seront poursuivies contre les directeurs ou administrateurs des syndicats et punies d'une amende de 16 à 200 francs. Les tribunaux pourront en outre, à la diligence du procureur de la République, prononcer la dissolution du syndicat et la nullité des acquisitions d'immeubles faites en violation des dispositions de l'article 6.

Au cas de fausse déclaration relative aux statuts et aux noms et qualités des administrateurs ou directeurs, l'amende pourra être portée à 500 francs.

Art. 10. — La présente loi est applicable à l'Algérie.

Elle est également applicable aux colonies de la Martinique, de la Guadeloupe et de la Réunion. Toutefois, les travailleurs étrangers et engagés sous le nom d'immigrants ne pourront faire partie des syndicats.

---

u 1er juillet 1890, le nombre des syndicats professionnels était de 2,755, savoir : patronaux, 1,004; ouvriers, 1,006; mixtes, 97; agricoles, 648.

ÉTAT DES SYNDICATS PROFESSIONNELS
constitués en France et en Algérie
conformément à la loi du 21 mars 1884, au 1er janvier 1889.
(*Voy. la note p. 299.*)

DÉPARTEMENTS	SYNDICATS				TOTAUX
	patronaux.	ouvriers.	mixtes.	agricoles.	
Ain..................	5	5	»	15	25
Aisne...	5	8	1	5	19
Aller................	6	8	1	1	16
Alpes (Basses-)........	»	2	»	3	5
Alpes (Hautes-)........	»	»	»	3	3
Alpes-Maritimes......	9	8	1	»	18
Ardèche.....	6	3	»	7	16
Ardennes............	2	19	»	2	23
Ariège..............	»	»	»	1	1
Aube..............	11	5	1	4	21
Aude..............	4	1	»	3	8
Aveyron.............	3	6	2	5	16
Bouches-du-Rhône.....	59	81	10	5	155
Calvados............	5	1	»	2	8
Cantal..............	»	»	»	1	1
Charente............	6	3	»	25	34
Charente-Inférieure....	7	»	»	8	15
Cher................	7	12	»	5	24
Corrèze.............	2	»	»	4	8
Corse..............	»	2	»	2	2
Côte-d'Or...........	13	12	1	20	46
Côtes-du-Nord.	1	»	»	7	8
Creuse ,...........	1	4	»	2	7
Dordogne............	2	3	»	4	9
Doubs..............	6	9	1	7	23
Drôme..............	8	5	»	17	30
Eure	5	2	»	10	17
Eure-et-Loir.........	2	1	»	7	10
Finistère............	4	»	»	8	12
Gard......	4	9	»	5	18
Garonne (Haute-)......	8	10	»	3	21
Gers................	1	»	»	11	12
Gironde	33	45	3	11	92
Hérault.............	8	6	»	7	21
Ille-et-Vilaine..........	6	3	4	6	19
Indre................	4	1	»	8	13
Indre-et-Loire	10	5	1	7	23
Isère	13	17	1	17	48
Jura.....	3	4	»	4	11
Landes	1	1	»	2	4
Loir-et-Cher..........	7	1	1	19	28
Loire...............	14	23	»	3	40
Loire (Haute-)........	»	2	»	»	2
A reporter......	291	327	28	286	932

DÉPARTEMENTS	SYNDICATS				TOTAUX
	patronaux.	ouvriers.	mixtes.	agricoles.	
Report............	291	327	28	286	932
Loire-Inférieure........	21	32	2	2	57
Loiret.............	5	5	1	12	23
Lot	1	1	»	5	7
Lot-et-Garonne	3	5	1	10	19
Lozère............	»	»	»	4	4
Maine-et-Loire........	11	14	8	6	39
Manche............	3	1	»	3	7
Marne.............	22	7	1	14	44
Marne (Haute-)........	1	»	»	4	5
Mayenne	2	»	»	2	4
Meurthe-et-Moselle.....	7	3	»	26	36
Meuse.............	3	2	»	5	10
Morbihan...........	»	2	»	8	10
Nièvre.............	6	1	»	1	8
Nord	18	39	6	3	66
Oise..............	6	5	»	4	15
Orne	4	»	1	8	13
Pas-de-Calais	16	11	»	13	40
Puy-de-Dôme.........	3	5	1	5	14
Pyrénées (Basses-)...	8	6	2	5	21
Pyrénées (Hautes-)...	»	»	»	1	1
Pyrénées-Orientales....	6	2	»	2	10
Rhin (Haut-)..........	1	»	»	»	1
Rhône.............	42	82	2	18	144
Saône (Haute)........	2	3	»	3	8
Saône-et-Loire	6	8	»	14	28
Sarthe.............	4	5	»	13	22
Savoie.............	6	4	»	3	13
Savoie (Haute-).....	1	»	»	3	4
Seine.............	240	136	10	7	393
Seine-Inférieure	40	32	»	5	77
Seine-et-Marne.......	9	1	»	5	15
Seine-et-Oise	14	5	»	4	23
Sèvres (Deux-)........	4	4	»	2	10
Somme.............	13	8	1	3	25
Tarn ...	8	14	»	3	25
Tarn-et-Garonne.....	2	2	»	3	7
Var..............	4	1	1	1	7
Vaucluse	9	5	»	3	17
Vendée..	1	»	»	9	10
Vienne............	5	3	3	4	15
Vienne (Haute-)........	10	9	1	2	22
Vosges	4	3	»	7	14
Yonne.............	5	1	»	11	17
Alger.............	5	13	»	2	20
Constantine...........	1	5	»	»	6
Oran	4	7	»	3	14
TOTAUX.........	877	819	69	557	2322

POPULATION DE LA FRANCE *classée par* PROFESSIONS *et selon l'état social.*

1789
(Évaluation de Lavoisier)

Laboureurs, fermiers, valets, bergers............	6,000,000
Journaliers, maçons, etc...	5,000,000
Vignerons............	1,750,000
Salariés des vignerons....	800,000
Marchands, cabaretiers, ouvriers des campagnes...	1,800,000
Petits propriétaires vivant sur leurs fonds..........	450,000
Manufactures, usines, marine, roulage, clergé....	1,867,000
Nobles..........	83,000
Force publique..........	250,000
Villes et gros bourgs.....	8,000,000
TOTAL.........	**25,000,000**

1889
(Recensement de 1886)

	PATRONS et ASSIMILÉS	SALARIÉS		FAMILLES des précédents.	DOMESTIQUES	TOTAUX
		Employés et commis.	Ouvriers et hommes de peine.			
Agriculture.............	4,046,164	97,835	2.771,966	9,911,190	871,247	17,698,402
Industrie.............	1,004,939	236,522	3,056,161	4,780,761	210,823	9,289,206
Transports.............	53,898	119,530	225,003	597,775	24,515	1,020,721
Commerce.............	951,077	398,044	553,416	2,058,398	286,829	4,247,764
Force publique...........	484,898	749	1,086	116,976	9,653	613,360
Administration publique...	189,187	31,249	34,611	411,574	44,406	711,027
Professions libérales......	400,196	70,961	32,064	444,459	146,553	1,094,233
Personnes vivant exclusivement de leurs revenus..	978,744	9,142	100,283	851,615	356,182	2,295,966
Sans profession...........	»	»	»	»	»	960,078
TOTAUX.........	**8.109,103**	**964,032**	**6,774,590**	**19,172,748**	**1,950,208**	**37,930,759**

POPULATION DE LA FRANCE ET DE PARIS, classée par PROFESSIONS

	France : 37,930,759						Paris : 2,260,945 habitants.					
	Patrons.	Employés.	Ouvriers.	Famille	Domestiques	Total	Patrons.	Employés.	Ouvriers.	Famille	Domestiques	Total
Agriculture.												
Propriétaires cultivant leurs terres	2,431,481	53,431	1,239,617	5,323,873	496,972	9,545,374	297	37	169	228	207	938
Fermiers, métayers et colons....	1,311,089	31,427	1,253,213	3,752,298	320,084	6,668,111	56	14	60	116	20	266
Horticulteurs, pépiniéristes, maraîchers....................	212,055	8,011	185,297	534,548	43,849	983,760	968	322	2,598	2,438	278	6,624
Bûcherons, charbonniers........	91,539	4,966	93,839	300,471	10,342	501,157	93	24	101	158	10	386
Total général.....	4,046,164	97,835	2,771,966	9,911,190	871,247	17,698,402	1,414	397	2,928	2,960	515	8,214
Industrie.												
Tissus.....................	113,942	36,986	640,369	720,035	21,005	1,532,337	1,575	2,112	9,750	4,532	509	18,478
Mines, carrières, salines..........	21,980	10,266	220,562	385,202	8,335	646,345	97	119	1,014	995	64	2,289
Métallurgie (production des métaux)....................	6,989	7,568	104,718	193,716	5,674	318,665	645	675	4,013	3,275	246	8,854
Fabrication d'objets en métal....	102,902	22,330	243,862	520,262	20,956	910,312	3,514	2,673	41,075	36,952	1,230	85,464
Cuir	58,869	9,124	119,891	236,826	9,900	434,610	1,373	1,251	8,511	7,401	417	19,019
Bois, (navires, wagons, voitures, charrons)....................	104,337	10,482	125,533	375,944	11,556	627,852	2,091	1,249	11,696	11,784	406	27,220
Céramique (verres, porcelaines, faïences, briques, tuiles).......	19,053	7,480	106,812	184,483	8,451	326,279	694	798	3,425	3,799	225	8,941
Produits chimiques.............	5,647	5,306	31,349	63,707	4,648	113,657	994	1,420	2,610	3,390	439	8,562
Bâtiment.....................	168,986	22,378	448,947	827,085	29,225	1,496,621	9,257	3,582	79,660	79,289	2,432	174,220
Eclairage.....................	9,854	5,600	27,663	61,064	5,371	109,552	519	1,468	2,220	3,597	287	8,091
Ameublement..................	49,332	11,207	103,729	176,502	11,350	352,120	5,111	3,021	28,873	28,237	1,151	66,399
Habillement et toilette.........	198,257	45,836	564,659	450,383	26,485	1,285,610	34,216	14,884	231,413	83,470	4,708	373,721
Alimentation..................	99,796	22,272	118,488	315,031	28,830	584,437	6,906	3,702	12,724	16,193	2,163	40,690
Fabricants de papier, imprimeurs, relieurs, etc...............	16,767	10,095	92,221	116,564	8,761	544,408	4,021	3,782	27,184	20,327	1,370	56,637
Industries de luxe (horlogers, bijoutiers, chasse, pêche)........	25,598	7,473	69,486	104,984	8,896	216,437	5,027	2,903	30,966	22,115	1,284	62,295
Etablissements de l'Etat (tapis, poudres, tabacs, armes).......	2,630	2,119	34,082	48,953	1,280	89,964	70	315	1,296	733	32	2,168
Total général.....	1,004,939	236,522	3,056,261	4,780,761	210,723	9,289,206	75,143	43,666	499,496	328,111	16,988	963,404
Transports.												
Transports maritimes (cabotage, long cours, pêche).............	14,366	6,585	67,761	135,285	3,829	227,829	40	47	32	92	26	237
Transports par canaux et rivières.	7,513	6,303	22,021	53,419	2,649	91,905	300	379	1,099	1,590	80	3,418
— par routes, ponts et voirie....................	19,518	14,427	50,184	110,460	6,522	201,111	2,192	6,244	22,973	26,182	737	58,328
A reporter.........	37,397	27,315	139,969	299,161	12,980	520,845	2,532	6,670	24,104	27,864	813	62,013

	France : 37,980,759 habitants.						Paris : 2,260,945 habitants.					
	INDIVIDUS EXERÇANT DIRECTEMENT LA PROFESSION			FAMILLES	DOMESTIQUES	TOTAL	INDIVIDUS EXERÇANT DIRECTEMENT LA PROFESSION			FAMILLES	DOMESTIQUES	TOTAL
	Patrons.	Employés.	Ouvriers.				Patrons.	Employés.	Ouvriers.			
Report	37,397	27,315	139,969	299,164	12,980	520,845	2,532	6,670	24,104	27,864	843	62,013
Transports par chemins de fer...	4,496	67,854	73,818	235,748	6,735	388,651	478	11,318	4,557	14,216	799	31,398
Postes et télégraphes..........	8,005	24,361	11,206	62,873	4,780	111,225	1,364	4,069	888	4,687	234	11,242
TOTAL GÉNÉRAL.....	53,898	119,530	224,993	597,785	24,515	1,020,721	4,374	22,057	29,549	46,797	1,876	104,653
Commerce.												
Agents de change, banquiers....	10,759	37,956	7,504	61,730	18,503	136,452	2,031	15,116	2,190	16,184	3,647	39,168
Courtiers, commissionnaires, exportateurs, négociants en gros.	63,756	76,427	81,057	238,913	42,864	523,017	4,203	8,155	2,329	10,936	1,848	27,493
Hôteliers, cafetiers, logeurs, cabaretiers......	337,151	57,510	95,621	635,040	98,010	1,223,332	30,116	15,438	14,513	33,836	8,550	102,453
Alimentation (au détail).........	232,932	56,241	77,279	420,908	54,140	850,520	23,516	15,347	7,812	25,665	4,321	76,661
Ameublement (au détail).........	34,649	49,222	38,459	96,678	13,391	202,399	3,186	5,586	3,866	6,580	1,149	20,367
Habillement au détail..........	83,605	58,649	83,869	172,043	19,858	418,024	9,472	28,813	12,142	18,678	2,556	71,661
Divers (au détail) (1).....	188,203	92,039	169,627	404,086	40,063	894,020	27,042	61,319	88,681	106,286	11,036	294,364
TOTAL GÉNÉRAL.....	931,077	398,044	533,416	2,058,398	286,829	4,247,764	99,568	149,774	131,533	218,185	33,107	632,167
Force publique.												
Armée de terre.............	400,165	288	565	26,205	6,209	433,432	16,121	»	»	1,903	936	18,962
Armée de mer..............	36,203	»	49	9,475	803	46,502	428	»	»	286	129	813
Gendarmerie et police..........	48,528	461	502	81,296	2,641	133,428	10,425	»	»	7,428	107	17,960
TOTAL GÉNÉRAL.....	484,898	749	1,086	116,976	9,653	613,362	26,974	»	»	9,619	1,172	37,765
Administrations publiques.												
Fonctionnaires et agents de tous ordres payés par l'État.........	103,862	11,102	17,013	219,227	30,011	381,215	8,573	»	1,715	10,066	2,561	22,915
Fonctionnaires et agents de tous ordres payés par les départements et les communes........	85,315	20,147	17,608	192,347	14,395	329,812	7,833	»	2,503	9,708	835	20,881
TOTAL GÉNÉRAL.....	189,177	31,249	34,621	411,574	44,406	711,027	16,408	»	4,218	19,774	3,396	43,796

(1) Par exemple, les marchands de bois, de chevaux, de papeterie, gravures, jouets, colporteurs, camelots, etc.

	France : 37,930,759 habitants.						Paris : 2,260,945 habitants.					
	Individus exerçant directement la profession			Famille	Domestiques	Total	Individus exerçant directement la profession			Familles	Domestiques	Total
	Patrons.	Employés.	Ouvriers.				Patrons.	Employés.	Ouvriers.			
Professions libérales.												
Culte catholique (clergé séculier).	44,072	1,886	2,674	22,643	26,062	97,337	1,164	130	59	200	733	2,286
— (clergé régulier ou communautés)	83,071	7,287	7,510	9,651	11,815	119,334	5,591	321	48	495	424	6,879
Autres cultes	1,595	420	221	4,459	1,291	7,986	185	18	56	293	170	722
Profession judiciaire (personnel des tribunaux)	8,823	2,978	793	22,201	8,837	43,632	637	98	44	1,299	796	2,874
Avocats et agréés	8,211	2,266	523	18,026	7,734	36,760	2,154	181	42	2,563	1,358	6,298
Officiers ministériels	17,522	19,249	1,503	49,193	16,369	103,836	793	1,474	15	1,910	813	5,067
Agents d'affaires	5,304	2,247	229	12,594	2,699	23,073	945	406	10	1,248	298	2,907
Médecins et chirurgiens, officiers de santé	16,005	597	1,113	34,490	17,718	69,923	2,498	86	34	3,347	2,235	8,206
Pharmaciens, herboristes	8,887	5,409	1,894	21,570	6,836	44,696	1,681	1,472	229	2,472	779	6,633
Dentistes, oculistes, pédicures	2,957	2,190	936	6,364	2,243	14,690	872	1,379	686	1,361	715	5,013
Sages-femmes	12,865	733	334	15,691	2,800	32,423	1,221	114	60	472	320	2,187
Professeurs et instituteurs publics	103,734	8,953	3,003	118,456	13,726	247,872	5,034	783	185	3,939	1,222	11,163
Professeurs et instituteurs privés	31,043	5,980	2,081	23,067	7,121	69,292	4,270	599	157	3,173	975	9,174
Maîtres spéciaux (musique, danse, escrime)	11,418	614	603	15,745	2,953	31,363	3,659	212	32	2,532	539	6,974
Savants, hommes de lettres, publicistes	6,376	469	323	9,423	3,698	20,291	3,112	117	42	3,060	1,360	7,661
Architectes et ingénieurs civils	10,019	5,526	1,035	23,414	6,976	46,970	4,364	2,304	196	6,925	2,147	15,936
Artistes, musiciens, sculpteurs, peintres, graveurs	19,925	3,281	6,934	31,390	6,045	67,575	6,999	1,393	1,902	7,037	1,636	18,967
Artistes lyriques et dramatiques	8,339	876	355	6,080	1,530	17,180	4,013	312	91	2,281	659	7,356
Total général	400,196	71,061	32,064	444,459	146,453	1,094,233	49,194	11,399	3,858	44,637	17,209	126,297
Personnes vivant de leurs revenus.												
Propriétaires (autres que les propriétaires agricoles)	563,362	9,142	82,095	518,600	234,795	1,407,991	21,226	387	32,501	25,572	21,326	101,012
Rentiers, retraités	415,382	»	18,188	333,015	121,390	887,975	69,041	»	1,502	42,327	36,841	149,711
Total général	978,744	9,142	100,283	851,615	356,182	2,295,966	90,267	387	34,003	67,899	58,167	250,723
Divers.												
Sans profession (gens sans aveu, filles publiques, etc.)	»	»	»	»	»	237,899	»	»	»	»	»	22,151
Individus non classés (enfants en nourrice, aliénés, étudiants, etc.)	»	»	»	»	»	490,374	»	»	»	»	»	35,465
Professions inconnues	»	»	»	»	»	231,805	»	»	»	»	»	36,310
						37,930,759						2,260,945

SALAIRES MOYENS D'UN OUVRIER DE LA PETITE INDUSTRIE

INDUSTRIES	En 1790			En 1890		
	A PARIS	AUTRES VILLES	OBSERVATIONS	A PARIS	AUTRES VILLES	OBSERVATIONS
	fr. c.	fr. c.		fr. c.	fr. c.	
Bijoutiers et Orfèvres	6 »	2 80		7 50	4 17	
Blanchisseuses	1 70	0 60 a	a Nourries.	4 » a	1 80	
Bouchers	2 80 b	2 30	b Logés et nourris.	6 »	3 20 a	a Non nourris.
Boulangers	1 40 c	0 60 c	c Logés et nourris.	7 »	3 60	
Chapeliers	2 20	1 40		6 50 b	3 70	
Charcutiers	0 70 d	0 40 d	d Logés et nourris.	1 50	1 30 b	b Nourris.
Charpentiers	2 25	1 30		8 50	4 »	
Charrons	3 »	1 50 e	e Nourris.	6 »	3 55	
Chaudronniers	3 »	1 75		6 »	3 55	
Cordiers	1 80	1 »		4 »	2 85	
Cordonniers	2 60	1 25		4 50	3 05	
Couteliers	4 »	2 15		7 »	3 50	
Couturières et Lingères	1 »	0 40 f	f Nourries.	2 » c	1 84	
Couvreurs (compagnons)	3 »	1 20		7 75	4 »	
Ebénistes	3 »	1 35		7 75	3 70	
Ferblantiers	2 25	1 50		5 »	3 45	
Fleurs artificielles (ouvrières)	1 50	» »		3 »	2 »	
Forgerons	3 50	2 25		7 »	3 95	
Horlogers	4 50	1 35 h	h Logés et nourris.	6 »	4 20	
Imprimeurs	5 »	2 45		6 50	3 90	
Jardiniers	1 75	1 50		» »	3 05	
Maçons	2 25	1 25		8 »	3 70	
Maréchaux-ferrants	2 50	1 45		6 »	3 30	
Menuisiers	2 25	1 60		7 50	3 60	
Modistes	0 90 g	» »	g Logées et nourries.	2 »	1 70 c	c Nourries.
Pâtissiers	0 50 i	0 40 i	i Nourris et blanchis.	5 »	3 »	
Peintres en bâtiments	2 25	1 70		7 50	3 85	
Perruquiers-coiffeurs	0 40 j	0 25 j	j Logés et nourris.	3 »	2 80	
Plombiers	2 50	2 »		6 »	3 65	
Poêliers (compagnons)	3 »	» »		7 »	3 80	
Potiers d'étain	2 50	1 50		5 »	3 45	
Relieurs	2 »	1 50		5 50	3 10	
Scieurs de long	2 25	1 50		7 50	3 70	
Sculpteurs ornemanistes	5 »	3 »		7 »	5 20	
Selliers	2 »	1 » k	k Nourris.	4 50	3 45	
Serruriers	2 50	1 60		6 50	3 55	
Tailleurs d'habits	2 »	1 30		5 »	3 35	
Tailleurs de pierres	2 50	1 80		8 50	4 »	
Tanneurs	2 »	1 25		5 »	3 30	
Teinturiers	2 50	2 »		4 50	3 20	
Terrassiers	1 70	1 05		5 »	2 85	
Tisserands	2 10	1 35		3 85	2 65	
Tonneliers	2 »	1 50		5 »	3 35	
Tourneurs en bois	2 60	1 65		5 »	3 50	
Tourneurs sur métaux	4 »	1 75		7 »	3 90	
Vanniers	2 »	» »		4 50	2 95	
Vitriers	2 25	1 80		5 50	3 20	

La valeur de la livre tournois, déduite du cours légal de l'or, combiné avec le cours légal de l'argent, était, à la fin de 1785, d'après les recherches de M. Natalis de Wailly, de 0 fr. 99. Le sol valait 4 cent. 95; le denier 0 cent. 41. — Les chiffres ci-dessus, *qui ne sont que des moyennes*, ont été calculés d'après ces bases.

CONSOMMATIONS MOYENNES ANNUELLES

d'un habitant de Paris.

NATURE DES DENRÉES	1789 (1)	1888 (2)
	kilogr. gr.	kilogr. gr.
Pain	214 16	147 »
Poisson	5 »	13 224
Volailles et gibier.	3 82	10 501
Viande de { boucherie	56 62	68 113
Viande de { porc.	7 09	10 52
Beurre.	4 82	8 02
Sel gris ou blanc.	5 20	7 08
Fromages secs	» »	2 30
Œufs (en nombre)	131	185
	litres	litres
Vin	121 76	195 »
Cidre, poiré	2 73	7 62
Bière.	3 96	11 17

(1) Husson : *Les Consommations de Paris.*
(2) D'après les publications annuelles de la Préfecture de la Seine.

Paris. — Typographie Gaston Néer, 1, rue Cassette. — 4011.

9 782013 660983